Jennifer Karin SCHAUSTEN

Mein Leben mit multisystemischen und chronischen Erkrankungen positiv leben

novum pro

Dieses Buch ist auch als
e-book
erhältlich.

Bibliografische Information
der Deutschen Nationalbibliothek:

Die Deutsche Nationalbibliothek
verzeichnet diese Publikation in
der Deutschen Nationalbibliografie.
Detaillierte bibliografische Daten
sind im Internet über
http://www.d-nb.de abrufbar.

Gedruckt in der Europäischen Union
auf umweltfreundlichem, chlor- und
säurefrei gebleichtem Papier.

© 2024 novum Verlag

ISBN 978-3-99146-883-7
Lektorat: Mag. Eva-Maria Peidelstein
Umschlagfoto:
Martinmark I Dreamstime.com
Umschlaggestaltung, Layout & Satz:
novum Verlag

www.novumverlag.com

Druckprodukt mit finanziellem
Klimabeitrag
ClimatePartner.com/16547-2311-1001

Das Buch ist für jeden, der mittels Selbstreflexion, Akzeptanz und Annahme und anderen mentalen Strategien ein erfülltes Leben mit chronischen Erkrankungen leben möchte.

Inhaltsverzeichnis

Einleitung 9

Mit der Diagnose kam Erleichterung,
doch gleichzeitig auch Angst, Wut und Verzweiflung 11
Selbstreflexion 13
Optimismus und Zuversicht im Leben
mit chronischer Erkrankung 19
Der Weg in ein zufriedenes Leben! 25
Der innere Kritiker, ihn verstehen
und mit ihm umgehen können 44
Negative Glaubenssätze, sie erkennen und auflösen 56
Der Umgang mit einer chronischen Erkrankung –
mein Weg! 64
Durchhaltevermögen 85
Die Frage nach der Schuld 94
Angst – wie sie das Leben bestimmen kann! 100
Emotionsregulation 112
Stärke und Resilienz! 117
Toxische Positivität 133
Vermeidungsverhalten 141
Dem Alltag entfliehen – sozialer Rückzug 149
Selbstmitleid überwinden 156
Mit chronischen Beschwerden leben 162
Das Symptomtagebuch 168
Das Empfinden
der chronischen Beschwerden lindern 172
Bewältigen von chronischen Beschwerden 176
Chronische Beschwerden und Achtsamkeit 182
Psychosomatik 186
Der Mental Load 191
Stressbewältigung 197
Alltagsstress 202

Stressverstärker 209
Entschleunigung 212
Prioritäten im Leben setzen 217
Grenzen setzen 223
Den Energietank wieder auffüllen 228
Ressourcen aktivieren 235
Gelassenheit im Leben
mit chronischen Erkrankungen 240
Innere Ruhe 246
In stressigen Momenten bewusst reagieren –
Ruhe bewahren 251
Innerer Frieden 256
Mit sich selbst im Reinen sein 262
Das Leben genießen 267
Dankbarkeit im Alltag 273
Die Lebensfreude wiederfinden 278

Schlusswort 284

Einleitung

Mein Name ist Jenny. Ich bin 40 Jahre alt, Mutter von 6-jährigen Zwillingen, verheiratet und ich bin chronisch krank. Ich habe das Mastzellaktivierungssyndrom, kurz MCAS, das Hypermobilitätssyndrom und als Begleiterkrankung auch das Posturale Tachykardie Syndrom, kurz POTS. Die Erkrankungen betreffen den gesamten Körper, verlaufen teilweise systemisch und progressiv und rufen sehr vielfältige, teils diffuse Symptome hervor. Mein Weg zu den Diagnosen war sehr lang und steinig und ich war sehr erleichtert, als das Kind endlich einen Namen hatte.

Ich möchte aber in diesem Buch nicht darüber sprechen, wie ich zu meinen Diagnosen kam oder was meine Symptomatik ist. Das wird nur am Rande erwähnt, wenn es nötig ist, um meine Vorgehensweise zu erläutern. Auch geht es nicht darum, einen Weg zur Beschwerdefreiheit aufzuzeigen, denn davon bin ich selbst noch sehr weit entfernt. Worum es mir hier geht, ist meinen Weg zu mehr Lebensqualität und meinen Umgang mit den Erkrankungen im Alltag zu erzählen; euch meine Strategien näherzubringen; euch an meiner positiven Lebenseinstellung und daran, wie ich diese erreicht habe, teilhaben zu lassen, denn genau diese ist es, die mir ein relativ normales Leben mit den Erkrankungen ermöglicht.

Manche halten mich für zu naiv. Wieder andere behaupten, ich würde Dinge schönreden.
    Doch meiner eigenen Erfahrung nach macht das Innere, das Denken und Fühlen so viel aus. Die eigene Einstellung zu allem hat einen enormen Einfluss auf unseren Körper und auch auf das, was wir nach außen hin spiegeln. In meinem Buch geht es um Akzeptanz und Reflexion. Um Optimismus, Glaubenssätze, Veränderung, Ängste. Um Strategien, wie man negative Ge-

danken drehen und für sich nutzen kann. Um Motivation und innere Stärke, die einem jeden von uns innewohnt.

Es geht um den Weg zu sich selbst, für sich selbst und für ein lebenswertes Leben mit Einschränkungen, Behinderungen und Erkrankungen. Es geht darum, wie man es schaffen kann, ein erfülltes Leben mit chronischen Erkrankungen zu leben, statt gegen sie und ihre Symptomatik anzukämpfen.

Ich möchte euch einfach teilhaben lassen an dem, was ich tue und getan habe, um in Frieden und im Einklang mit meinen Erkrankungen zu leben.

Mit der Diagnose kam Erleichterung, doch gleichzeitig auch Angst, Wut und Verzweiflung

Vorweg, bevor ich meine Diagnosen bekam, hatte ich schon unendlich viele Arztbesuche, Untersuchungen und Tests hinter mir. Daher war es eine Erleichterung, als ich die Worte hörte „Sie leiden am Mastzellaktivierungssyndrom und dem Hypermobilitätssyndrom.". Zu diesem Zeitpunkt war mir erst mal egal, dass beides weder heilbar noch gut therapierbar ist. Ich wusste endlich, was das Problem ist, und hatte daher auch die irrtümliche Hoffnung, dass sich nun alles sehr schnell bessern würde. Die Erleichterung, so groß sie auch gewesen ist, wich dann schnell einer Mischung aus Angst, Wut und Verzweiflung.

Ich war 38 Jahre alt. Mit zwei kleinen Kindern. Unheilbar krank. Progressiver Krankheitsverlauf. Das war es jetzt. Und mitten in diesem Gefühlschaos habe ich den größten Fehler überhaupt gemacht: Ich habe auf Social Media Plattformen nach Geschichten von Betroffen gesucht und sehr schnell welche gefunden. Allerdings, und da lag das Problem, haben sehr viele Betroffene nicht viel Positives berichtet. Ich las eine Horrorgeschichte nach der anderen. Das hat mich verzweifeln lassen. Wie sollte ich das denn alles akzeptieren? Ich habe Dinge gelesen wie „Ich bin bettlägerig", „Ich kann gar nichts mehr", „Ich hab kein lebenswertes Leben mehr". Mein einziger Gedankenkreislauf zu diesem Zeitpunkt war: „So endest du auch! Wirst eine Last für deine Familie! Wertlos und zu nichts mehr zu gebrauchen!" – und das war wirklich hart für mich. Denn ich bin jemand, der sprichwörtlich Hummeln im Hintern hat. Power. Jemand, der mitten im Leben stand und der nun eine Horrorvorstellung bezüglich der eigenen Zukunft hatte. Alle Pläne weg. Nichts würde mehr gehen. Das Leben würde einfach an mir vorbeiziehen und ich vor mich hin vegetieren. Das hat mich fast schon in eine handfeste Depression befördert. Ich war richtig tief unten, gefangen in einem Kreislauf aus negativen Gefühlen und vor allem einer unheimlichen Wut auf mich selbst. Wut auf meinen Körper. Wut auf einfach alles. Wut ist kein guter Berater. Ist ein schlechter Begleiter.

Allerdings, und hier setzte auch sogleich meine erste Strategie, mein erster Schritt zur eigentlichen Akzeptanz ein, kann Wut ein guter Motivator sein, wenn man sie in die richtige Richtung lenkt. Mir ist es gelungen, meine Wut nicht mehr gegen mich selbst, meinen Körper zu richten, sondern gegen mein negatives Denken. Alles fing damit an, dass ich mich fragte, was ich einem meiner Freunde, meinem Mann, irgendeinem Menschen sage würde, würde er mir erzählen, er würde sich wertlos und unnütz fühlen und sei wütend auf sich selbst. Meine Antwort darauf war „Ich verstehe dich, aber das ist Blödsinn! Wenn du so über dich selbst denkst, ist es kein Wunder, wie du fühlst und dass du da nicht rauskommst!" Ich war knallhart, aber ehrlich zu mir selbst, ganz so, wie ich es auch zu einem mir nahestehenden Menschen gewesen wäre, und das tat verdammt weh.

Die Erkenntnis, dass ich es selbst war, die mich in diesen Zustand gebracht hatte, tat wirklich weh und brachte eine Menge Gefühlschaos mit sich. Aber sie hat mir auch die Tür zu meinem Inneren geöffnet. War der erste Schritt zur Selbstreflexion und letztendlich auch zu meinem Optimismus.

Selbstreflexion

Zuerst möchte ich das Thema der Selbstreflexion behandeln. Was das ist, wozu sie wichtig ist und wie sie funktioniert. Denn ich werde auf den folgenden Seiten immer wieder mal von ihr sprechen, da sie einer der wesentlichen Bestandteile meines Umgangs mit meinen Erkrankungen, den Beeinträchtigungen und dem Leben damit ist.

Mehr noch, sie ist auch immer wieder mal nötig, wenn man Dinge im Leben selbst, im Denken und Fühlen ändern möchte. Denn wenn wir auch nicht immer die Umstände ändern können, ist es uns dennoch möglich, an uns selbst zu arbeiten. Es gibt unzählig viele Strategien, wie man zum Beispiel seine Einstellung ändern, sein Selbstwertgefühl, seine innere Widerstandskraft aufbauen und stärken kann. Doch bei fast allem braucht man die Selbstreflexion, wenn man egal welche Strategie auch nachhaltig und vor allem erfolgreich anwenden möchte.

Um etwas zu ändern, müssen wir uns nämlich zuerst alles ganz genau anschauen, uns beobachten, uns selbst und die Umstände hinterfragen. Das geht nicht, ohne sich selbst zu reflektieren. Also sein eigener Spiegel zu sein. Sich mit dem, was man sieht, auseinanderzusetzen. Mit dem, was man fühlt und denkt. Im Grunde lässt sich sagen, dass die Selbstreflexion der Schlüssel zu vielen Techniken ist, die man anwendet, um etwas zu verbessern, zu verändern.

Leicht ist das nicht, denn es bedeutet, sich in allen Facetten zu sehen, wahrzunehmen, anzunehmen und zu akzeptieren. Wenn man sich selbst reflektiert, dann sieht man gute, aber auch schlechte Eigenschaften. Man fühlt alle Emotionen und manche davon sind sehr schmerzhaft. Man öffnet sich, und zwar sich selbst gegenüber. Aber, und das ist immer das Wichtigste, man erlangt auch Erkenntnisse. Die Erkenntnis über sich selbst zum Beispiel. Darüber, was man wirklich fühlt und denkt. Erkenntnis über den eigenen Weg, Vergangenes sowie darüber, wer man wirklich ist, war und sein möchte.

Erkenntnisse können schmerzhaft sein, besonders, wenn sie uns selbst betreffen. Aber der Weg zur Heilung und zur Besserung führt oftmals mitten durch unseren tiefsten Schmerz hindurch.

Was genau ist eigentlich Selbstreflexion?

Selbstreflexion ist die Fähigkeit, unser eigenes Erleben, Fühlen und Denken zu beobachten. Zu beobachten und es dabei bestenfalls auch zu hinterfragen und zu verstehen. Metaphorisch gesprochen, dient hier unser eigener Verstand als Spiegel, über den wir uns selbst, unser ganzes Sein betrachten. Wir können hinterfragen und feststellen, ob wir zufrieden sind, etwas für uns verändern möchten und was wir wieso fühlen. Zugegeben, das klingt etwas philosophisch, ist es aber nicht. Ich betrachte die Selbstreflexion als ein wesentliches Werkzeug, um den für mich richtigen Weg zu finden, Dinge zu ändern und auch, um mein Wohlbefinden zu steigern.

Die Bedeutung der Selbstreflexion

Vielleicht mag der ein oder andere nun denken „Ah, sie meint grübeln!" – aber nein, dass meine ich nicht. Wenn wir grübeln, treten wir doch meist auf der Stelle. Kreisen um ein und dieselbe Sache, ohne zu irgendeiner hilfreichen Erkenntnis zu kommen. Bei der Selbstreflexion ist genau das Gegenteil der Fall. Wir beobachten, reflektieren, erkennen und verstehen. Das führt uns immer zu irgendeiner Erkenntnis, die uns letztendlich nicht nur zum Reagieren bringt, sondern auch dazu, unser Verhalten situationsabhängig bewusst zu steuern.

Ein Beispiel:

Sagen wir mal, ich hatte einen stressigen Tag, mein Schmerz-level ist sehr hoch und ich habe eventuell in der Nacht zuvor nicht richtig geschlafen. Ich bin daher gereizt und empfindlich und gerate in einen Streit mit meinem Mann. Reflektiere ich das dann und denke darüber nach, dann erkenne ich schnell, dass die Umstände dafür gesorgt haben, dass ich überreagiert habe. Mit dieser Erkenntnis fällt es mir dann auch wesentlich leichter, mich bei meinem Mann zu entschuldigen und zu er-klären, wieso es dazu kam. Das wiederum sorgt auch für mehr Verständnis bei ihm. Langfristig hilft es mir sogar dabei, vor-zeitig zu erkennen, ob eine Diskussion mich noch mehr belas-tet und ich diese lieber vertagen sollte, oder ob ich resistent ge-nug dafür bin, nicht wieder zu überreagieren.

Selbstreflexion hat also nicht den Sinn, sich selbst zu kritisie-ren im negativen Sinne oder sich selbst niederzumachen im Sin-ne von: „Schon wieder warst du so gereizt und unfair. Du bist einfach kein guter Mensch!", sondern einen neutralen Blick auf die Situation, ein Gefühl, ein Ereignis zu richten. Dieser neut-rale Blick kann uns eine Hilfe dabei sein, etwas über uns selbst, unser Denken, unser Fühlen und Verhalten zu lernen. Damit ergibt sich dann auch die Grundlage für ein selbstbestimmtes Handeln und nicht zuletzt auch dafür, dass wir mehr im Ein-klang mit uns selbst sind. Im Positiven wie auch Negativen.

Wer wollen wir denn eigentlich sein?

Diese Frage stellen wir uns alle mal. Allerdings können wir das selten gut oder für uns zufriedenstellend beantworten. Die Selbstreflexion kann uns dabei eine großartige Hilfe sein.

Ich zum Beispiel möchte eine Person sein, die ihre durch ihre Be-schwerden hervorgerufenen Launen nicht an anderen auslässt.

Mein Verhalten wie im vorherigen Beispiel zu reflektieren, hilft mir dabei zu überlegen, wie ich besser reagieren könnte. Statt also meinen Frust an meinem Mann auszulassen und einen vermeidbaren Streit als Ventil zu nutzen, sage ich ihm einfach, dass ich keine gute Laune habe, gestresst und überfordert bin und dass meine Schmerzen eben sehr stark sind.

Jeder von uns hat nämlich innere Werte, Prioritäten und Vorstellungen, die unser Sein prägen. Wichtig ist, seine Werte auch wirklich zu kennen. Jetzt mag man sagen, ich kenne meine Werte, denn so habe ich auch mal gedacht. In Wirklichkeit habe ich sie aber nicht gekannt. Erst die Auseinandersetzung mit mir selbst hat mir diese aufgezeigt.

Zur Selbstreflexion bezüglich der eignen Werte gehören ein paar Fragen

- *Was genau ist mir wichtig im Leben?*
- *Wofür genau möchte ich stehen?*
- *Welche meiner Eigenschaften möchte ich von meinem Umfeld wahrgenommen haben?*

Gar nicht so einfach zu beantworten, oder? Bei dem Versuch es zu tun, wendet man aber bereits Selbstreflexion an: indem man sich selbst beobachtet; über seine eigentlichen Werte nachdenkt und damit letztlich auch zur Erkenntnis kommt, wer man sein möchte. Damit schafft man dann die Grundlage, Selbstreflexion auch im Alltag mit Erkrankungen anzuwenden.

Selbstreflexion im Alltag anwenden

Natürlich sind die Fragen zu den eigenen Werten nichts, was man im Alltag anwendet. Aber, und das ist eben auch sehr wichtig, unsere Handlungen verleihen unseren inneren Werten täglich

Ausdruck. So bemerken wir, ob wir im Einklang mit uns selbst sind und dementsprechend handeln oder eben nicht.

Vermutlich gelingt es niemandem, sofort und in jeder Situation zu reflektieren, ob man sich grade seinen Werten entsprechend verhält oder man tatsächlich gegen sie handelt. Aber auch wenn man dies erst hinterher tut, hilft es einem in zukünftigen ähnlichen Situationen entsprechend zu handeln. Man kann aber üben, selbstreflektiert zu handeln. Ich selbst habe es damit geschafft, mir jeden Abend etwas Zeit zu nehmen, meinen Tag zu reflektieren. Ich habe dabei aufgeschrieben, was gut und was weniger gut gelaufen ist. Zusätzlich habe ich mir überlegt, wie ich schwierige und belastende Situationen zukünftig vielleicht besser meistern könnte. Was ich eventuell anders machen könnte oder gar möchte.

Dabei geht es auch nicht darum, dass wir uns stetig optimieren, sondern darum, etwas über uns selbst zu lernen und uns selbst besser zu verstehen.

Selbstreflexion ist individuell und für jeden anders

So wie jeder von uns ganz eigene persönliche innere Werte hat, die uns bestenfalls zu einem zufriedenen Leben verhelfen und uns bei der Entscheidungsfindung unterstützen und sogar leiten, so muss jeder seine eigene Art der Selbstreflexion finden. Sich also auf seine eigenen Werte fokussieren, auf seine Handlungen und das, was man wirklich möchte und auch wie man das erreichen kann. Dabei kann eben alles Mögliche hilfreich sein. Den Druck für sich rausnehmen. Meditieren. Sich selbst und seine Handlungen hinterfragen. Lösungen für Probleme finden. Gute und auch negative Gefühle und Glaubenssätze betrachten und wenn nötig hinterfragen und sie letztendlich auflösen.

Man kann sich selbst fragen, wieso denke ich XY? Wieso glaube ich, dass XY nicht geht oder nicht veränderbar ist? Was könnte ich tun oder versuchen, um diese Gedanken für mich ins Positive zu verändern? Was kann ich mir an einem schlechten Tag Gutes tun, damit ich mich besser fühle?

Denn auch bei der Selbstfürsorge spielt Selbstreflexion eine nicht unbedeutende Rolle. Wir müssen uns selbst kennen, uns selbst verstehen, damit wir entsprechend unserer Werte und Wünsche handeln können. Damit wir wachsen, reifen und uns wenn nötig anpassen und verändern können. Damit wir ein Leben führen, in dem wir im Einklang mit uns selbst sind.

Grade dann, wenn chronische Erkrankungen unser Leben quasi auf den Kopf stellen.

Optimismus und Zuversicht im Leben mit chronischer Erkrankung

Als Nächstes möchte ich mich dem Optimismus zuwenden. Ich selbst werde oft als gnadenloser Optimist bezeichnet, da ich immer versuche, die Dinge positiv zu sehen oder allem zumindest etwas Positives abzugewinnen.

Kurz gesagt, ich habe eine positive Grundeinstellung zu meinem Leben. Zu mir selbst, zu dem, was ich fühle, und vor allem in Bezug auf meine Zukunft. Allerdings kam diese gehörig ins Wanken, als ich meine Diagnosen bekam. Plötzlich war mein Leben völlig anders, als es vorher war, und damit bekam auch das bereits gestaltete Bild meiner Zukunft tiefe Risse. Das geht uns allen so, wenn sehr einschneidende Erlebnisse das Leben auf den Kopf stellen und uns erschüttern. Da können auch sehr positiv eingestellte Menschen ins Straucheln geraten. Das Vertrauen in sich selbst und darauf, dass das Leben *„gut ausgehen"* wird, verlieren.

Das muss und sollte aber kein Dauerzustand sein. Wir können uns nämlich durchaus in ein zuversichtliches Denken zurückkämpfen. Wieder zurückgelangen zu einem positiv eingestellten Ich. Wir Menschen brauchen das nämlich. Wir müssen an etwas glauben, auf etwas vertrauen können, auch auf uns selbst, wenn wir Ziele erreichen möchten. Wir brauchen einen Antrieb, wollen motiviert sein und natürlich auch auf etwas hinarbeiten. Aber das geht alles nicht, wenn wir nicht wenigstens ein wenig optimistisch sind. Pessimismus ist natürlich wesentlich einfacher, denn wir Menschen tendieren schon von Natur aus eher dazu, das Schlimmste anzunehmen, als auf das Beste zu hoffen.

Mein Weg zurück zum Optimismus war alles andere als leicht, aber er war machbar und hat mich letztendlich noch optimistischer als vorher werden lassen.

Ich bin davon überzeugt, dass jeder sich eine positive Grundeinstellung aufbauen kann. Das bedeutet nicht, dass man naiv und realitätsfremd durch sein Leben geht, sondern dass man das Beste erwartet, statt immer das Schlimmste, was passieren kann, von vornherein zu erwarten. Und hier kann man auch bereits loslegen und sich sagen:

„Ich kann lernen, optimistischer zu werden!"

Was genau ist eigentlich Optimismus?

Das Wort Optimismus ist vom lateinischen Optimum abgeleitet. Es bedeutet also *„das Beste"*. Kurz gesagt, bedeutet eine optimistische Grundhaltung das Beste zu erwarten. Das bedeutet aber keineswegs, dass wir uns die Dinge einfach schönreden und die Realität dabei völlig außer Acht lassen. Es geht darum, dass wir grundsätzlich erst mal erwarten, dass sich alles positiv entwickelt. Auch dann, wenn vielleicht nicht alles so läuft, wie wir uns das wünschen.

Ein Beispiel:

Meine Erkrankungen, das Mastzellaktivierungssyndrom sowie das Hypermobilitätssyndrom haben beide einen progressiven Krankheitsverlauf. Das bedeutet, sie werden stetig voranschreiten, und das lässt sich auch kaum bis gar nicht aufhalten. Das ist die Realität, die ich akzeptieren muss. Allerdings bedeutet das auch wieder nicht, dass eine Verschlechterung unweigerlich heftig kommt. Ich bin mir des Voranschreitens meiner Erkrankungen bewusst, lebe aber eben nicht in der Annahme oder Erwartungshaltung, dass das Schlimmste auch eintreten wird. Ich sage mir selbst, dass keiner vorhersagen kann, wann eine Progression eintritt und wie schlimm diese dann tatsächlich sein wird. Ich lebe in der Annahme, dass es gar nicht so schlimm wird, wie man befürchten könnte, und ich einfach weiter ein relativ gutes Leben führen werde. Blicke also positiv eingestellt in meine Zukunft.

Natürlich, und das ist menschlich, gelingt das nicht immer so problemlos. Es gibt immer wieder Phasen, auch bei mir, die erschütternd sind und Negativität sowie Pessimismus mit sich bringen. Mal sind wir mehr optimistisch und mal mehr pessimistisch. Allerdings kann man selbst einen nicht unwesentlichen Einfluss darauf nehmen.

Optimismus kann man lernen

Niemand von uns ist optimistisch oder pessimistisch auf die Welt gekommen.

Wir neigen aber leider dazu, eher das Schlechte und Schlimme zu erwarten. Das liegt in der Evolution begründet. Vorsicht vor Gefahren. Wir wollen überleben und uns stetig vor eventuellen Gefahren schützen. Wir wollen Katastrophen möglichst vermeiden und haben deswegen auch so oft nur das Schlimmste im Sinn. Dieser Sinn, wenn man so will, wird uns in die Wiege gelegt. Erkrankt man nun, ist die Katastrophe da. Wir mittendrin, schutzlos und ängstlich. Dann setzt natürlich sofort der Überlebensmodus ein, der uns vor allem Möglichen warnt. Bloß kein Risiko eingehen, nichts schlimmer machen. Wir nehmen einfach pauschal an, dass eine progressive Erkrankung uns eine stetige Verschlimmerung bringt und wir sowieso nichts dagegen machen können. Also wieso überhaupt versuchen?

Das verdeutlicht auch ganz gut, wieso es manchmal notwendig ist, eine positive Grundeinstellung zu erlernen. Wir können zwar problemlos dem Pessimismus folgen, aber Optimismus müssen wir uns erarbeiten. Wie mir das gelungen ist, erzähle ich euch gerne. Nehmt es als Anreiz und Inspiration.

Dankbarkeit als Schlüssel nutzen

Wie soll denn das gehen? Das mögen sich einige nun sicherlich fragen. Betrachten wir das Ganze aber mal so: Wenn irgendwas bereits gut ist, kann uns das die Zuversicht schenken, dass sich Dinge auch positiv entwickeln können. Dazu ist es aber nötig, dankbar zu sein.

Ein Beispiel:

Nach einem schönen Spaziergang am See fühle ich mich entspannt und wohl. Die frische Luft tat mir gut und die Bewegung sowieso. Vielleicht habe ich unterwegs noch unerwartet eine liebe Freundin getroffen und Kaffee mit ihr getrunken. Alles in allem einfach einen schönen Nachmittag genossen.

Wenn ich nun dankbar dafür bin, richte ich meinen Fokus weg von möglichen Problemen oder Widrigkeiten, hin zu etwas Gutem. Zu dem Hier und Jetzt. Zu dem, was gut in meinem Leben ist, wofür ich dankbar sein kann. Das bringt auch direkt die Zuversicht mit sich, dass eben doch nicht alles im Leben schlecht ist, auch wenn es manchmal den Anschein hat, es wäre so. Das bedeutet natürlich nicht, dass all unsere Wünsche in Erfüllung gehen oder auch dass wirklich immer nur das Beste eintritt. Es ist auch kein Garant dafür, dass man grundsätzlich glücklich durchs Leben geht. Aber darum geht es eben auch nicht. Hier geht es vielmehr darum, durch Dankbarkeit seinen Blick auf das Positive im eigenen Leben zu lenken. Es wahrzunehmen und auch als Ankerpunkt zu verwenden. Damit man, wenn etwas nicht gelingt, nicht gut ausgehen wird, sich sagen kann, dass man aber immer dies und das im Leben hat, worüber man sich freuen kann. Dadurch kann man auch etwas gelassener damit umgehen, wenn etwas nicht nach Plan läuft oder einem sogar den Boden unter den Füßen wegzieht.

Dankbarkeit im Alltag üben und anwenden

Dankbarkeit kann man im Alltag üben und auch anwenden. Das ist auch gar nicht so schwierig, wie es klingt. Alles, was wir dazu brauchen, ist der Wille dazu und natürlich auch ein gewisses Maß an Ausdauer. Denn auch hier müssen wir wieder in die Selbstreflexion gehen. Unseren Tag, und das jeden Tag aufs Neue, genau betrachten und reflektieren.

„Wofür bin ich heute dankbar?"

muss also die Frage lauten, die wir uns am Ende eines jeden Tages stellen. Das mag etwas lächerlich klingen, denn manchmal tendieren wir dazu zu sagen, dass wir nichts im Leben haben, wofür wir dankbar sein können. Oder fragen uns, wofür wir denn dankbar sein sollen, wenn das Leben „nur" aus Leid, Schmerzen, Verzweiflung und Ungerechtigkeit besteht. Genau hier müssen wir anfangen umzudenken.

Wir müssen uns, besonders in sehr herausfordernden Zeiten und Lebensphasen wieder ins Bewusstsein rufen, dass wir eben doch immer etwas haben, wofür wir dankbar sein können und auch sollten. Wir nehmen es nur viel zu oft gar nicht mehr wahr. Nehmen manches auch einfach als viel zu selbstverständlich im Leben. Wie zum Beispiel einen Sonnenaufgang sehen. Das Lachen unserer Kinder. Die fremde Person, die uns einfach anlächelt. All die kleinen alltäglichen Dinge, die wir als gegeben sehen, aber nicht mehr als das wahrnehmen, was sie sind: Gründe dankbar zu sein!

Hier ein paar Beispiele, wie das aussehen kann:

- Ich bin dankbar für meine Kinder.
- Ich bin dankbar für das tolle Gespräch mit meinem Partner/ meiner Partnerin.
- Ich bin dankbar für das schöne Haus, in dem ich lebe.

- Ich bin dankbar für die Arbeit, die ich habe.
- Ich bin dankbar für den guten Kaffee am Morgen.
- Ich bin dankbar für den wunderschönen Sonnenaufgang.
- Ich bin dankbar für den tollen Nachmittag mit Freunden.
- Ich bin dankbar für die Liebe in meinem Leben.
- Ich bin dankbar, dass ich lebe.
- Ich bin dankbar für alles, wofür ich dankbar sein darf.

Das sind nur Beispiele. Beispiele von Dingen, für die ich jeden Tag dankbar bin. Dinge, die ich mir in schlechten Phasen mehr denn je vor Augen führe, um nicht zu vergessen, wie viel Schönes in meinem Leben wirklich ist. Erlebnisse und Menschen, die mein Herz mit Freude, Glück und Liebe füllen. Die mir jeden Tag zeigen, dass die Welt, in der ich lebe, wunderschön ist. Dass ich geliebt werde und vor allem auch ich selbst Liebe gebe. Dass ich ein warmes Zuhause habe, in dem ich mich geborgen fühlen darf. Einfach, dass neben all meiner Verzweiflung, all den Schatten eben auch Licht ist.

Wichtig ist nicht, wofür wir am Ende dankbar sind, sondern dass wir diese Dankbarkeit auch tatsächlich spüren. Es spielt auch keine Rolle, ob wir für 10 oder 30 Dinge, oder nur eine einzige Sache dankbar sind. Es ist nur wichtig, dass es etwas gibt, und zwar jeden Tag, wofür wir dankbar sein können, dankbar sein dürfen. Denn diese eine Sache ist etwas Gutes, etwas Positives, und darauf lässt sich letztendlich auch der Optimismus aufbauen. Je bewusster wir uns dem Guten durch Dankbarkeit zuwenden, umso leichter fällt es uns, den Blick zuversichtlich in die Zukunft zu richten.

Auch das ist natürlich ein Prozess. Es erfordert Geduld und Ausdauer. Aber es lohnt sich.

Der Weg in ein zufriedenes Leben!

„Nimm es selbst in die Hand – ändere dein Leben oder deine Einstellung!"

Als Nächstes möchte ich über den Weg in ein zufriedenes Leben schreiben. Darüber, wie man zur Zufriedenheit kommt. Das Erste, was ich nach meinen Diagnosen verstehen lernen musste, war, dass mein Leben, mein Alltag und auch mein Denken darüber nicht besser wird, nur weil ich es mit dem Leben von anderen, vorzugsweise mit dem von gesunden Menschen vergleiche. Wenn ich andere bewundere oder, was noch schlimmer ist, ihnen etwas neide. Generell wird das Leben an sich nicht besser, wenn man anderen etwas neidet, unzufrieden vor sich hinlebt und quasi nur noch meckert. Das kostet einfach viel zu viel Energie. Energie, die ich gelernt habe zu bündeln und für mich und mein Wohlbefinden einzusetzen.

„Das Vergleichen ist das Ende des Glücks und der Anfang der Unzufriedenheit!"

Dazu müssen wir uns erst mal eines verdeutlichen: Nur wir selbst haben unser Leben in den Händen. Nur wir selbst können etwas ändern. Nur wir selbst sind dazu in der Lage, unser Leben so zu gestalten, wie wir es führen möchten. Nur wir selbst können die Dinge verbessern. Zugegeben, das klingt reichlich naiv in Anbetracht dessen, dass ich eine unheilbare, chronische und progressive Erkrankung habe.

Aber es ändert dennoch nichts an der Tatsache, dass man nicht zufrieden leben kann, wenn man ständig nach rechts, nach hinten, nach links und rundherum schaut, sein Leben mit dem eines anderen vergleicht und dabei nur die Dinge sieht, die negativ sind. Wenn das Missgunst und Frustration sowie Verzweiflung hervorruft, die einen förmlich verschlingen. Das bedeutet natürlich nicht, man soll sich nicht umschauen, ganz im

Gegenteil. Aber anstatt sich davon frustrieren zu lassen, kann man es als Inspiration sehen, als kleinen Wegweiser. Eventuell kann man sich sogar von allem etwas mitziehen lassen.

Dazu braucht es in erster Linie einmal die Einsicht, dass wir eigenverantwortlich Dinge ändern müssen. Die Einsicht, dass wir eventuell die eigene Perspektive ändern sollten, denn das ist es, was den Prozess der Veränderung erst in Gang bringt. Ohne Einsicht keine wirkliche und nachhaltige Veränderung.

Dann braucht es Mut. Mut und den Willen, die eigene Komfortzone zu verlassen. Das alles ist schmerzhaft. Ist unangenehm. Zu reflektieren, sich mit den eigenen Gefühlen, dem tiefsten Inneren und den eigenen Defiziten auseinanderzusetzen ist nicht leicht – es lohnt sich aber! Ich schreibe hier auch bewusst nicht von einem glücklicheren Leben, denn Glück liegt meist in den kleinen Dingen. Das empfinde ich zum Beispiel, wenn meine Kinder mich anlachen. Ein Fremder freundlich grüßt. Ich einen schönen Sonnenaufgang sehe. Mit meinem Mann Hand in Hand spazieren gehe. Glück ist ein Gefühl und jeder macht etwas anderes glücklich. Wichtig ist hier: Dem vermeintlichen ganz großen Glück nachzujagen führt zu nichts. Außer vielleicht zu noch mehr Unzufriedenheit. Aus persönlicher Erfahrung weiß ich, wie es ist, wenn man unglücklich ist. Wenn Unzufriedenheit an einem nagt und man sich nur noch auf das Schlechte im Leben fokussiert, ohne das eigentlich Gute zu sehen. Mit einem scheinbar unerreichbaren Ziel vor den Augen. Mit Scheuklappen auf. Man verpasst nämlich so viele Möglichkeiten und verliert den Blick für das Wesentliche.

Befreien, lösen, den Druck rausnehmen

„Wenn du unzufrieden bist, ändere dein Leben oder deine Einstellung!"

Es gab einige Schlüsselmomente, die mir regelrecht die Augen öffneten. Metaphorisch gesprochen hat mich mein eigenes Ich angebrüllt und gesagt: „Nur du hast es in der Hand!" Die Einsicht darüber, dass ich es selbst war, die mir im Weg stand, war wie ein Schlag in die Magengrube. Aber es machte mir auch klar, ich muss es selbst anpacken. Niemand ist schuld daran und niemand kann etwas dafür, dass mein Leben so aus den Fugen geraten ist, anders ist und dass ich mich dem anpassen, einen neuen Weg einschlagen muss.

Zugegeben, dieser Weg war nicht leicht. Er war voller Hürden, Irrungen und Wirrungen und oft wirklich einfach schmerzhaft. Das gehört aber dazu, denn Wandel tut immer auch weh. Sich von Dingen, Gewohnheiten, Hobbies, vielleicht sogar Beziehungen und Freundschaften zu lösen tut weh. Besonders dann, wenn tiefe Emotionen damit verbunden sind. Aber mit jedem einzelnen Schritt schlich sich gleichzeitig auch so etwas wie Erleichterung ein. Ich öffnete mich und probierte neue Dinge aus. Habe mich immer wieder an ganz neuen Dingen und Aktivitäten versucht. Habe neue Freundschaften geschlossen und Schritt für Schritt wieder zu mir selbst gefunden.

Zu einem neuen und, wie ich heute sage, besseren, zufriedeneren und vor allem aber stärkeren und mutigeren Ich. Zufriedenheit, und das mag seltsam klingen, kann man trainieren. Indem man sich selbst in neuen Dingen versucht. Sich selbst auf die Schulter klopft, auch wenn einem etwas nicht gelingt, man es aber einfach versucht hat. Indem man dankbar für alles ist, was man im Leben hat, ohne zu beklagen, was man nicht hat.

Damit ist es mir letztendlich auch gelungen, meine Scheuklappen abzulegen. Zu erkennen, dass da so viel Schönes, Wunderbares in meinem Leben ist. Im Alltag. In kleinen Momenten. Unabhängig von meinen Erkrankungen. Ich habe erkannt, dass ich so vieles einfach genieße, Glück aufsauge und davon profitieren kann, auch wenn ich Symptome habe. Das hat mir neuen Antrieb, neue Motivation und einen ganz neuen Blickwinkel gegeben. Natürlich habe ich auch heute noch sehr schlechte

Tage, schlechte Phasen, und es ist nicht immer alles eitel Sonnenschein. Auch ich rutsche noch in die Spirale aus Negativität. Aber ich erkenne es schneller, werde weniger hineingezogen und komme schneller wieder raus. Einfach weil ich gelernt habe, bewusst zu leben. Bewusst wahrzunehmen, was ich dennoch an guten Momenten habe, und das für mich zu nutzen.

Der Weg raus aus diesem Teufelskreis ist niemals einfach – aber man geht gestärkt daraus hervor. Zufriedener und letztendlich auch etwas glücklicher. Heute muss ich kein Lächeln mehr erzwingen. Ich lächle einfach und bin zufrieden, auch wenn ich mich wirklich schlecht fühle. Denn ich habe es in der Hand. Lebe mein Leben bestmöglich und fokussiere mich auf das Gute. Druck rausnehmen und die kleinen Dinge schätzen!

Das gelingt am besten, wenn wir unsere Erwartungen anpassen. Ich war jemand, der an sich selbst die höchsten Erwartungen hatte. Nach den Sternen griff und seine Lebensziele ziemlich weit nach oben gesteckt hatte. Ich war verbissen und angetrieben von Ehrgeiz. Wollte immer alles schaffen, in absoluter Eigenregie. In einem nun chronisch kranken Körper ging das alles plötzlich nicht mehr. Diesen Umstand konnte und kann ich nicht ändern.

Also musste ich, schrittweise, meine Erwartungen anpassen. Ich sage hier bewusst anpassen und nicht runterschrauben. Denn ich bin ja jetzt nicht weniger wert als vorher oder verdiene es weniger, meine Ziele zu erreichen. Ich bin zwar nicht mehr naiv, greife nicht mehr nach unerreichbaren Sternen, aber ich habe dennoch Träume und Wünsche, die ich mir erfüllen kann. Das ist auch mit Erkrankungen möglich. Ich glaube tatsächlich fest daran, dass ich etwas erreichen kann, wenn ich es nur wirklich möchte. Vielleicht brauche ich länger dafür, muss eher unkonventionelle Wege gehen und meine Erwartungen, besonders an mich selbst, anpassen. Aber mit einem positiven Denken, dem nötigen Engagement und natürlich auch Fleiß ist es möglich.

Dabei geht es nicht darum, irgendwie zu funktionieren, sondern darum, die eigenen Kräfte richtig zu bündeln, an sich selbst zu glauben, sich seiner selbst bewusst zu sein und sich letztendlich auch wirklich zu bemühen. Jeden einzelnen Tag bewusst zu leben. Ihn den Gegebenheiten anzupassen.

Dazu gehört ganz klar auch, die eigenen Grenzen zu wahren. Schlechte Tage, an denen man kraftlos ist und Erholung braucht, als solche anzunehmen und sich zu sagen, es ist okay. Das gehört dazu. Diese Tage und Phasen darf und muss es geben. Wichtig dabei ist lediglich, dass man den Fokus für das Gute, die vielen kleinen Glücksmomente nicht verliert. Denn die zeigen uns, was wir wirklich im Leben haben. Befeuern den Glauben an uns selbst und unsere eigentliche Stärke und unser Können. Diese kleinen Momente, besonders an den miesen Tagen, halten unseren Kopf über Wasser.

Nur weil es grade extrem schwierig, belastend und herausfordernd ist, bedeutet das nicht, dass das gesamte Leben und Dasein schlecht ist!

Und was am wichtigsten ist:

Wir können und dürfen uns selbst ruhig auch mal auf die Schulter klopfen. Uns selbst loben, wenn wir etwas leisten, egal was es ist. Ob es nun ist, es geschafft zu haben, die Betten machen, ein Buch zu schreiben, einen herausfordernden Arztbesuch geschafft zu haben, egal was auch immer. Wir dürfen stolz auf uns selbst sein und es anerkennen. Unseren eigenen Fokus auf uns selbst legen.

Die eigene Messlatte nicht an anderen orientieren. Bei uns selbst und den eigenen Projekten, gleich welche das sein mögen, bleiben und die eigene Energie in uns selbst investieren. Der Weg, den ich ging, war lang, schmerzhaft und herausfordernd, ganz ohne Frage. Aber der Lohn in Form von völliger Zufriedenheit war es mehr als wert.

Das Leben in den eigenen Händen halten bringt Frieden!

Ich halte mein Leben heute in meinen eigenen Händen. Behandle es, als sei es unbezahlbar, zerbrechlich und mein einziger, wertvoller Besitz. Denn so ist es letztendlich auch. Wir haben nur dieses eine Leben und bemessen an der Unendlichkeit des Universums ist es recht kurz. Oft sogar kürzer, als uns bewusst ist. Deswegen ist es wichtig, sein Leben zu hüten, zu pflegen und auf sich selbst sehr gut achtzugeben, besonders dann, wenn man chronisch krank ist. Ich sage ganz bewusst „Ja" zu meinem Leben. Übernehme die Verantwortung für mich selbst, mein Wohlbefinden, mein Wohlergehen, für das Leben, das ich lebe. Ich handle bewusst und eigenverantwortlich. Habe mein eigenes Sein im Blick und übernehme dafür auch die Verantwortung.

Oft sind wir uns der Tatsache nämlich nicht bewusst, dass die Eigenverantwortung der einzige Weg für ein selbstbestimmtes, zufriedenes Leben ist. Wir geben gerne die Verantwortung ab. An die Politik und das Gesundheitssystem. An Ärzte und die Gesellschaft selbst. Ich behaupte natürlich nicht, dass sich hier besonders für uns chronisch Kranke nichts ändern müsste. Aber auch wenn es oft nicht so scheint, tragen wir selbst die Verantwortung in so vielen Bereichen unseres Lebens.

Nehmen wir hier mal das Beispiel mit den Ärzten.
Grade jemand wie ich mit komplexen, seltenen, multisystemischen chronischen Erkrankungen muss sich doppelt und dreifach bemühen, Ärzte zu finden. Dazu war und ist es notwendig, zig Praxen zu kontaktieren und teilweise auch lange Anfahrten in Kauf zu nehmen. Ich kann natürlich beklagen, dass mich im näheren Umfeld kein Arzt behandeln kann oder möchte. Ich kann aber auch sagen, okay, dann fahre ich eben so weit wie nötig, nehme alle Unannehmlichkeiten und Schwierigkeiten in Kauf, denn ich möchte ja die Hilfe haben, die ich verdiene. Das liegt ganz alleine in meiner eigenen Verantwortung. In meiner Verantwortung, mich aus vermeintlichen Abhängig-

keiten zu lösen und mein Leben für mich selbst ganz selbstbestimmt zu leben.

Das Leben an sich verläuft nie gradlinig. Es besteht aus Entwicklung, Veränderung, Irrungen und Wirrungen. Aus vielschichtigen Gefühlen, Höhen und Tiefen. Leben heißt, Dinge verändern und entwickeln sich, besonders wir selbst. Stillstand macht unzufrieden, unglücklich. Alles, was uns widerfährt, jede Entscheidung, die wir treffen, alles, was wir tun, formt uns, ist prägend und ganz besonders ist alles, auch das Schlechte, eine Möglichkeit zu wachsen. An Hürden und Schwierigkeiten wachsen wir, oft sogar über uns hinaus. Jede dunkle Phase meines Lebens, jeder ausgefochtene Kampf, besonders der mit mir selbst, hat mich wachsen und reifen lassen. Hat mir nach und nach mehr Selbstvertrauen gegeben, den Glauben an mich selbst und meine Fähigkeiten gestärkt. Hat mir mehr Balance gegeben, denn ich war im völligen Ungleichgewicht. Hatte eine Fassade aufrechterhalten.

Eine Mauer, um nicht sehen zu müssen, was direkt vor mir lag: die Probleme mit mir selbst und dem eigentlichen Grund für meine Unzufriedenheit – die mangelnde Eigenverantwortung. Das aber zu erkennen, es anzunehmen und letztendlich auch zu ändern, war der mit Abstand schwierigste, herausforderndste Kampf, den ich je kämpfen musste. Gleichzeitig aber auch der, an dem ich am meisten wachsen durfte. Ich sage hier bewusst durfte. Denn ich sehe es heute als Geschenk an. Es brachte mir jede Menge neuen Mut. Ein neues Selbstwertgefühl. Ein starkes Selbstbewusstsein. Klare Sicht auf mein bisheriges Leben, auf meine eigenen Bedürfnisse und vor allem auf das, was ich wirklich möchte: im Einklang mit mir selbst und meinem Sein leben; mein Leben so gestalten, dass ich es bedingungslos genießen kann; mich selbst ganz wahrnehmen und einfach leben. Das erforderte mich den Gegebenheiten anzupassen, manches komplett umzukrempeln, dem Prozess, der in Wellen lief, zu vertrauen und zu folgen, viele kleine Schritte zu machen und kleine Ziele auf diesem Weg zu erreichen und sie vor allem auch anzuerkennen. Aber mit jedem kleinen Erfolg löste sich mehr und mehr meiner Verzweiflung auf.

Irgendwann war es dann auch gar nicht schwierig oder herausfordernd, sondern ein Befreiungsschlag, welcher mir so viel Gutes gebracht hat. Glück und tiefe Dankbarkeit. Freundschaft und bedingungslose Liebe, nicht zuletzt auch zu mir selbst. Die Fähigkeit, wieder mit offenen Augen und dem Blick für das Schöne durch mein Leben zu spazieren. Der Spiegel für mich selbst und auch andere zu sein.

Man zieht im Leben das geradezu magnetisch an, was man ausstrahlt. Was man denkt und fühlt. Denke ich nur negativ über mich selbst und mein Leben, dann wird mir auch nichts Gutes mehr widerfahren. Richte ich meine Gedanken aber auf das Positive, wird Gutes da sein, sichtbar und spürbar. Ich bin kurz gesagt einfach der Mensch, der ich sein möchte. Fröhlich, glücklich, mutig und stark. Selbstbewusst und einfach lebensbejahend, mit allen Erkrankungen, Beschwerden und Einschränkungen. Ich bin der Mensch, der sein Leben in den eigenen Händen hält und das Beste aus dem macht, was ihm gegeben ist. Ich sehe mich selbst, liebe, achte und respektiere mich selbst. Denn ich bin mir das ganz einfach wert. Sage, ohne überheblich klingen zu wollen, ich bin kostbar und verdiene ein gutes Leben.

Ode ans Kämpfen - kämpf für dich selbst!

Ich behaupte, jeder Kampf lohnt sich, ausnahmslos, sofern man für sich selbst kämpft. Jeder Kampf ist ein Sieg, bei dem es irgendetwas in irgendeiner Form zu gewinnen gibt und der einem nachhaltig Gutes bringt. Auch ich hatte nach meinen Diagnosen irgendwie mein Lachen, meine Lebensfreude verloren. War unsicher, verängstigt und dachte, ich sei gebrochen. Hatte mich quasi selbst verloren. Ich dachte und fühlte gegen die Wand. War wütend und verzweifelt. Lebensplanung dahin. Keine Hoffnung. Kein Glaube. Gefangen im Nichts. Weder im Reinen mit mir selbst noch mit der Welt und dem Leben an sich. Bis ich, wie bereits beschrieben, den Ausweg gewählt habe. Gekämpft habe, am meisten mit mir selbst. Für ein lebenswertes und zufriedenes Leben. Für mich allein. Für mein eigenes Glück. Leicht war das nicht. Es tat und tut auch heute noch manchmal weh. Der Weg war sehr steinig. Gepflastert mit Opfern, die ich erbringen musste. Gepflastert mit Verlust und allem, wovon ich mich lösen musste.

Aber ich bekam etwas dafür. Licht, so strahlend hell, dass es mich fast blendete. Kraft und Selbstvertrauen. Ausdauer, Disziplin und Durchhaltevermögen und daraus resultierend auch jede Menge Stolz. Ich bin heute stolz auf mich selbst, immer dann, wenn ich auf all die Schönheit in meinem Leben blicke und erkenne, was ich da eigentlich für mich selbst erschaffen habe. Ich bin weder geheilt noch beschwerdefrei. Aber das war auch nicht mein Ziel. Mein Traum, mein Wunsch, mein Ziel war es, ein lebenswertes Leben zu führen. Dankbar für alles zu sein, was ich habe, und mich selbst wertzuschätzen.

„Ja, kämpfen lohnt sich immer!"

Liebe dich, achte dich und wisse um deinen Selbstwert!

Damit wir kämpfen können, brauchen wir Energie. Energie und auch etwas Selbstvertrauen. Deshalb ist es wichtig, ganz besonders wenn chronische Erkrankungen Auswirkungen auf den Alltag, das Wohlbefinden und die Psyche an sich haben, dass wir uns selbst achten, uns selbst bedingungslos lieben und unseren Selbstwert tatsächlich kennen. Wenn ich an die Anfangszeit meiner Diagnosen zurückschaue, dann sehe ich hauptsächlich Unsicherheit und die Unfähigkeit, mich selbst so zu lieben. Nicht mehr die junge Powerfrau, sondern das kleine, unfähige und schwache Etwas. Mich so, als die von nun an kranke Frau, die Hilfe brauchen wird, zu akzeptieren und mehr noch zu respektieren und zu lieben, schien mir unmöglich. Ich war schlicht nicht in der Lage, mich so anzunehmen. Das führte dazu, dass ich viel zu hart mit mir ins Gericht ging. Mich selbst klein gemacht habe. Rückblickend hat mir all das nur unnötig meine Energie geraubt. Ich bin nicht gut mit mir, meinem Körper und auch mit meiner Psyche umgegangen. Auch hier musste ein Umdenken stattfinden und das habe ich in ganz kleinen Schritten angefangen. Ich habe mir jeden Abend eine Sache überlegt, die ich an dem Tag gut gemacht hatte. Die Betten frisch bezogen. Fenster geputzt. Mit meinen Kindern Zeit auf dem Spielplatz verbracht. Einfach immer irgendwas, was ich als Leistung meinerseits definieren konnte. Ich habe angefangen mir zu sagen, mir einzureden, dass es okay ist, wenn ich jetzt grade mal nicht mehr Powerfrau bin und Zeit für mich brauche. Dass mein Körper an so vielen Stellen kämpft und er das Recht hat, sich zu erholen. Dass ich das Recht habe, mich zu erholen und mir wieder Gutes zu tun, gut zu essen, Wellness zu machen, mich nicht mehr kaputt zu arbeiten, mich zu freuen und es mir gut gehen zu lassen.

Statt mir zu sagen, was ich alles wieder nicht hinbekommen habe, habe ich versucht, mich auf das zu fokussieren, was ich hinbekommen habe. Jetzt könnte man ja sagen, die Betten frisch zu beziehen ist keine Leistung und dem hätte ich, bevor ich krank wurde, zugestimmt.

Heute aber sage ich, wenn der ganze Körper schmerzt, man erschöpft ist, dann ist es das sehr wohl und dann darf ich mich dafür auch loben, mir auf die Schulter klopfen. Statt mir einzureden, dass ich funktionieren muss, gestatte ich mir Schwäche zu zeigen, mich anzulehnen, mir helfen zu lassen. Schritt für Schritt habe ich so erkannt, dass auch das kranke Ich liebenswert ist. Letztendlich hat es mir nämlich auch viel Gutes gebracht. Zeit und Raum für Selbstreflexion. Jede Menge Empathie und Toleranz. Geduld mit mir selbst und anderen. Den Blick für die wirklich wichtigen und schönen Dinge im Leben. Akzeptanz und die Fähigkeit, resilient zu sein, Dinge anzunehmen, einfach auch mich selbst anzunehmen, mich und meine Bedürfnisse zu sehen, meine Grenzen zu wahren, für mich selbst einzustehen und mich als Ganzes zu sehen, zu lieben und zu verstehen.

„In mir selbst ruht alles, was ich brauche!"

Also: lasst uns fürsorglich mit uns selbst umgehen!

Selbstfürsorge ist ohnehin grade eines der aktuellsten Themen überhaupt. Auch bei mir ist sie ein wesentlicher Aspekt im Leben mit meinen Erkrankungen. Selbstfürsorge hat auch nichts mit Egoismus zu tun. Wenn ich also sage, ich stelle mich auch mal an erste Stelle, dann nicht, weil ich egoistisch wäre. Denn damit erhöhe ich mich ja nicht selbst, sondern nehme mich, meine Bedürfnisse und meine Grenzen wahr. Man könnte also auch von Selbstwahrnehmung sprechen. Genauso, wie wir unser Umfeld ernst nehmen und uns um die Menschen, die wir lieben, sorgen, sollten wir uns selbst nicht vergessen, uns um uns selbst sorgen. Denn wir sind nicht weniger wichtig.

Aber jetzt kommt die Krux an der Sache:

Es gibt nicht den Einen Weg, das Eine Mittel, was allen hilft. So einfach ist Selbstfürsorge meiner Erfahrung nach auch wieder nicht. Zwar gibt es jede Menge Menschen, die uns erzählen, wie Selbstfürsorge aussieht oder aussehen sollte, aber ich sage, was mir wirklich guttut, weiß nur ich ganz alleine.

Selbstfürsorge - individuell und authentisch

Nur wir wissen, können rausfinden, was wirklich gut für uns ist. Das mag sehr abgedroschen klingen, ist deshalb aber nicht weniger wahr. Mir konnte und kann niemand anderes sagen, was mir wirklich guttut. Besonders mit einem chronisch kranken Körper, der ganz andere Ansprüche hat. Mit einem Körper, der auf viele äußere Reize mit anaphylaktischen Reaktionen reagiert und dessen Gelenke hypermobil und sehr empfindlich sind, sind viele der hochgepriesenen Techniken nicht wirklich geeignet und würden mir daher auch nicht wirklich guttun.

Neugierde auf uns selbst erwecken

Okay, das klingt erst mal sehr seltsam, aber ich finde diese Formulierung doch sehr passend. Denn es ist gar nicht so einfach zu wissen, was uns wirklich guttut.

Dazu ist es nämlich nötig, uns selbst erst mal wirklich wahrzunehmen. Auf die Signale des Körpers und der Seele zu achten. Natürlich kann und sollte man dazu alle möglichen Self-care Techniken versuchen. Sich ausprobieren und Geduld haben. Aber eben immer mit dem Ziel, herauszufinden, ob es nun wirklich guttut, uns etwas gibt und ob wir uns so auch wirklich selbst spüren. Sprich, nicht die Erwartungshaltung haben, dass beispielsweise Yoga jetzt der Schlüssel zur Selbstfürsorge ist, weil es stressabbauend wirkt. Oder Meditation. Oder Atemübungen.

Eventuell ist es auch einfach der Spaziergang im Wald. Ein heißes Bad und dazu ein gutes Buch. Ich selbst habe unzählige Dinge ausprobiert. Nach manchem fühlte ich mich sogar schlechter als zuvor. Anderes hat zwar nichts verschlechtert, mir aber auch keine Verbesserung gebracht. Einiges hat mich dann aber doch vieles über mich selbst lernen lassen.

Darüber, was ich besonders mag. Über Dinge, die meiner Seele guttun. Darüber, was mein Körper besonders mag.

Letztendlich geht es nämlich nur darum. Selbstfürsorge bedeutet, fürsorglich mit sich selbst umzugehen. Sich selbst und seinem Körper Gutes zu tun.

Die ganz eigene, individuelle Hausapotheke der Selbstfürsorge

Zunächst ist es wichtig, dass wir ein Gespür dafür entwickeln, was wir wirklich brauchen und was uns letztendlich guttut. Ich selbst habe vieles versucht, bin gescheitert und habe Neues gesucht. Es ähnelt fast schon einer Reise zu sich selbst. Yoga zum Beispiel hat mir nicht gutgetan und war aufgrund meiner Hypermobilität auch nicht wirklich gut für meine Gelenke. Da ich für mich aber unbedingt auch aktiv körperlich etwas tun wollte, habe ich mit kleinen Spaziergängen angefangen. Heute weiß ich, ein Spaziergang im Wald oder am See beruhigen mein vegetatives Nervensystem und tun mir unheimlich gut, wenn ich gestresst bin. Irgendwann habe ich angefangen mit Pilates und siehe da, das ist für mich und meinen Körper genau die richtige Sportart. Ich überlaste meine instabilen Gelenke nicht, baue sanft meine Muskulatur etwas auf und es macht mir zudem auch noch Spaß. Ich schreibe unheimlich gerne. Nehme mir ein gutes Buch und tauche gerne in fantastische Abenteuer ein.

Was ich damit sagen möchte, ist, dass wir für uns selbst rausfinden müssen, was uns guttut. Sich Anregungen holen, sich inspirieren lassen ist wichtig, aber dann müssen wir die Selbstfürsorge für uns angepasst und ganz individuell adaptieren. Denn nur so können wir auch tatsächlich gut für uns selbst sorgen. Dabei geht es aber nicht nur darum, dass wir es möglichst bequem und besonders angenehm haben, uns sorgenfrei einkuscheln und den totalen Egoismus betreiben. Es geht vielmehr darum, dass wir uns wohlfühlen in unserer Haut, in unserem Körper, unserem Zuhause und sozialen Umfeld. Es geht darum, sich ein Leben zu erarbeiten, das wir mit allen Umständen genießen können. Nicht aus der Balance zu geraten und einen Ausgleich zu dem zu haben, was uns eben nicht guttut oder uns belastet. Damit wir lernen resilient zu sein und gestärkt in Krisenzeiten gehen können, die ohne Frage kommen.

Wir können das Leben nämlich nur meistern und genießen, uns selbst lieben und wertschätzen, wenn wir uns möglichst wohl fühlen. Natürlich wäre es utopisch zu behaupten, mit einem kranken Körper würde oder könnte man sich immer nur wohl fühlen, aber es geht auch nicht darum, sich immer nur wohlzufühlen. Es geht, wie bereits erwähnt, um Balance. Es geht darum, nicht mehr zu geben, als man hat, und sich selbst dabei völlig außer Acht zu lassen. Es geht darum, sich selbst zu sehen, zu spüren und im Ganzen wahrzunehmen.

Auch unsere Psyche, besonders wenn man chronisch krank ist, möchte gut behandelt werden!

Unser Selbstwert will gestärkt werden!

Wenn wir lernen, den Blick auch auf uns selbst zu richten, auf unser Wohlbefinden, können wir uns schützen. Auch hier gibt es unzählige Tipps, wie wir unser Selbstwertgefühl stärken können.

Dennoch ist mir aufgefallen, dass sehr viele gar nicht wissen, was Selbstwert eigentlich ist und wie wichtig er ist, besonders für chronisch erkrankte Menschen. Ich bin aber aus eigener Erfahrung davon überzeugt, dass jeder seinen eigenen Wert erkennen und stärken kann, und zwar in jeder Lebensphase. Also auch in jenen, die besonders schwierig sind. Selbstwert oder das Selbstwertgefühl ist eigentlich eine grundlegende Einstellung, die wir zu uns selbst haben.

Quasi die Bewertung, die wir uns selbst geben. Selbstbewusstsein, Selbstsicherheit, oder auch Selbstvertrauen sind hier die Begriffe, die oft mit Selbstwertgefühl in Verbindung gebracht werden. Sie sind das, was wir uns selbst an Wert zuschreiben. Sie geben Auskunft darüber, wie sehr wir uns selbst mögen, uns schätzen. Darüber, was wir wirklich von uns selbst halten und ob und wie sehr wir eigentlich mit uns selbst zufrieden sind. Dabei ist das Selbstwertgefühl jedoch nie gleich ausgeprägt. Ich kann zum Beispiel einen hohen Selbstwert als Mutter haben und einen niedrigen bei der Arbeit. Auch kann das Selbstwertgefühl erschüttert werden, wenn uns jemand kritisiert oder die Gesellschaft uns durch starre Normen suggeriert, dass wir nur dann einen Wert haben, wenn wir leistungsfähig sind.

Selbstwert ist das Immunsystem der Seele

Okay, ich gebe zu, das klingt etwas seltsam. Aber, und das wird oft unterschätzt, ein positives Selbstwertgefühl steigert auch unser Wohlbefinden enorm und erhöht zugleich unsere Widerstandskraft. Es wappnet uns sozusagen für schwierige Situationen und einschneidende Ereignisse. Hat man einen hohen Selbstwert, hat man auch automatisch mehr Durchhaltevermögen und lässt sich nicht so schnell von seinem Vorhaben abbringen, wenn etwas nicht so läuft, wie man es sich vorgestellt hat. Kurz gesagt, man vertraut seinen eigenen Fähigkeiten und lässt sich nicht mehr so schnell frustrieren.

Hat man hingegen einen eher niedrigen, oder schlimmstenfalls gar keinen Selbstwert mehr, fühlt man sich schnell wertlos. Nicht selten resultiert daraus sogar eine Form von Selbsthass, der dann wiederum eine Negativspirale öffnet, in der man sich sehr schnell verlieren kann. Ist das Vertrauen in uns selbst erst mal weg, neigen wir automatisch dazu, von vornherein zu sagen, dass wir etwas sowieso nicht können. Oder dass sich sowieso nichts ändern wird. Daraus wird Resignation und diese vermindert den Selbstwert weiter. Auf Dauer führt das zu psychischen Erkrankungen wie beispielsweise Depressionen.

Unser Selbstwert hängt von vielen Faktoren ab

Unser Selbstwertgefühl wird vielen verschiedenen Einflüssen geprägt und beeinflusst. Von der Gesellschaft, ihrer Erwartungshaltung und Leistungsorientiertheit. Von sozialen Beziehungen zu anderen. Nicht zuletzt von der Erziehung und den familiären Strukturen selbst.

Ein Beispiel:

Wird uns bereits als Kind vermittelt, dass wir nur geliebt werden, wenn wir immer funktionieren und Leistung erbringen, wie zum Beispiel gute Noten schreiben, dann wird uns gesagt, dass wir nur etwas wert sind, wenn wir XY erbringen. Wird uns hingegen das Gefühl gegeben, dass wir geliebt werden, dass uns XY zugetraut wird und ein Misserfolg nichts an unserem eigentlichen Wert ändert, dann prägt sich bereits ein positives Selbstbild ein.

Im Laufe des Lebens sehen wir uns immer wieder damit konfrontiert, dass wir bewertet werden. Im Grunde sind das Signale, die andere uns senden und die dann unser Selbstwertgefühl entweder bestärken oder aber erschüttern. Natürlich spielen auch die eigenen Erfahrungen eine gewichtige Rolle. Erleben wir stetig Misserfolge, zweifeln wir auch irgendwann an uns selbst und unseren Fähigkeiten. Erleben wir aber Erfolge, besonders berufliche (gesellschaftliche Bewertung: Nur erfolgreiche Menschen sind etwas wert), dann steigert es den Selbstwert enorm. Deshalb ist es umso wichtiger, die eigene Haltung zu sich selbst zu stärken.

Eine positive Einstellung zu sich selbst erarbeiten

Machen wir uns nichts vor: Wir machen unseren Selbstwert viel zu oft an dem fest, was unser Umfeld, die Gesellschaft, die Familie von uns denken. Erkranken wir nun chronisch und haben Einschränkungen, dann erfüllen wir schlichtweg nicht mehr die Erwartungen, die andere an uns haben. Anstatt uns zu sagen, dass wir nicht die Erwartungen anderer erfüllen müssen, sondern nur unsere eigenen, die wir jederzeit an die Umstände anpassen dürfen, mindern wir die Haltung uns selbst gegenüber. Die gute Nachricht ist aber: Das können wir ändern – und zwar immer! Wie bereits erwähnt, ist die Selbstfürsorge wichtig, besonders im Hinblick auf unseren Selbstwert. Hier geht es eigentlich darum, wie wir mit uns selbst sprechen. Loben wir uns oder machen wir uns selbst klein? Setzen wir uns auch mal selbst an die erste Stelle, zeigen uns selbst, dass wir uns wichtig sind und fokussieren wir uns auf unsere Stärken, hat das positiven Einfluss auf unsere Selbstwahrnehmung.

„Ich bin es mir selbst wert, dass ich mir die Zeit für mich nehme, mir Gutes tue!"

Das ist mittlerweile mein Leitsatz. Und das, ganz ohne dafür erst mal irgendeine Leistung erbracht zu haben. Ich bin es mir wert, gut, liebevoll und fürsorglich mit mir selbst umzugehen, ganz unabhängig davon, ob ich irgendwas gut oder schlecht gemacht habe. Ob ich funktioniert habe oder aufgrund meiner Symptomatik mal einen Tag im Bett lag.

Denn es ist nichts, was ich mir erarbeiten oder verdienen müsste. Ich bin mir das ganz einfach wert.

Die Gedanken können das Selbstwertgefühl steigern!

Jedes Urteil, positiv wie negativ, welches wir über uns selbst fällen, hat auch einen entscheidenden Einfluss auf unser Selbstwertgefühl. Meistens sind sogar wir selbst unsere größten und strengsten Kritiker. Nach meinen Diagnosen war ich oft sehr hart und unnachgiebig mit mir selbst. Ich wurde zu jemandem, dessen Ansichten und Gefühle sich selbst gegenüber nur noch negativ waren. Statt die Frau zu sein, die immer alles im Griff hatte, Haus, Garten, Kinder und die Freiberuflichkeit, konnte ich phasenweise nicht mal mehr aus meinem Bett aufstehen, geschweige denn irgendwas erledigen. Ich habe richtig schlecht mit mir selbst gesprochen. Mir gesagt, ich sei nun nichts mehr wert, würde nichts Gutes mehr verdienen und sei eine Belastung. Und das geht vielen chronisch kranken Menschen so.

Das Ziel sollte es also sein, die eigene Wertung über sich selbst zu hinterfragen und zu verändern, damit man wieder lernt, seinen Wert angemessen, fair und realistisch zu beurteilen. Dabei geht es auch nicht darum, sich selbst immer und andauernd in den höchsten Tönen zu loben, denn auch Kritik ist wichtig. Diese sollte aber angemessen sein. Das soll bedeuten, alles zu berücksichtigen, auch die gegebenen Umstände.

Ein Beispiel:

Wenn es mal richtig blöd läuft, meine Schmerzen überhandnehmen und ich aufgrund des POTS nicht in aufrechter Körperposition sein kann, im Bett oder auf dem Sofa liege, dann ist das okay. Ich berücksichtige die Gesamtsituation. Sage mir, dass meine heutige körperliche Verfassung nichts anderes zulässt und ich es mir wert bin, auf meine Bedürfnisse zu achten. Ich sage mir **nicht** mehr, dass ich nutzlos und faul bin und eine Belastung. Ich kenne meinen Wert. Weiß, was ich an guten Tagen schaffe, und auch, dass es nichts darüber aussagt, wozu ich wirklich fähig bin.

Natürlich übe ich dennoch auch Kritik an mir selbst. Hinterfrage, was ich tue oder eben nicht tue, ob ich vielleicht nur einen Vorwand suche, etwas nicht zu tun, und gehe dann auch hart mit mir selbst ins Gericht.

Der Grundton bleibt aber positiv

Ich bewahre mir aber eine positive Grundeinstellung mir selbst gegenüber. Das kann man erlernen, indem man seine Aufmerksamkeit ganz bewusst auf die positiven Aspekte seines Lebens und Handelns lenkt. Indem wir nicht mehr das kritisieren, was uns nicht gelungen ist, sondern das, was einfach schön und positiv ist, wertschätzen. Dazu zählt alles, nicht nur das, was man geleistet hat.

Das kann eine gute Tasse Tee am Morgen sein, die man in der Sonne getrunken hat. Der Waldspaziergang, der einem gut getan hat. Ein DIY-Projekt, das man abgeschlossen hat, oder einfach ein schönes Gespräch mit irgendjemandem. Unser Selbstwert ist nämlich nicht nur das, was wir vermeintlich leisten, oder unsere Erfolge, auf die uns die Achtung und Bewunderung von außen entgegenschlägt. Auch ein Spaziergang kann ein Erfolg sein. Ein gutes Gespräch mit jemanden kann uns oder unserem Gegenüber oder gar uns beiden etwas Tolles geben. Es kann schöne Erinnerungen schaffen. Vor allem aber sollten wir uns das alles auch selbst wert sein. Ganz einfach so und nicht, weil wir zuvor irgendwas dafür getan oder geleistet haben.

„Ich bin es mir wert, mich im Ganzen zu sehen, mich zu lieben und gut zu mir zu sein!"

Lassen wir diesen Satz einfach mal auf uns wirken. Wie fühlt es sich an, das zu sich selbst zu sagen? Sicherlich etwas seltsam, vielleicht sogar auch etwas schmerzhaft. Denn viel zu oft assoziieren wir mit dem Guten doch ein *„Verdienen"*. Wir sagen selten *„ich bin es mir selbst wert"*, sondern *„ich verdiene es"*. Das Problem dabei ist aber, um etwas zu verdienen, müssen wir vorab etwas erbringen, etwas tun. Deswegen müssen wir lernen zu sagen, zu verinnerlichen, dass wir uns das selbst wert sind.

Der innere Kritiker, ihn verstehen und mit ihm umgehen können

In jedem von uns lebt der innere Kritiker. Der Teil in uns, der uns klein macht, uns einredet, dass wir immer alles falsch machen, nichts schaffen, und der unseren Pessimismus füttert. Es ist die kleine, innere Stimme, die sich besonders in den Situationen meldet, in denen wir etwas gut machen wollen, erledigen wollen oder wo uns einfach etwas sehr wichtig ist. Besonders Menschen mit chronischen Erkrankungen, Beeinträchtigungen und Behinderungen hören diese Stimme oft.

„Was soll ich auf der Geburtstagsfeier? Ich werde sowieso wieder nur Schmerzen haben und mit keinem reden können, weil ich ja sowieso immer nur über das eine rede!" oder auch: „Wieso soll mit auf den Ausflug gehen, ich breche ihn sowieso wie immer wieder ab und verderbe allen den Spaß!"

Das sind jetzt Beispiele, wie unser innerer Kritiker von vornherein versucht, uns klein zu halten. Indem er uns vorab für etwas kritisiert, was sonst auch immer passiert. Damit sinkt unsere eigene Erwartungshaltung sogleich ins Negative. Gedanken wie **„*Das war ja wohl mal wieder nichts!*"** und **„*War klar, dass ich das wieder nicht schaffe*"** kennen wir doch sicher alle. Das passiert immer dann, wenn wir unseren eigenen Erwartungen und/oder denen des Umfelds und der Gesellschaft nicht gerecht werden. Und mit chronischen Erkrankungen ist das sogar sehr oft der Fall.

Das Problem hierbei ist, dass unser innerer Kritiker nicht einfach nur kritisch mit uns ist. Er ist überkritisch, da seine Erwartungen an uns viel zu unrealistisch sind. Die Anforderungen, die er an uns stellt, sind in der Regel einfach viel zu hoch angesetzt. Geht nun etwas schief, sieht er die Schuld ganz klar bei uns selbst. Dabei schreckt er auch nicht davor zurück, uns stetig mit anderen zu vergleichen, uns zu sagen, was uns fehlt und wo wir besser werden müssen. Wir hingegen tendieren dazu zu denken, dass das alles auch der absoluten Wahrheit entspricht, und messen dieser Kritik eine viel zu hohe Bedeutung bei. Das führt dann oft dazu, dass wir uns selbst Vorwürfe machen und in Schuldgefühlen ertrinken.

Ich selbst kenne das sehr gut. Ich bin Mutter von Zwillingen und chronisch krank. Ich habe mich oft dafür kritisiert, dass ich die Muffins für den Geburtstag meiner Kinder in der Kita nicht selbst gebacken, sondern sie gekauft habe. Dass ich nicht täglich mit meinen Kindern irgendetwas unternehme. Oder ich manchmal kaum in der Lage dazu bin, ein einfaches Spiel mit ihnen zu spielen. Das hat mein innerer Kritiker so richtig ausgekostet. Ich habe mich unendlich schuldig und schlecht gefühlt und habe mir letztendlich vorgeworfen, keine gute Mutter zu sein. Aus diesem Teufelskreis wieder rauszukommen, war nicht so einfach. Denn dazu musste ich erst einmal verstehen, woher diese Stimme im Kopf kommt und wie ich diese für mich nutzen kann.

Die Stimme im Kopf und wo sie ihren Ursprung hat

Dafür musste ich ein wenig recherchieren. Psychologisch gesehen geht man davon aus, dass hinter unserem inneren Kritiker negative Glaubenssätze stecken. Jene, die wir über Jahre hinweg erworben haben und die damit auch unser ganz individuelles Weltbild formen. Das kann zum Beispiel der Glaubenssatz sein, dass man sich anpassen muss, wenn man geliebt und akzeptiert werden möchte. Oder die Annahme, dass die eigene Meinung zu irgendetwas keine Relevanz hat. Oder dass man nur dann einen Wert hat, wenn man eine gewisse Leistung erbringt. In diesen Glaubenssätzen, die auch ich hatte, meldet sich der innere Kritiker besonders schnell und sehr laut zu Wort, sobald wir diesem Bild nicht mehr gerecht werden.

In meinem Fall war es zum Beispiel so, dass mein innerer Kritiker sofort sagte:

„Andere Mütter schaffen das auch! Wenn du deine Kinder liebst und eine gute Mutter sein willst, wieso backst du dann die Muffins für den Geburtstag nicht selbst? Gekaufte Muffins! Du solltest dich schämen!"

Diese Vorwürfe haben letztendlich zu enormen Schuldgefühlen geführt.

Deshalb ist es wichtig, dass wir anfangen, unseren inneren Kritiker selbst kritisch zu hinterfragen.

Den eigenen Kritiker durch Selbstreflexion wirklich kennenlernen

1. Versuchen wir uns an eine Situation zu erinnern, am besten eine, die erst kürzlich stattgefunden hat, in der unser innerer Kritiker besonders hart zu uns war. Was hat er zu uns gesagt? Jetzt lasst uns diesen Satz ganz genau aufschreiben. Beispiel: ***„Du bekommst es so krank einfach nicht hin, deinen Kindern gerecht zu werden!"***
2. Jetzt nehmen wir uns mal ausreichend Zeit, diesen Satz genau zu reflektieren. Zu hinterfragen, wo diese Kritik herkommen könnte und welcher unserer Glaubenssätze dafür verantwortlich ist. Beispiel: Hinter der oben genannten Aussage könnte der Glaubenssatz stecken ***„Nur eine Mutter, die alles schafft, ist gut genug!"***
3. Jetzt lasst uns mal versuchen, einen positiven Glaubenssatz zu formen, der sich unserem inneren Kritiker entgegenstellt und ihm Einhalt gebietet. Dazu fragen wir uns also, welcher Glaubenssatz an dieser Stelle besser wäre. Keine Angst, das kann etwas dauern. Wenn wir einen haben, wie zum Beispiel: ***„Eine gute Mutter liebt und sieht ihre Kinder und ist für sie da, mit allem, was sie zu geben hat!"***, dann schreiben wir auch diesen Satz ganz genau auf.

4. Jetzt haben wir einen positiven Glaubenssatz, den wir verinnerlichen können. Und wann immer nun unser innerer
   Kritiker uns attackiert, treten wir ihm selbstbewusst und
   liebevoll mit dem positiven Glaubenssatz entgegen und stehen für uns selbst ein.

Das alles bedarf natürlich Geduld. Wir müssen an dieser Stelle
liebevoll mit uns selbst umgehen. Um die Wichtigkeit zu unter-
streichen, folgt nun ein Exkurs zu diesem Thema.

Exkurs: die inneren Anteile

Die Psychologie geht davon aus, dass jeder von uns ganz individuelle, unterschiedliche innere Anteile hat, die zum Teil miteinander in Konkurrenz stehen. Dabei ist der innere Kritiker
einer der strengsten inneren Anteile. Daneben gibt es noch andere Anteile, wie zum Beispiel das innere Kind. Dieser innere
Anteil hat genauso wie der innere Kritiker auch seinen ganz eigenen Charakter. Er besteht vorwiegend aus allen Gefühlen, positiven und auch negativen, die uns in der Kindheit geprägt haben. Ein weiterer und dem inneren Kritiker entgegengesetzter
Anteil ist der liebevolle Begleiter. Dieser Anteil ist charakter-
lich gesehen der verständnisvolle, mitfühlende und liebevolle
Anteil in uns. Er ist die Stimme, die stets warm, freundlich und
liebevoll mit uns spricht.

Der innere Kritiker - Feind oder Freund?

Man könnte jetzt annehmen, der innere Kritiker sei grundsätzlich ein Feind, der uns schaden möchte. Aber ob unsere innere
Stimme uns tatsächlich schadet oder lediglich gesunde Selbst-
kritik übt, hängt von einem wesentlichen Faktor ab. In welchem
Tonfall spricht unsere innere Stimme zu uns? Ist er hart, kalt,
anklagend? Oder ist er eher wohlwollend, nicht anklagend?

Ein Beispiel:

„Es wäre zwar schön, wenn du die Muffins selbst backen würdest, aber den Kindern werden auch die gekauften schmecken, und beim nächsten Anlass kannst du dir vielleicht von jemandem beim Backen helfen lassen".

Ist das Zweite der Fall, dann ist es eher motivierend und kann uns helfen, uns weiterzuentwickeln, uns eine Lösung einfallen zu lassen, damit wir beim nächsten Mal unsere eigenen Anforderungen eher erfüllen.

Meistens ist es aber tatsächlich eher so, dass der innere Kritiker uns sehr verallgemeinernd und auch herablassend gegenübertritt. Wie mit meinem Beispiel die gute Mutter betreffend. Solche inneren Aussagen belasten uns und hemmen unsere Weiterentwicklung. Sie führen dazu, dass wir gar nicht erst nach Lösungen suchen und Dinge gar nicht erst tun, weil wir annehmen, dass unsere innere Stimme sowieso recht hat und wir uns nur einmal mehr selbst enttäuschen.

Was kann man tun, wenn die innere Stimme uns hemmt und uns schadet?

Vereinfacht gesagt müssen wir lernen, diese hemmenden und belastenden Gedanken, die unser Selbstwertgefühl minimieren, beiseitezuschieben. Mir persönlich haben hier Ansätze aus der kognitiven Verhaltenstherapie geholfen. Diese legt zugrunde, dass der innere Kritiker lediglich ein Ausdruck unserer Ängste und Befürchtungen ist. Rufen wir uns das ins Bewusstsein, dann können wir versuchen, diese Ängste objektiv zu betrachten. Dabei sollten wir ihnen ihre Daseinsberechtigung geben, aber ihnen nicht mehr zu viel an Bedeutung beimessen. Gelingt uns das, so können wir damit anfangen, unser Verhalten schrittweise und nachhaltig zu verändern.

Wir können uns zum Beispiel sagen:

„Auch wenn meine innere Stimme grade wieder versucht, mich klein zu machen, gehe ich Projekt XY dennoch an und schaffe es!"

Dadurch können wir langfristig dafür sorgen, unserer inneren Stimme eine nicht zu gewichtige Rolle beizumessen. Indem wir dann entgegengesetzt handeln, sorgen wir dafür, dass wir überzogene Kritik dieser inneren Stimme frühzeitig erkennen und uns selbst dann auch tatsächlich realistisch einschätzen. Letztendlich hängt alles davon ab, wie wir mit unserem inneren Kritiker umgehen.

Wenn er uns schadet, müssen wir uns ihm bestimmt entgegenstellen, ihn liebevoll (er ist schließlich Teil von uns!) zur Seite schieben und wenn nötig, einfach ignorieren. Es liegt bei uns selbst, ob und wie wir unser Leben ausrichten, nach welchen Werten wir leben und handeln und ob und wie wir unsere Ziele erreichen. Wir entscheiden, wie wir diesen Teil von uns selbst mit uns reden lassen.

Die Macht der Gedanken - hilfreich bei der Verhaltensänderung

Die Macht der Gedanken – das haben wir alle schon mehr oder weniger oft gehört und meistens bemessen wir ihr nicht wirklich viel Bedeutung zu. Aber besonders im Hinblick auf den inneren Kritiker sollten wir uns diesem Thema etwas eingehender widmen. Wir unterschätzen diese Macht, den eigentlichen Einfluss, den unsere Gedanken auf uns haben, nämlich viel zu oft. Wie bereits erwähnt, kann unsere innere Stimme, die nichts weiter als Teil unserer Gedanken ist, unser Handeln stark beeinflussen, unsere Selbstwahrnehmung trügen und uns Schuldgefühle einreden.

Unsere Gedanken und Gefühle stehen in Verbindung zueinander

Gedanken sind in erster Linie kleine, flüchtige Sätze, die auftauchen und wieder verschwinden. Meistens geschieht das völlig unbewusst.

Aber wir können auch ganz bewusst an etwas denken. An Gutes und Schlechtes. Was wir dabei oft nicht wirklich wahrnehmen, ist, dass jeder Gedanke, ob nun bewusst und unbewusst, einen wesentlichen Einfluss darauf hat, was wir fühlen. Und hier haben wir sie schon, die Macht der Gedanken.

Ein Beispiel:

Denken wir an etwas Schönes, wie zum Beispiel an das letzte herzhafte Lachen der Kinder, so fühlen wir uns wohl. Freude durchströmt uns und wir fühlen Liebe und Glück. Denken wir aber an etwas Schlechtes, zum Beispiel an den bevorstehenden Arzttermin, vor dem wir Angst haben, bekommen wir aller Wahrscheinlichkeit nach schlechte Laune, sorgen uns und werden missmutig. Das läuft in den meisten Fällen völlig unbemerkt von uns ab, weil uns dieser Zusammenhang oft einfach gar nicht bewusst ist. Ein Gedankenkarussell nach dem anderen entsteht und befördert uns genauso von einem ins nächste Gefühlschaos. Das kann mitunter sehr anstrengend, kraftraubend und zermürbend sein. Aber es ist auch genau das, was wir als Überforderung empfinden. Innerlich sind wir aufgewühlt, wissen aber weder, wieso noch, wie wir uns helfen können.

Bewusst denken - die Macht der Gedanken für sich nutzen

Es gibt einen Vorteil, den wir daraus für uns gewinnen können: Entscheiden wir uns bewusst dazu, Positives zu denken, erleben wir mehr gute und motivierende Gefühle. Unter anderem ist das auch der Ansatz der positiven Affirmation.

Ein wiederholtes, positives Denken wie zum Beispiel: *„Ich bin ein wertvoller Mensch!"* sorgt letztendlich dafür, dass wir uns auch genauso fühlen: wertvoll. Grade chronische Erkrankungen können dazu beitragen, dass wir uns eben nicht mehr wertvoll fühlen. Aber durch das ständige bewusste daran Denken, dass wir wertvoll sind, wird unser Selbstwertgefühl angehoben.

Beim positiven Denken muss es aber nicht ausschließlich um positive Affirmationen gehen. Im Alltag selbst ist eher hilfreich, wenn wir uns fragen, was an einer Situation, die negativ empfunden wurde, eventuell doch positiv war. Auch hier kommt wieder die Selbstreflexion zum Einsatz. Ein Beispiel aus meinem persönlichen Alltag: Ich habe einen Arzttermin und höre zum gefühlt einhundertsten Mal, dass der Arzt nicht wirklich etwas für mich tun kann, außer mich schmerztherapeutisch zu begleiten. Zuerst nehme ich natürlich nur wahr, dass er mir nicht helfen kann. Ich fühle mich schlecht, allein gelassen und auch hilflos. Reflektiere ich dieses Gespräch aber dann mit genügend Abstand, erkenne ich, dass er mir doch helfen kann, nämlich begleitend. Das ist vielleicht nicht das, was ich eigentlich im Sinn hatte, aber doch eine Möglichkeit für ein gewisses Maß an Besserung für mich. Das lässt mich hoffen und mich verstanden fühlen.

Positives Denken hat auch seine Grenzen

Auch wenn wir die Macht der Gedanken für uns nutzen können, indem wir bewusst positiv denken, hat das seine Grenzen. Man könnte auch sagen, das alleine reicht nicht immer aus. Sagen wir uns, dass wir wertvoll sind und glauben das aber nicht wirklich, werden wir uns langfristig noch schlechter fühlen. Auch können wir uns nicht einreden, dass irgendeine Form der Therapie uns hilft, während wir diese nur halbherzig und ungläubig ausführen.

Wir müssen auch das immer ganzheitlich sehen. Alle negativen Gedanken zu vermeiden und damit auch alle schlechten Gefühle umgehen, wäre wie einen Teil von uns selbst, unseres Lebens zu vermeiden. Uns selbst auch dieses wichtigen Teils zu berauben. Denn, auch diese Gefühle müssen gelebt werden. Keiner von uns betrauert zum Beispiel gerne den Verlust eines Menschen, den wir lieben. Aber die Trauer ist wichtig, um zu verarbeiten und uns weiterzuentwickeln. Genauso ist es mit vielen anderen negativen Gefühlen auch. Ich zum Beispiel musste mich nutzlos fühlen, bis über alle Maßen frustriert und wütend sein, verzweifelt, damit ich lernen konnte, mich selbst zu reflektieren und meinen eigenen Weg zu gehen.

Anders ausgedrückt: Ich musste durch den Monsun gehen, damit ich die sonnigen Tage wieder zu schätzen gelernt habe!

Den Gedanken ihre Macht nehmen

Es besteht noch eine weitere Verbindung zwischen Gedanken und Gefühlen – nämlich das Verhalten. Das ist besonders wichtig, wenn wir über die Macht der Gedanken sprechen. Wenn wir negativ denken, fühlen wir auch negative Gefühle und handeln instinktiv auch danach. Wenn wir uns zum Beispiel ärgern, werden wir wütend und dementsprechend auch ärgerlich in unserem Tonfall und meckern herum. Wenn wir daran denken, wie schlecht es uns geht, sind wir häufig wehmütig, traurig und ziehen uns von anderen zurück.

Natürlich spricht erst mal nichts dagegen, wenn wir auf unsere Gefühle reagieren. Das ist völlig in Ordnung. Wollen wir allerdings etwas ändern, anders in bestimmten Situationen oder auf Ereignisse reagieren, weil wir, wie schon erwähnt, unseren inneren Werten entsprechen möchten, müssen wir lernen, unsere Gedanken zu reflektieren, sie zu beobachten und zu überprüfen, zu welchem Verhalten sie uns angetrieben haben.

Unsere Gedanken sind nicht immer die Wahrheit

Damit wir unsere Gedanken, wenn nötig, wirklich reflektieren und überprüfen können, müssen wir uns zunächst eingestehen, dass sie nicht immer der Wahrheit entsprechen. Ein simples Beispiel ist hier der Gedanke: *„Es ist kalt!".* Bei uns mag das grade so sein, doch woanders auf der Welt tobt vielleicht grade eine Hitzewelle. Folglich ist der Gedanke für jene, die unter dieser Hitzewelle leiden falsch. Das soll heißen, unsere Gedanken unterliegen immer auch Faktoren, die ihre Richtigkeit begrenzen. Manchmal können sie sogar fernab jeglicher Realität sein.

Zum Beispiel: Da denken wir, dass ein anderer von uns enttäuscht ist, weil wir irgendetwas nicht geschafft haben. In Wahrheit aber bewundert er uns für den Mut, den wir hatten, es überhaupt zu versuchen. Solche Gedanken können aus unseren Glaubenssätzen heraus resultieren.

In diesem Beispiel aus jenem, der besagt ***„Wenn ich das nicht schaffe, enttäusche ich alle!"*** In diesem Zusammenhang geht es dann auch nicht mehr darum, den negativen Gedanken in einen positiven zu drehen, sondern ihn vielmehr zu relativieren und realistischer zu betrachten.

Das geht zum Beispiel durch eine Erweiterung des Glaubenssatzes wie etwa: ***„Ich weiß, ich denke, ich enttäusche alle, wenn ich das nicht schaffe. Aber niemand kann alles schaffen und das weiß ich."***

Es gibt aber noch weitere Möglichkeiten, wie wir uns von der Macht der Gedanken etwas befreien oder ihnen die Macht nehmen können.

Einem Gedanken nicht mehr so viel Macht geben

Manchmal quälen uns unsere Gedanken. Im Zusammenhang mit dem Leben mit Erkrankungen und Beeinträchtigungen sind das oft Gedanken an die Zukunft. Vielleicht denken wir, dass wir eine Belastung für unseren Partner/unsere Partnerin sind oder eine schlechte Mutter. Diese Gedanken sind alles andere als hilfreich.

Sie mindern unseren Selbstwert und sind zudem nicht wirklich wahr. Dennoch sind sie da und lösen das Gefühl der Wertlosigkeit in uns aus. Wir ziehen uns zurück, verkriechen uns und distanzieren uns von der Familie.

Jetzt aber können wir handeln, um diesen Gedanken ihre Macht zu nehmen.

1. Wir sollten versuchen, den Gedanken, der uns das negative Gefühl gibt, klar zu formulieren
2. Nun sollten wir versuchen, uns diesen Satz in allen möglichen Variationen vorzustellen. Wir können ihn wiederholen und das mit besonders dramatischer, bedrohlicher und tiefer Stimme. Stellen wir uns doch mal vor, dieser Satz wäre der Filmtitel des nächsten Hollywood-Blockbusters, oder das abgedruckte Zitat auf dem Shirt eines berühmten Modedesigners. Wir können den Satz auch sehr langsam oder extrem schnell sagen, mit verstellter Stimme oder komischem Akzent.

Wann immer uns dieser Gedanke nun wieder quält, können wir das Ganze wiederholen. Okay, das klingt erst mal etwas seltsam, gar verrückt, hat aber einen psychologischen Hintergrund. Das ganze Prozedere nennt sich *„kognitive Defusion"* und ist eine Methode, sich von den eigenen Gedanken zu distanzieren, damit man weniger unter ihnen leidet.

Die Macht des Verhaltens anstatt die Macht der Gedanken

Die Macht der Gedanken ist ein tolles Hilfsmittel, aber auch keine Zauberei. Es ist nicht so, als könnte man alleine durch sein positives Denken sein ganzes Leben verändern. Das wäre auch etwas utopisch. Es gehört schon etwas mehr dazu, wenn man etwas ändern möchte. Und zwar das Verhalten an sich.

Wir lassen die Macht des eigenen Verhaltens zu sehr außer Acht. Der bereits erwähnte Zusammenhang zwischen Gedanken, Gefühlen und Verhalten funktioniert nämlich nicht nur in eine Richtung, sondern in alle erdenklichen. Wenn wir zum Beispiel etwas Schönes tun, einer Aktivität nachgehen, die uns Freude macht, dann bekommen wir automatisch gute Laune. Diese gute Laune sorgt dann auch für positive Gedanken. Was ich damit sagen will, ist, wenn wir aktiv werden, etwas tun was uns wichtig ist, uns Freude bereitet, beeinflussen wir damit auch unbewusst unsere Gedanken.

Und genau das können wir für uns nutzen, besonders in schlechten Phasen. Wenn unsere Gedanken um negative Dinge kreisen und wir uns schlecht fühlen, können wir etwas tun, was uns Spaß macht. Ich zum Beispiel widme mich dann gerne einem DIY-Projekt. Mein Fokus richtet sich dann automatisch auf die Aktivität, die mir ein gutes Gefühl gibt und meine Gedanken wandern von negativen Aspekten zu positiven. Ich widme mich also ganz bewusst einem positiven Erleben, flute mich dadurch mit guten und wohltuenden Gefühlen und meine Gedanken kreisen nicht mehr um das Schlechte.

Negative Glaubenssätze, sie erkennen und auflösen

Ich habe sie schon erwähnt, die Glaubenssätze, die unseren inneren Kritiker sprechen lassen und unser Verhalten leiten und beeinflussen. Es gibt gute und negative Glaubenssätze. Dementsprechend beeinflussen sie auch unser Weltbild, unser Selbstwertgefühl und unser Verhalten in beide Richtungen.

Damit wir für uns etwas nachhaltig und positiv verändern können, müssen wir zuerst erkennen, welche unserer Glaubenssätze eher negativ sind und wie wir sie letztendlich auflösen können. Was hier auf den ersten Blick recht einfach erscheinen mag, ist in Wirklichkeit aber sehr schwer. Die meisten negativen Glaubenssätze begleiten uns nämlich bereits seit frühester Kindheit. Viele unserer Annahmen über die Welt und uns selbst werden uns dort nämlich vermittelt. Sie sind tief verankert und wir sind uns ihrer deshalb oft gar nicht bewusst. Sie laufen unbewusst ab. Sie bilden quasi das Fundament unseres Lebens. Sie sind mit allerlei Denkmustern und den daraus resultierenden Gedanken und Gefühlen, letztendlich auch unseren Handlungen verbunden. Sie beeinflussen diese und lenken uns. Besonders die negativen Glaubenssätze machen uns daher das Leben an sich schwerer, als es tatsächlich sein müsste.

Die gute Nachricht hier ist aber, dass wir sie verändern und sogar auflösen und durch für uns bessere Glaubenssätze ersetzen können. Unabhängig vom Alter oder der bestehenden Lebensphase. Ich habe es nämlich selbst getan, tun müssen. Meine negativen Glaubenssätze haben nämlich oft dazu geführt, dass ich weit über meine Grenzen hinaus gegangen bin. Ich stand mir viel zu oft selbst im Weg und habe mir und auch meiner Gesundheit damit langfristig geschadet. Erst als ich selbst erkannt habe, wie negativ behaftet einige meiner inneren Annahmen waren, konnte ich anfangen an mir, meiner eigenen Einstellung, meinem Denken und

Fühlen und letztendlich auch Handeln zu arbeiten. Meinen eigenen Grundstein zu einem besseren Leben für mich selbst legen.

Glaubenssätze: Was sind sie und woher kommen sie?

Bei Glaubenssätzen handelt es sich um Annahmen, die tief in uns verankert sind. Es sind Annahmen über uns selbst, unser Umfeld und die Welt, in der wir leben. Ich zum Beispiel war ein Mensch, der den (negativen) Glaubenssatz hatte, dass man nur dann etwas wert ist, wenn man Leistung erbringt und erfolgreich ist. Dadurch war ich auch immer jemand, der weit über seine Grenzen hinaus ging und sich wie eine Versagerin gefühlt hat, wenn mir etwas nicht gut genug gelang. Meine eigenen Ansprüche an mich selbst waren viel zu hoch angesetzt. Als ich krank wurde und meine Beschwerden so stark waren, dass phasenweise wirklich gar nichts mehr ging, wurde dieser Glaubenssatz zu einer richtigen Last. Ich habe mich absolut wertlos gefühlt und drohte, in eine Depression abzurutschen. Anstatt meinem Körper die Zeit und Ruhe zu geben, die er gebraucht hätte, oder meiner Psyche zu sagen, dass das okay ist, habe ich mich ständig gefordert. Mich gezwungen zu funktionieren, und natürlich ging das nicht. Das hat mich frustriert und mich letztendlich noch schlechter fühlen lassen.

Im Grunde sind unsere Glaubenssätze wie eine eigens für uns gebaute Straße. Wir befahren sie im Autopilot, kennen jede Kurve, jede Steigung und jede Engstelle. Unsere Fahrten auf ihr finden unbewusst statt. Wir geben automatisch Gas, bremsen unbewusst, lenken und biegen ab, ohne uns wirklich Gedanken darüber zu machen. Es ist einfach kein achtsames und bewusstes Fahren.

Jeder Glaubenssatz kann motivierend oder hemmend sein

Ein Glaubenssatz, der uns innewohnt ist, entweder negativ oder positiv. Während negative Glaubenssätze uns ausbremsen und hemmen, können positive Glaubenssätze uns motivieren, wohlwollend auf unserem Weg leiten und uns in schlechten Zeiten aufbauen. Ich zum Beispiel habe heute den Glaubenssatz, dass das Leben es gut mit mir meint und ich genau da bin, wo ich jetzt grade sein soll. Dadurch habe ich jede Menge Vertrauen in mein Leben selbst, auch wenn es grade mal nicht rund läuft. Ich weiß, dass ich Krisen meistern kann und gestärkt daraus hervorgehe. Dieses Denken motiviert mich jedes Mal, wenn ich einer Hürde gegenüberstehe, ich schlechte Phasen habe oder sich in meiner Symptomatik etwas zum Schlechteren verändert.

Mein bereits erwähnter negativer Glaubenssatz hingegen war eine Bremse. Die Annahme, ich bin nur dann etwas wert, wenn ich Leistung erbringe und erfolgreich bin, hat mich ausgebremst. Hat mich gehemmt und mir eingeredet, dass ich ein wertloser, nutzloser Mensch sei, der Liebe, Glück und Gutes im Leben einfach nicht mehr verdiene. Wir alle haben eine Vielzahl solcher Glaubenssätze in uns verankert. Positive wie auch negative. Dabei ist es aber wichtig, dass die negativen Glaubenssätze nicht überwiegen. Denn sie sind oftmals die Ursache für all die unangenehmen Gefühle, die wir uns selbst gegenüber haben. Dadurch entstehen vielerlei Belastungen, besonders psychisch.

Deshalb ist es wichtig, dass wir uns unsere Glaubenssätze genau anschauen. Auch hier ist wieder die Selbstreflexion eine große Hilfe. Eine möglichst neutrale Position einnehmen und sich genau anschauen, welcher Glaubenssatz welches Gefühl in uns auslöst.

Unsere inneren Werte bestimmen nämlich nicht nur, was wir denken, über uns und das Leben selbst, sondern auch, was wir fühlen und wie wir uns verhalten. Im Grunde sind die dabei sogar sehr tückisch, denn wenn wir uns entsprechend unseren negativen Glaubenssätzen verhalten, bestätigen wir damit die Annahme, die wir haben. Bei meinem Beispiel: *„Nur etwas* *wert sein, wenn man etwas leistet!"* geht man viel zu oft über seine Grenzen hinaus. Das hätte auch bei gesunden Menschen irgendwann Konsequenzen, die bei einem chronisch kranken Menschen nur etwas früher eintreten.

Diese Konsequenzen, das vermeintliche „Versagen", bestätigt dann selbst die Annahme, dass wir wertlos sind, weil wir etwas nicht leisten konnten. Das ist, als würden wir mit unserem Auto durch einen Kreisverkehr fahren und die Ausfahrt dabei ständig verpassen. Wir drehen uns also im Kreis.

Wie entstehen eigentlich unsere Glaubenssätze?

Um Glaubenssätze erkennen und ändern zu können, müssen wir erst mal verstehen, wie diese eigentlich entstehen. Ihren Ursprung haben die meisten in der Kindheit.

Wir haben viele unserer Glaubenssätze ganz unbewusst von unseren Eltern, Erziehern, Lehrern und anderen Bezugspersonen übernommen.

Andere innere Werte entstehen durch das, was wir erleben. Die Erfahrungen, die wir dabei machen, formen von uns unbemerkt Glaubenssätze. Erleben wir zum Beispiel immer wieder ein vermeintliches Versagen, so könnte in uns die Annahme entstehen, dass wir sowieso nichts auf die Reihe bekommen. Manchmal reicht es sogar aus, wenn jemand anderes etwas zu uns sagt. Wenn zum Beispiel ein Kollege, ein Freund oder ein Familienmitglied zu uns sagt, dass wir *„ständig dramatisieren"* oder dass es uns *„doch endlich mal besser gehen müsste"*, dann kann das in uns den Eindruck entstehen lassen, dass wir nicht genug tun gegen unsere Erkrankung und wir selbst die Schuld daran haben, dass es uns schlecht geht. Das kann auch dazu führen, dass wir uns einfach nicht mehr öffnen und so tun, als ob es uns gut geht.

Die negativen Glaubenssätze verändern

Jetzt wissen wir, woher Glaubenssätze kommen und wie sie unser Denken, Fühlen und Handeln beeinflussen können. Die gute Nachricht ist aber, auch wir können unsere negativen Glaubenssätze verändern. Können an ihnen arbeiten und sie in eine andere Richtung lenken. Ich habe das für mich geschafft und bin mir daher sicher, dass das wirklich jeder kann.

Glaubenssätze erkennen

Der erste und gleichzeitig wichtigste Schritt ist: jeden unserer Glaubenssätze erkennen. Das mag auf den ersten Blick sehr einfach klingen, ist es aber nicht. Die Schwierigkeit hierbei ist nämlich, dass uns die meisten Glaubenssätze gar nicht bewusst sind. Um sie zu „enttarnen" habe ich die Selbstreflexion genutzt. Ich habe mich gefragt, wie sehe ich mich und die Welt? Was sind meine Erwartungshaltungen und Annahmen? Wie bewerte ich mich selbst und andere? Was nehme ich regelmäßig über das an, was geschehen wird? Was davon löst welche Gefühle in mir aus? Wie verhalte ich mich dann? Was denke ich dann?

Ein paar Beispiele für negative Glaubenssätze:

- *„Nur wenn ich Leistung erbringe, bin ich etwas wert."*
- *„Ich bin einfach nicht gut genug!"*
- *„Ich darf keine Schwäche/negativen Gefühle zeigen."*
- *„Ich muss fehlerfrei sein!"*
- *„Nur wer schwach ist, bittet um Hilfe."*
- *„Ich muss immer stark/mutig/fröhlich usw. sein."*
- *„Ich darf anderen nicht vertrauen."*
- *„Ich darf andere nicht belasten."*
- *„Starke Menschen schaffen alles alleine!"*

Glaubenssätze, welche uns negativ beeinflussen, lassen sich sehr oft bereits an bestimmten Worten erkennen.

Dabei handelt es sich um Signalwörter, die keinen Spielraum für Interpretationen lassen und sehr verallgemeinernd sind. Wie in den Beispielen sind das Wörter wie *„sollte, muss, nicht dürfen, niemand, jeder, völlig usw."*

Reflektieren wir also unsere Glaubenssätze und achten dabei auf eben solche Signalwörter in Zusammenhang mit den Gefühlen und Verhaltensweisen, die dadurch bei uns ausgelöst werden, können wir die negativen Glaubenssätze erkennen.

Die tatsächlichen Fakten ermitteln

Unsere Glaubenssätze lassen uns häufig denken, es handle sich dabei um absolute Wahrheiten. Das ist auch der Grund, wieso wir diese nur sehr selten hinterfragen. Wollen wir aber ermitteln, ob ein Glaubenssatz tatsächlich der Realität entspricht, können wir ihn auf seine Fakten überprüfen.

Wir können uns zum Beispiel fragen, wieso wir annehmen, dass er stimmt. Hängt diese Annahme mit irgendeiner Erfahrung zusammen, die wir im Laufe des Lebens gemacht haben? Erklärt ein Erlebnis vielleicht, wieso wir so über uns selbst oder das Leben denken? Ist diese Annahme überhaupt sinnvoll und bringt sie uns in irgendeiner Form weiter? Oder wir fragen uns selbst, ob unser Gedanke tatsächlich den Tatsachen entspricht. Gibt es irgendeinen Beweis für unsere Annahme? Gibt es vielleicht sogar Beweise, die das Gegenteil belegen würden? Zu welchem Gefühl führt mich der Gedanke und ist es das, was ich fühlen möchte? Hilft mir dieser Glaubenssatz dabei, meine Zukunft so zu gestalten, wie ich mir das wünsche?

Die negativen Glaubenssätze für uns verändern

Sobald wir uns unserer negativen Glaubenssätze bewusst sind, können wir diese auch für uns verändern. Den Teufelskreis verlassen und neue Wege gehen. Das gelingt uns am besten, wenn wir diese durch neue, positive Glaubenssätze ersetzen.

Ich habe zum Beispiel aus dem *„Nur wenn ich etwas leiste, Erfolg habe, bin ich etwas wert!"* ein *„Ich bin wertvoll, auch wenn ich nicht alles schaffe!"* gemacht.

Für mich war also eine radikale Veränderung wesentlich leichter zu verinnerlichen als eine sanfte. Hier ist aber Spielraum, den Prozess der Veränderung auf die jeweiligen und individuellen Bedürfnisse anzupassen. Übung macht hier den Meister. Wir dürfen nicht erwarten, dass ein einfaches Umformulieren sofort den gewünschten Erfolg bringt. Die neuen Glaubenssätze müssen wir genauso verinnerlichen, und das ganz bewusst, wie wir die alten verinnerlicht haben. Das gelingt besonders gut, wenn wir sie mit etwas Positivem assoziieren. Einem Lied zum Beispiel, das irgendwie dazu passt. Wenn wir es an einen Moment, ein Erlebnis knüpfen, das genau diese Annahme belegt.

Neue, positive Erfahrungen machen

Unsere Glaubenssätze nur umzuformulieren, reicht natürlich alleine nicht aus. Wichtig ist ebenso, sich entsprechend der neuen Glaubenssätze zu verhalten. Sein Verhalten also bewusst zu ändern.

Das ist natürlich auch wieder etwas, was Geduld und Zeit braucht. Fest verankerte Verhaltensweisen zu ändern, braucht den Willen dazu. Es erfordert Mut und Durchhaltevermögen. Und natürlich auch ein wenig Vertrauen in die eigenen Fähigkeiten. Ich persönlich habe mit kleinen Schritten angefangen. Ich habe mich gefragt, was zum Beispiel ein erfolgreicher Mensch getan hat, um zu seinem Erfolg gelangt zu sein. Meine Antwort war, derjenige hat vermutlich mit kleinen Schritten begonnen und ist langsam zu seinem Ziel gelangt. Und dann habe ich genau das auch getan. Ich habe mir kleine, für mich erreichbare Ziele gesetzt und mir Raum für Fehler gegeben. Damit konnte ich meinen neuen Glaubenssatz bekräftigen und irgendwann habe ich ganz automatisch danach gehandelt.

Geduldig sein

Die meisten unserer negativen Glaubenssätze sind seit der Kindheit in uns verankert. Das heißt, sie beeinflussen unser Verhalten schon sehr, sehr lange.

Sie sind fester Bestandteil unserer Persönlichkeit und auch unserer Weltansicht. Deshalb müssen wir geduldig mit uns selbst sein. Muster, in denen wir uns seit Jahrzehnten bewegen, lassen sich nicht über Nacht und einfach so durchbrechen. Dazu braucht man sehr viel Geduld, denn es wird dauern, bis sich negative Glaubenssätze tatsächlich aufgelöst und neue ihre Wurzeln geschlagen und sich gefestigt haben.

Es kann unangenehm und schmerzhaft werden. Herausfordernd und natürlich auch mit Rückschlägen verbunden sein. Doch je geduldiger wir den neuen, erst noch eher unbequemen Weg gehen, desto leichter wird es uns mit der Zeit fallen und auch unser Leben nachhaltig positiv verändern. Ich weiß das, weil ich diesen Weg gegangen bin. Weil ich schmerzhafte und doch auch so wertvolle Erkenntnisse gewinnen durfte. Weil ich dadurch heute viel gelassener, zufriedener, selbstsicherer und glücklicher durch mein Leben gehe, auch in schweren Phasen.

Der Umgang mit einer chronischen Erkrankung - mein Weg!

Der Umgang mit einer chronischen Erkrankung, gleich welcher Art sie ist, kann eine Riesenherausforderung sein. Für einen selbst und natürlich auch für das Umfeld. Plötzlich gerät der Alltag durcheinander und man funktioniert nicht mehr so, wie man es gewohnt war.

Man hat eventuell plötzlich starke Schmerzen, die wie in meinem Fall den ganzen Körper betreffen. Manchmal ist man sogar so erschöpft, dass jede Bewegung, jede Tätigkeit zur unüberwindbaren Hürde wird. Egal welche Symptome man hat, sie bringen einen zur schieren Verzweiflung. Besonders dann, wenn auch die bestmöglichen Therapien und Behandlungen nicht den gewünschten Erfolg bringen und Verbesserung oder Linderung in weite Ferne rücken. Das passiert vielen von uns, leider. Ich hätte es selbst auch nicht für möglich gehalten, doch mich hat das auch betroffen. Manche Therapien und Medikamente haben es sogar noch schlimmer gemacht statt besser und der Frust darüber war riesengroß. Ich wusste manchmal nicht mehr, wie ich den grade erst begonnenen Tag überstehen soll, geschweige denn meinen Alltag meistern. Und doch, das wurde mir sehr schnell bewusst, ging es irgendwie immer weiter, mit neuen, manchmal noch größeren Herausforderungen.

Das ist auch jetzt oft noch so.

Ich weiß gar nicht mehr, wie oft ich mir die Frage gestellt habe, wie ich jetzt noch ein erfülltes Leben leben soll. Und ich bin mir sicher, viele von euch fragen sich das auch oft. Es ist menschlich und völlig legitim, sich das zu fragen.

Letztendlich ist es nur das Resultat der eigenen Überforderung, mit einer neuen und nicht grade tollen Situation umzugehen.

Man badet in Selbstmitleid und erlebt ein neues Maß an Angst und Frustration. Der eigene Körper stößt immer wieder hart an seine Grenzen. Man möchte so vieles tun und schaffen und muss dann einsehen, dass manchmal die kleinste, selbstverständlichste Alltagsaufgabe wie zum Beispiel ein Bett machen, oder Essen kochen oder manchmal sogar zu duschen, zu einem Riesenkraftakt wird. Ganz ehrlich, davon ist jeder am Anfang überfordert. Man fühlt sich geradezu wertlos, hilflos und wie eine Riesenlast. Und es sind genau diese Gefühle, die negativen Gefühle, die man gegen sich selbst richtet, die es einem so schwer machen zu akzeptieren.

Mein Weg ist möglichst positiv bleiben – durch Hingabe

Meine eigenen Erfahrungen im Umgang mit dem Mastzellaktivierungssyndrom sind natürlich nicht die ultimative Lösung für jeden. Das wäre auch zu einfach. Es ist auch nicht die schnelle Antwort, die wir alle gerne hätten. Es ist und bleibt nur eine Möglichkeit, die dem ein oder anderen vielleicht helfen kann, seinen eigenen Blickwinkel zu ändern. Ich kann leider keine pauschale Lösung für jeden bieten, euch aber erzählen, was mir persönlich immer wieder hilft.

Aber dazu erzähle ich euch von meinem bisher schlimmsten Moment mit meinen Erkrankungen.

Es war im Sommer 2022. Da ging plötzlich wirklich gar nichts mehr. Sobald ich aus meinem Bett aufstand, raste mein Puls mit Spitzen von 180 Schlägen pro Minute. Ich hatte andauernd das Gefühl zu ersticken. Meine Haut war durchwegs feuerrot, hat auf jede Berührung, jeden Reiz mit Blasen- und Quaddelbildung reagiert. An Essen war überhaupt nicht mehr zu denken. Nichts blieb mehr drin. Ich war an manchen Tagen so schwach, dass ich kaum mehr einen Schritt gehen konnte. Mein ganzer Körper schmerzte. Linksseitige Migräne und rechts Clusterkopfschmerzen. Ich glaube, ich muss euch nicht erzählen, wie verzweifelt ich in dieser Phase war. 39 Jahre jung, mit zwei kleinen Kindern, einem Haus und einem Job und plötzlich hat mein Körper völlig gestreikt.

Letztendlich entschied ich mich zusammen mit einer Ärztin dazu, erst mal hochdosiert Cortison zu nehmen, einfach um diesen schlimmen Schub zu unterbrechen und etwas gegen die vielfältigen Entzündungsreaktionen meines Körpers zu tun. Das wirkte auch gut und es ging mir schnell besser. Körperlich zumindest. Denn natürlich hatte ich Angst davor, was wohl kommt, wenn ich das wieder absetze, denn so ganz nebenwirkungsfrei war das leider bei mir auch nicht.

Und dann stieß ich im Internet auf ein Ergebenheitsgebet von Rudolf Steiner... einfach so.

„... Was auch immer kommt, was mir die nächste Stunde, der nächste Tag bringen mag: Ich kann es zunächst, wenn es mir ganz unbekannt ist, durch keine Furcht ändern.

Ich erwarte es mit vollkommenster innerer Seelenruhe, mit vollkommener Meeresstille des Gemüts. Durch Angst und Furcht wird unsere Entwicklung gehemmt. Wir weisen durch Wellen der Furcht und Angst zurück, was in unsere Seele aus der Zukunft heran will. Die Hingabe an das, was man

göttliche Weisheit in den Ereignissen nennt; Die Gewissheit, dass das, was kommen wird, sein muss, und dass es auch nach irgendeiner Richtung seine guten Wirkungen haben müsste: Das Hervorrufen dieser Stimmung in Worte, in Empfindungen, in Ideen, das ist die Stimmung des Ergebenheitsgebetes.

Es gehört zu dem, was wir in dieser Zeit lernen müssen: aus reinem Vertrauen zu leben, ohne Daseinssicherung, aus dem Vertrauen auf die immer gegenwärtige Hilfe der geistigen Welt.

Wahrhaftig, anders geht es heute nicht, wenn der Mut nicht sinken soll. Nehmen wir unseren Willen gehörig in Zucht, und suchen wir die Erweckung von innen jeden Morgen und jeden Abend!"

Ich hab es immer und immer wieder gelesen. Zuerst habe ich es echt für absoluten Bullshit gehalten. Ich war aber auch emotional und mental noch in der Phase, wo ich ziemlich mit mir selbst und der Akzeptanz gekämpft habe. Wo ich mehr noch darauf fixiert war, eine Lösung, eine Art Heilung finden zu müssen. Mitunter auch, weil es immer wieder jene gab und auch jetzt noch gibt, die mir erzählten, dass es an mir läge, ich nur nicht genug täte, damit es besser wird. Trotzdem ließ mich dieses Gebet irgendwie nicht los. Es begann in mir zu arbeiten. Ich fing an zu reflektieren und über diese Worte, die ich nun schon an die 100-mal gelesen hatte, nachzudenken.

Akzeptieren und hingeben

Irgendwie brachten diese Worte es genau auf den Punkt und zeigten mir meinen eigenen Weg für den Umgang mit all meinen Erkrankungen auf. Akzeptieren und hingeben. Wenn ich etwas grade nicht ändern kann, ist die einzige Alternative, die ich habe, es zu akzeptieren. Und wenn ich es dann noch schaffe, mich der Situation hinzugeben, bringt das inneren Frieden. Das ist eine Entscheidung, die ich jeden Tag aufs Neue treffe. Ich akzeptiere die Schmerzen. Totale Erschöpfung. Einfach alles, was an Beschwerden grade da ist und was ich tatsächlich nicht lindern, nicht beseitigen kann. Das klappt natürlich nicht immer so einfach, wie das jetzt hier klingt. Ich bin ein Mensch und phasenweise muss ich auch immer wieder neu beim Akzeptieren ansetzen, es wieder lernen und mich von Neuem der Situation hingeben. Das bedarf Übung und ist ein Prozess. In jedem schlimmen Schub wieder aufs Neue, weil kein Schub dem anderen gleicht. Weil meine Symptome sich ab und zu verändern. Weil ich manchmal auch einfach nicht weiß, was meine Symptome grade mal wieder so schwerwiegend macht. Aber mit jedem Mal gelingt es mir etwas schneller, etwas besser.

Mich hat es viel Geduld, sehr viel Selbstreflexion und noch mehr Übung gekostet, mich allem, was meine Erkrankungen mit sich bringen, hinzugeben. Immer und immer wieder habe ich das geübt ... übe es auch heute zeitweise immer wieder. Wenn ich zum Beispiel tagelang nur liegen kann, kaum Kraft habe aufzustehen. Wenn ich mal nicht weiß, wie es weitergehen soll, wie ich das aushalten soll und wie ich der absoluten Verzweiflung entgehen soll. Dann übe ich, mich der Ist-Situation hinzugeben. Sage mir, es ist in Ordnung und nehme es an. Das Ganze ist natürlich ein Prozess, der auch wohl nie wirklich endet. Meine Erkrankungen verschwinden nicht und so werden auch die schlechten Phasen immer mal wieder da sein.

Akzeptanz und Hingabe bedeutet nicht, ich gebe einfach auf!

Wenn ich mich einer Situation hingebe, bedeutet das nicht, ich fände es toll. Ich finde nichts daran toll, mich den Schmerzen oder was auch immer hingeben zu müssen. Es ist oft auch nicht leicht, diese Phasen anzunehmen, aber dagegen ankämpfen kostet mich einfach zu viel meiner begrenzten Energie. Energie, die ich lieber für andere Dinge nutzen möchte und brauche. Etwas anzunehmen, für den Moment, den Tag, die Woche, bedeutet nicht, seine Hoffnung auf Besserung aufzugeben. Es bedeutet nicht, dass man resigniert. Es ist vielmehr ein mit sich im Reinen sein. Für mich bedeutet es, mir den eigenen Stress rauszunehmen und mich mental zu stärken. Denn all der Frust, all die Wut, alle Verzweiflung richtet sich in solchen Momenten gegen mich selbst und das schadet mir mehr als alles andere. Also ist mein Weg mich der Situation hinzugeben, es zu akzeptieren. Das bedeutet auch nicht, ich würde nicht weiter nach Verbesserung streben, denn das tue ich trotzdem ständig. Aber nur in den Phasen, wo ich meinen Fokus wirklich darauf richten kann und die nötige Energie habe, Neues zu versuchen. Wirklich zu reflektieren und das, ohne mich gleichzeitig zu fragen, wie ich den Tag überstehen soll.

Ich weiß, dass mein Weg nicht für jeden etwas ist. Manche denken sich jetzt vielleicht auch, das wäre der völlig falsche Ansatz. Aber es gibt nicht nur schwarz und weiß. Es gibt viele verschiedene Grautöne und herrlich bunte Farben. Und eventuell mag meine Farbgebung des Ganzen dem ein oder anderen von euch helfen.

Akzeptanz ist ein Prozess, ein Marathon, kein Wettlauf!

Die eigentliche Akzeptanz ist wichtig und beginnt tatsächlich mit Selbstreflexion. Das ist zwar alles andere als leicht, aber nichts, was einem langfristig etwas bringt, ist einfach. Besonders dann nicht, wenn man sich mit sich selbst, mit allem, was man denkt und tief in sich fühlt, auseinandersetzen muss. Dabei geht es eben nicht nur um das, was an der Oberfläche zu finden ist, sondern auch um das, was tief in uns verborgen liegt. Um Dinge, die wir eventuell gar nicht sehen und auch nicht fühlen möchten. Man könnte auch sagen, es geht um den Dialog mit uns selbst.

Dabei stellen sich vor allem folgende Fragen:

- *Wer bin ich?*
- *Wer möchte ich sein?*
- *Was fühle ich wirklich?*
- *Wovor habe ich wirklich Angst?*
- *Was möchte ich wirklich ändern?*
- *Was davon kann ich tatsächlich ändern?*
- *Was steht mir wirklich dabei im Weg?*
- *Wo liegt hier meine eigene Verantwortung?*

Ich fand es keineswegs leicht, mir diese Fragen zu stellen und dann auch ganz ehrlich zu beantworten. Es war auch nichts, was in wenigen Minuten getan war.

Denn es zog weitere Fragen mit sich, deren Beantwortung auch nicht immer so toll war. Es war, als würde mir jemand die ganze hässliche Wahrheit mitten ins Gesicht sagen. Eine Wahrheit, die ich weder hören noch mir selbst eingestehen wollte, die aber notwendig war. Notwendig, um zu erkennen, wo ich selbst für mich Dinge ändern konnte und wo nicht. Natürlich konnte und kann ich nichts daran ändern, dass ich chronisch krank bin. Das habe ich mir nicht ausgesucht, nicht gewünscht und ist auch kein Lebensstil, den ich zu glorifizieren denke. Es ist etwas, von dem ich heute sagen kann, es ist, wie es ist, ich mache das Beste daraus. Es ist eine Bürde, die ich tragen muss; allerdings entscheide ich selbst, wie ich das tue. Ich kann das, weil ich mich immer wieder mit mir selbst auseinandersetze und dem, was ich fühle, und dann nach für mich individuell passenden Lösungen suche. Also auch hier wieder in die Selbstreflexion gehe.

Ein Beispiel:

Mein Hypermobilitätssyndrom genauso wie meine orthostatische Intoleranz sorgen manchmal dafür, dass ich auf einen Rollstuhl angewiesen bin. Wenn die Beschwerden so arg sind, dann kann ich halt immer wählen, wie ich das sehen möchte. Rücke ich den Frust über diese Situation in den Vordergrund oder sage ich mir, okay, jetzt grade ist das so, nimm den Rollstuhl und hab einfach die Teilhabe und Freude an allem. Im Grunde klingt das sehr leicht, ist es aber letztendlich nicht wirklich. Denn dazu gehört auch, sich zu fragen, wieso man jetzt frustriert ist. Was einen daran belastet und wo man eventuell den Blickwinkel ändern sollte oder könnte. Ehrlich zu betrachten, ob man sich vielleicht auch selbst grade im Weg steht. Denn ganz oft tun wir das, ohne uns dessen bewusst zu sein.

Auch sind wir uns zu oft zu wenig bewusst darüber, wie viel Einfluss unser Denken und Fühlen, also unsere Psyche, auf unseren Körper hat. Das will heißen, wir unterschätzen die eigentliche Psychosomatik, die mit den chronischen Erkrankungen kommt. Die

Gedankenkreisläufe, die entstehen, und deren Einfluss auf unsere Erkrankungen. Hier möchte ich aber zuerst einmal klarstellen, dass Psychosomatik nicht zwangsläufig bedeutet, die Beschwerden werden alleine durch die Psyche und nicht durch körperliche Ursachen hervorgerufen. Im Zusammenhang mit bestehenden chronischen und vor allem sehr einschränkenden Erkrankungen, kann die Psychosomatik aber einiges verschlimmern. Ein gutes Beispiel wäre hier zum Beispiel eine „sich selbst erfüllende Prophezeiung". Ich bin mir sicher, viele von euch haben das mindestens schon einmal gehört. Ärzte sagen das manchmal und die meisten Patienten fühlen sich auch sogleich angegriffen; ging mir auch so. Ich habe dann aber tatsächlich die Erfahrung gemacht, dass es das gibt. Sagen wir mal, eine Familienfeier steht an und man ist eingeladen. Als chronisch Kranker muss man natürlich solche Unternehmungen planen. Das steht außer Frage. Aber hier lauert auch sogleich die Falle.

Man tendiert nämlich dann dazu, sich gleich von Anfang an einzureden, dass man keinen Spaß haben wird wegen der Schmerzen. Dass an dem Tag die Symptome bestimmt wieder richtig reinhauen werden und man entweder absagen muss oder wieder der/diejenige sein wird, der/die früher geht oder sich wieder nur quälen wird. Und glaubt mir, ich kenne das so gut. Ich war nämlich sehr oft selbst so.

Irgendwann aber habe ich über Affirmationen gelesen. Die These der Affirmation sagt, ganz einfach ausgedrückt: „Ich denke, also bin ich!". Positive Gedanken führen zu einem positiven Fühlen und andersrum. Ich habe also angefangen, meinen Fokus auf Positives zu legen statt auf meine Ängste. Getreu dem Zitat, aus dem Gedicht What if I Fly? von Erin Hanson:

„There is freedom waiting for you, on the breezes of the sky, And you ask "What if I fall?" Oh but my darling, What if you fly?".

Statt von vornherein zu denken, dass ich unter den Schmerzen leiden werde, wenn wir eine Geburtstagsfeier besuchen, sage ich mir Folgendes: „Heute wirst du deine Freunde sehen. Gute Gespräche abseits deiner Erkrankungen führen. Du wirst lachen und Spaß haben, mit deinen Schmerzen!" – und siehe da, ich genieße solche Feierlichkeiten mit meiner Symptomatik. Ich profitiere von guter Gesellschaft, toller Stimmung und guten Gesprächen.

Ich richte meinen Fokus nicht auf meine Erkrankungen, nicht auf meine Beschwerden oder Einschränkungen, sondern auf das Positive, und schon rückt das Negative in den Hintergrund. Das ist natürlich nichts, was sich so einfach umsetzen lässt. Man muss das trainieren und man kann ganz klein damit anfangen. Zum Beispiel am Morgen. Man sagt sich, dass man einen guten Tag haben wird, mit den Beschwerden. Ich verwende, wie euch auffällt das Wort „mit" statt „trotz", denn das ist bereits Teil der Akzeptanz. Ich lebe mein Leben bestmöglich MIT den Erkrankungen, nicht trotz. Das ist Annahme. Die Erkrankungen gehören zu mir, zu meinem Körper, genauso wie ein Arm oder ein Bein. Deswegen mit den Erkrankungen, nicht trotz. Trotz ist kein positives Wort. Es klingt nach „Ich tue etwas widerwillig, trotzig". Stellt euch mal vor, ihr sagt „Ich feiere den Geburtstag von Oma widerwillig und trotzig mit!" Klingt nicht so toll, oder?

Mein Ansatz hier lautet: Mit meinen Erkrankungen statt gegen sie!

Sind wir hier mal ganz ehrlich, dann betrachten und sehen wir uns oft als Kämpfer. Kämpfer gegen unsere Erkrankungen, gegen die Symptome, gegen die Einschränkungen und Beschwerden. Kämpfen bedeutet meistens *gegen* etwas. Selten aber *für* etwas. Wie wäre es, wenn man den Gedanken dreht? Statt gegen die Erkrankungen und das, was sie mit sich bringen, für etwas (Lebensziel, Lebensqualität, Lebensfreude usw.) zu kämpfen, und zwar mit den Erkrankungen?

Der erste Schritt ist hier tatsächlich eine bedingungslose Annahme der Erkrankungen und der Tatsache, dass das nun zu einem gehört, ohne Wenn und Aber. Dann kann man damit anfangen, die Balance zu schaffen, denn die braucht man unbedingt. Machen wir uns nichts vor, ein chronisch kranker Körper braucht nun mal auch Ruhe, ist weniger belastbar und hat andere Bedürfnisse als ein gesunder Körper. Das soll heißen, braucht man Ruhephasen, so sollte man sich diese auch nehmen. Das soll aber nicht heißen, in Resignation zu gehen und einfach alles hinzunehmen, getreu dem Motto „Jetzt bin ich krank, dann geht eben gar nichts mehr!". Es geht bei der Balance mehr darum, zu priorisieren. Ein relativ gutes Gleichgewicht zwischen „das muss ich tun" und „das möchte ich für mich tun" zu erreichen.

Auch hier ein Beispiel:

Ich stehe morgens auf, mit Augenringen und blass. Man sieht mir richtig an, dass es mir schlecht geht. Ich selbst mag diesen Anblick im Spiegel auch nicht. Ich entscheide mich dazu, mich zurechtzumachen. Mache meine Haare, schminke mich, ziehe mich gut an. Das alles kostet mich Kraft und Energie. Aber meine Motivation hier ist nicht, dass ich vor anderen etwas verstecken möchte. Sondern viel mehr mein eigenes Selbstwertgefühl.

Nicht *„Ich muss das überschminken, weil ich so scheiße aussehe!"*, sondern *„Ich bin es mir wert, gut auszusehen und mich wenigstens äußerlich gut zu fühlen!"*.

Ich tue das also nicht für mein Umfeld, die Außenwelt, sondern für mich ganz allein. Fertig hergerichtet, gut angezogen fühle ich mich einfach auch gleich etwas besser. Sehe im Spiegel die Frau, die im Einklang mit den Erkrankungen lebt und es sich selbst wert ist, gut auszusehen.

Ich sage mir quasi selbst, dass ich ein wunderbarer Mensch bin. Ein Mensch, der es wert ist, sich selbst allem voran mit Respekt, Achtung und viel Liebe zu behandeln.

Jemand, der es verdient, sich in seiner Haut wohlzufühlen. Spaß am Leben zu haben. Sich gut zu fühlen und den Alltag zu genießen. Denn viel zu oft assoziieren wir doch Krankheit damit, dass man dann auch schlecht aussieht, keine Lebensfreude mehr hat und wie ein Trauerkloß herumläuft.

Mit viel Freude am Leben teilhaben!

Ist das denn überhaupt mit den Erkrankungen möglich? Ich glaube, hier würden viele Betroffene sagen, dass das nicht möglich ist. Der Grund dafür liegt dann meist in den Symptomen, die uns begleiten. Aber ich sage, es ist möglich, denn ich selbst bin mein eigener, lebender Beweis dafür. Self-care ist hier der Schlüssel und so unglaublich wichtig. Aber auch hier ist ein ganzheitlicher Ansatz nötig. Also nicht nur auf den Körper achten, sondern auch auf die Gedanken, das eigene Mindset.

Was ich damit sagen möchte, ist, dass wir gedanklich und auch emotional gut zu uns selbst sein sollten. Das vergisst man nämlich schnell, wenn man in einem kranken Körper steckt. Unser Geist kreiert plötzlich irgendwelche Grenzen und unser Selbstwert leidet enorm darunter. Das kommt nicht zuletzt vom vorgefassten Bild der Gesellschaft selbst.

Das gesellschaftliche Bild als Teil des eigenen Problems!

„So schlecht kann es ihr oder ihm aber nicht gehen, wenn sie oder er dies und das noch kann!"

Geben wir es zu: Phasenweise baden wir alle mal mehr, mal weniger im Selbstmitleid. Das hat natürlich durchaus seine Daseinsberechtigung und ist wichtig. Genauso wichtig wie weinen, trauern, frustriert sein oder sich einfach mal bei denen, die man liebt, fallen zu lassen.

Irgendwann aber muss das eigene Leben weitergehen, bzw. es geht weiter, ob wir wollen oder nicht. Darauf haben wir nun mal so gut wie keinen Einfluss. Wenig hilfreich ist dann das Bild der Gesellschaft, was Leistung und Wert angeht. Wir leben von Kindesbeinen an in einer Gesellschaft, in der Leistung honoriert wird. Unser Wert bemisst sich an dem, was wir fähig sind zu leisten. Dabei geht es aber um Leistung wie Arbeit, Studium usw. Wenn ich mit Stolz sagen würde, dass ich es heute geschafft habe, etwas Yoga und progressive Muskelentspannung und einen kleinen Spaziergang im Wald zu machen, würde die Gesellschaft geradezu verhöhnend sagen, dass das keine Leistung ist. Ich habe damit ja nichts Wertvolles erbracht.

Aber wieso eigentlich? Ich habe etwas Gutes für mich damit getan. Für meinen kranken Körper und mein Wohlbefinden. Und genau das ist sehr wohl eine Leistung. Eine, die sich zwar nicht für die Gesellschaft an sich auszahlt, aber für mich! Für mein Wohlbefinden. Diese Betrachtungsweise hat mir enorm dabei geholfen, das zu sehen, was ich tatsächlich tue. Leistung kann nämlich so vieles sein, für mich selbst. Spätestens als ich anfing, nach Menschen zu suchen, die ebenfalls an jenen Erkrankungen leiden, die ich habe, wurde mir das bewusst. Die Community aus chronisch Kranken ist riesengroß. Liest man ihre Geschichten, so finden sich zahlreichende Überschneidungen. Viele fühlen sich wie Verlierer, kleine, schwache Niemande, die irgendwie auch kein wertvoller Teil der Gesellschaft mehr sein können. Das kommt unter anderem auch dadurch, dass wir immer noch in einer leistungsorientierten Gesellschaft leben. Einer Gesellschaft, die den Wert eines Menschen daran misst, was er kann und was er nicht kann. Getreu dem Motto, kannst du dies oder das nicht, bzw. bist du nicht fähig zu XY, dann bist du auch nichts. Dieses Bild, darüber müssen wir auch sprechen, ist so tief in uns verankert, dass wir das sogar selbst glauben. Sind wir also aufgrund einer Erkrankung zu bestimmten Dingen nicht mehr fähig, haben wir demzufolge auch keinen Wert mehr für die Gesellschaft.

Mir wurde sogar schon unterstellt, ich würde der Gesellschaft auf der Tasche liegen und gar nichts leisten können. Mal abgesehen davon, dass ich keinerlei finanzielle Hilfen vom Staat beziehe, arbeite, Mutter bin und auch sonst nicht wirklich irgendwas verlange, ist das natürlich generell absoluter Blödsinn. Wäre es übrigens auch, wenn ich aufgrund meiner Erkrankung arbeitsunfähig und in Frührente oder dergleichen wäre. Auch mit einem GdB und den damit verbundenen Vorteilen wäre das so. Das macht keinen zu einem schlechteren Teil der Gesellschaft. Das aber nur mal am Rande erwähnt.

Mein Wert, der Wert eines jeden ist individuell

Was ich sagen will: Jeder von uns ist stark. Wie viele meistern mit den Beeinträchtigungen und Schmerzen, Erschöpfung und allen Hürden ihren Alltag? Bevor meine Symptomatik so richtig in die Vollen ging, wusste ich nicht, was krank sein eigentlich wirklich bedeutet. Klar, Influenza und Co. hatte ich auch. Habe sogar mit Lungenentzündung mal 6 Wochen flach gelegen. Das kannte ich also. Aber mein erster richtiger Schub war wie eine Influenza, eine Fischvergiftung, Knochenentzündung, Nervenentzündung und eine schwere, allergische Hautreaktion zusammen. Alles auf einmal. Egal was ich tat, nichts wurde besser. So elendig hatte ich mich noch nie zuvor gefühlt und so fühle ich mich in schweren Schüben, die ich nicht immer vermeiden kann, auch jetzt phasenweise noch. Dann liege ich auch jetzt mal tagelang wirklich flach. Meine Akkus sind dann nicht nur leer, sondern im Minus.

Aus den episodisch auftretenden Beschwerden ist inzwischen eine leichte bis mäßige Dauersymptomatik geworden. Unter anderem natürlich auch, weil ich zum einen den progressiven Krankheitsverlauf habe und, wie ich inzwischen weiß, noch andere Erkrankungen habe, die Einfluss auf den Verlauf und die Symptomatik nehmen. Ich lebe also damit. Ich bestehe meinen Alltag damit. Arbeite damit. Es ist ein stetiges Auf und Ab.

Mal geht es besser, dann wieder schlechter und manchmal ... da geht eben gar nichts mehr. Das habe ich inzwischen so akzeptiert. Doch macht mich das zu einer Last für die Gesellschaft? Ich denke nicht! Wieso auch? Weil ich haushalten muss mit meiner Energie? Remote arbeite? Pausen brauche und ein Team aus Ärzten um mich herum, die mich hoffentlich gut behandeln, soweit das überhaupt möglich ist?

„Ich für meinen Teil bin stolz auf mich!"

Und auf viele andere von uns auch, um nicht zu sagen jeden Einzelnen. Es wäre ein leichtes, sich selbst aufzugeben und zu sagen, man will nicht mehr. Aber die Wahrheit ist doch, was wäre die Alternative? Richtig, resignieren und sich selbst aufgeben. Das tun aber doch die wenigsten von uns. Wir stehen morgens auf, bestreiten den Alltag, ertragen, was auch immer an Symptomen, Beschwerden und Beeinträchtigungen wir haben, und leben. Genauso wie jeder andere auch. Wir leisten alle unseren Beitrag. Mit der Erkrankung, die in vielen Fällen unsichtbar ist. Ohne zu klagen. Ohne zu jammern. Ohne eine Miene zu verziehen. Sind Mütter. Sind Väter. Gehen unserer Arbeit nach. Haben Haushalt und Garten. Helfen anderen, manchmal sogar mehr als Gesunde es tun, weil wir genau wissen, wie es ist, auf Hilfe von außen angewiesen zu sein. Wir engagieren uns ehrenamtlich, helfen Vereinen und betreiben Aufklärungsarbeit, so gut wir können. Treffen manchmal auf scheinbar unüberwindbare Hürden. Geben unser Bestes, jeden Tag, jede Minute und mit jedem Atemzug.

Ich sage, seid stolz darauf!

Stolz auf das, was ihr täglich mit allen Beschwerden leistet. Stolz darauf, dass ihr nicht aufgebt, nicht klagt, nicht die ganze Welt hasst.

Wenn mich mein Mastzellaktivierungssyndrom und mein Hypermobilitätssyndrom eines wirklich sehr nachhaltig gelehrt haben, dann wie stark ich tatsächlich bin. Ich hatte schon Phasen, in denen ich wirklich dachte, jetzt noch ein wenig mehr und ich breche zusammen, werfe mich vor einen Zug. Mit Schmerzzuständen, für die es keine Worte gibt. Tage, an denen ich so kraftlos war, dass ich nicht ohne Hilfe die Treppen hinaufkam oder meine Kinder nicht hochheben konnte. Wochen, in denen ich dachte, ich würde vor aller Augen verhungern. Abende, an denen ich weinend in der Dusche saß und mich absolut nutzlos und wertlos gefühlt habe. Mir eingeredet habe, dass es allen besser ginge, wenn ich, die Riesenlast, nicht mehr da wäre. Aber wisst ihr was? Ich bin trotzdem immer noch hier. Und egal ob es mir gut geht oder nicht, ich meistere jeden Tag. Mal besser, mal schlechter. Und wenn das keine Stärke ist, dann weiß ich es auch nicht.

Ich tue vieles, von dem andere nichts wissen!

Mehr noch, ich versuche etwas Positives aus allem zu machen. Anderen Betroffenen zu helfen. Ich recherchiere, für mich selbst, aber auch für alle anderen. Ich betreibe Aufklärungsarbeit im Rahmen meiner Möglichkeiten und Kapazitäten. Ich schreibe, auf meinem Blog, in Social Media, für mich selbst und euch. Ich unterstütze ehrenamtliche Vereine und versuche zumindest mich einzubringen. Nicht nur zu nehmen, sondern auch zu geben. Und wenn ich auch nur einem einzigen Menschen damit helfen kann, ist es mir das auch allemal wert.

Wir alle sind nämlich wertvoll, jeder auf seine eigene Weise. Nicht jeder von uns kann schreiben, so wie ich. Nicht jeder von uns kann einer Arbeit nachgehen. Manche von uns brauchen auch mehr Unterstützung als andere und das ist auch vollkommen in Ordnung. Das bedeutet aber nicht, dass diese Menschen nichts leisten würden. Vielleicht helfen sie anderen mit einem offenen Ohr oder wenden alle Energie auf, um ihre Kinder groß zu ziehen. Einer Frau, die Zuhause bleibt, einfach „nur" Mutter und Hausfrau ist, der würde man auch nicht einfach sagen, sie leistet nichts. Im Gegenteil. Wir alle haben einen Wert. Unser Wert bemisst sich an so vielen Dingen. Es kommt nicht darauf an, was jemand anderes als solchen ansieht, sondern wie wir selbst uns sehen. Wenn wir uns selbst sagen, dass wir nun nichts mehr wert sind, nichts mehr leisten, dann nähren wir damit nur unsere Selbstzweifel und glauben das am Ende auch. Das öffnet dann Tür und Tor für Depressionen.

Meine tatsächliche Leistung anzuerkennen war natürlich ein schwieriger Weg. Dazu musste in mir erst mal ein Umdenken stattfinden. Ich musste an mir arbeiten und meinen Blickwinkel ändern, aus alten Denkmustern ausbrechen und wir alle wissen, das ist nicht so einfach, wie es klingen mag.

Dass sich negative Glaubenssätze nicht so einfach ändern lassen, wissen wir ja bereits. Und auch hier war es nicht anderes.

Ich werde euch aber verraten, wie mir das letztendlich gelungen ist.

Vorbereitung ist das A und O!

Zuerst mal plane ich meine ganze Woche und auch Unternehmungen vorher gründlich. Ich priorisiere und schaue, welche Termine und Dinge müssen sein, welche nicht. Spontanität ist leider eher weniger drin. Aber wenn man alles gut plant, ist man auch gut vorbereitet.

Ein Beispiel:

Mein Mann und ich waren an einem kinderfreien Abend im Kino. Ich hatte die Karten online gebucht und dabei auch darauf geachtet Plätze zu wählen, die am Rand waren. Damit habe ich sichergestellt, im Notfall schnell aus dem Saal rauszukommen.

Zusätzlich habe ich die Tage vorher sehr darauf geachtet, meinen Körper nicht zu überlasten. Ich habe präventiv meine Basismedikation etwas erhöht und mich etwas abgeschirmt, damit mögliche Trigger für meine Mastzellen, wie etwa Duftstoffe, welche ich in einem Kino nicht meiden kann, mir nicht so zu schaffen machen. Ebenso habe ich an dem Tag einfach etwas mehr meines Schmerzmittels genommen, einfach damit mir die Schmerzen nicht so viel ausmachen. Notfallmedikamente und Maske in der Tasche und los! Und was soll ich sagen? Ich hab es überhaupt nicht bereut, im Gegenteil. Beschwerdefrei war ich zwar natürlich nicht, aber es war sehr gut aushaltbar und rückte zudem total in den Hintergrund. Ich habe einfach einen Abend zusammen mit meinem Mann im Kino genossen und das tat einfach gut. Hat unheimlich Spaß gemacht und mir soviel Positives gegeben, dass mir die Beschwerden schlicht egal waren.

Akzeptanz - es wird nie mehr wie vorher

Ich habe mittlerweile akzeptiert, dass mein Leben anders ist, und das ist in Ordnung. Es wird nie mehr wie vorher sein. Aktivitäten, gleich welcher Art, werden immer mit Einschränkungen und auch Anpassung verbunden sein, aber nicht generell unmöglich. Ich kann die Dinge immer noch tun, eben an meine Gesundheit angepasst. Ich kann zwar nicht mehr so ganz spontan ins Kino gehen oder ins Restaurant, aber ich kann solche Ausflüge planen und dann einfach genießen. Ich kann vielleicht nicht mehr stundenlang durch irgendein Gelände wandern, so wie vorher, aber ein Spaziergang mit genügend Pausen ist durchaus möglich. Ich kann nicht mehr windsurfen, aber Stand-up-Paddling auf dem ruhigen See ist durchaus möglich. Es gibt unzählige Beispiele, aber ich denke, ihr wisst, worauf ich hinaus möchte.

Manchmal lohnt es sich, Dinge zu riskieren! Und ja, das meine ich so.

Ich habe das Zitat: „*There is freedom waiting for you, on the breezes of the sky, and you ask, "What if I fall?" Oh, but my darling, what if you fly?*" von Erin Hanson aus dem Gedicht What if I Fly? bereits erwähnt, denn danach lebe ich in Bezug auf meine Erkrankungen auch. Natürlich gehe ich jetzt nicht das Risiko ein, eine schwere Anaphylaxie zu erleiden oder mich schwer zu verletzen, aber kleine, kalkulierbare Risiken gehe ich sehr wohl ein. Möchte ich ins Restaurant essen gehen, schaue ich mir vorher online die Speisekarte an.

Damit habe ich schon mal vorab einen guten Überblick über das Angebot. Dann korrespondiere ich mit der Küche des Restaurants und erkläre meine Situation und frage, ob man für mich dies und das machen könnte. In guten Restaurants ist das nämlich grundsätzlich kein Problem, wenn man der Küche genügend Zeit gibt, das mit einzuplanen. Dann wird ein Tisch reserviert und los geht's. Es besteht dann zwar immer noch ein Restrisiko, das Essen eventuell trotzdem nicht zu vertragen, aber das ist kalkulierbar, also für mich jedenfalls.

Es wäre natürlich schöner, könnte ich einfach ins Restaurant gehen, nach Lust und Laune schlemmen, ohne mir Gedanken machen zu müssen, aber diese Zeiten sind vorbei. Das bedeutet aber nicht, es ist gar nicht mehr möglich. Es muss „nur" geplant werden und ist mit etwas Aufwand verbunden, der sich dann aber auch auszahlt. In Form eines schönen abends mit Freunden, Partner, Familie oder wem auch immer. In Gesellschaft, mit gutem Essen und einfach der Teilhabe. Angepasst. Ich sage bewusst „angepasst", denn das klingt besser als „eingeschränkt".

„Eingeschränkt" lenkt den Fokus doch zu sehr auf das, was nicht geht. „Angepasst" klingt daher wesentlich besser.

Ich lebe mehr angepasst - nicht immer eingeschränkt

Ich habe sehr oft *„Ich kann nicht ..."* gesagt und gedacht, in ganz vielen Bereichen. Irgendwas ging nicht mehr so, wie es vor Ausbruch meiner Erkrankungen und Schübe ging, und zack, war da ein *„geht nicht mehr"* in meinem Kopf. Ich habe überall nur noch Einschränkungen gesehen. Das hat mich ganz oft davon abgehalten, die Alternativen zu sehen, die ich sehr wohl habe. Meine starren Gedanken haben Grenzen gesetzt, wo keine hätten sein müssen. Haben mich von ganz vielen Dingen abgehalten, die heute mein Leben so viel wertvoller machen, so lebenswert und wunderschön.

Daher habe ich aus *„Ich lebe eingeschränkt"* ein *„Ich lebe angepasst"* gemacht. Wenn ich sage, ich bin eingeschränkt, dann klingt das eher negativ, legt meinen eigenen Fokus auf das, was nicht geht. Auf den Verzicht. Wenn ich mir aber sage, ich passe mein Leben an, dann legt sich mein Fokus auf das, was eben doch geht und das macht es gleich viel positiver. Also gefühlsmäßig.

Mal als Beispiel mein bereits erwähnter Kinobesuch. Natürlich könnte ich jetzt davon sprechen, was mich alles eingeschränkt hat, wie z.B die Platzwahl, dass ich eben nicht einfach nach Lust und Laune Süßigkeiten sowie Knabberzeug essen konnte und mich mit Medikamenten vorab abschirmen musste, auch mit Schmerzmitteln in der Maximaldosis. Aber dann klingt das nicht mehr nach Spaß, sondern nach einem Abend, der mir nur einmal mehr gezeigt hat, was alles nicht mehr geht. Stattdessen spreche ich davon, den Abend, die ganze Planung eben auf mich angepasst zu haben. Damit rückt alles eher Negative für mich in den Hintergrund und ich sehe nur das Schöne daran. Ich war im Kino, mit aushaltbaren Schmerzen, die durch das Erlebnis selbst aber völlig in den Hintergrund geraten sind. Habe einfach einen Abend mit meinem Ehemann genossen. End of story, denn der Rest ist nicht mehr von großer Bedeutung.

Genauso handhabe ich das mit anderen Aktivitäten auch. Eine richtige Wanderung mit Klettersteigen ist nicht mehr drin. Und ich habe das total geliebt.

Aber der gemütliche Spaziergang am See oder im Wald mit vielen Pausen und Picknick ist sehr wohl möglich, sogar notfalls mit Gehhilfe oder, wenn es nicht anders geht, mit Rollstuhl. Ich kann zwar nicht mehr windsurfen, aber Stand-up-Paddling auf dem ruhigen Waldsee geht. Ich kann nicht eben spontan ins Restaurant, aber mit Planung geht auch das. Ich kann nicht alles einfach von der Karte bestellen, korrespondiere ich aber vorher mit der Küche und gebe dem Koch genügend Zeit zu planen, ist immer auch ein leckeres, verträgliches Essen für mich möglich.

Sogar Urlaube am Meer sind möglich. Denn, ganz ehrlich, beschwerdefrei bin ich so oder so nicht, wieso also Zuhause hocken? Statt an die Beschwerden, die ja sowieso da sind, zu denken, denke ich mir, dass mich so ein Urlaub am Meer total entspannt. Natürlich ist eine Unterkunft mit Selbstversorgung und Rollstuhleignung (nur für den Fall!) unabdingbar. Genauso muss ich für genügend Sonnenschutz sorgen. Meinen Medikamentenvorrat vorher auffüllen und auch noch mal mit meiner Ärztin alles besprechen, was wichtig sein könnte. Aber das hindert mich doch nicht am Urlaub selbst! Und grade das Klima könnte mir ja vielleicht sogar eine Besserung bringen, wer weiß das schon? Ich bereite mich einfach gut darauf vor und dann wird das schon schön werden. Selbst wenn ich den ganzen Tag bloß liegen und ein Buch lesen würde, so what? Für mich wäre das Entspannung pur und die tut auf jeden Fall gut. Unabhängig davon, wie stark meine Symptome sind.

Kein Verzicht, sondern Möglichkeit und Selbstbestimmung

Vieles ist möglich, wenn man akzeptiert, dass es eben nicht mehr wie vorher geht. Dass man sein Leben und die Aktivitäten anpassen muss und man das aber eben nicht unbedingt als Verzicht, sondern vielmehr als Möglichkeit und Selbstbestimmung sieht. Natürlich habe ich viele Einschränkungen, ganz ohne Frage. Damit verbunden sind manchmal auch Dinge oder Aktivitäten, die ich nicht mehr, oder nicht mehr ohne Hilfe ausüben kann. Aber ich sehe vieles eben eher als Möglichkeit und Anpassung an die Situation. Verzicht ist und klingt negativ. Möglichkeit klingt und ist positiv. Damit ändert sich, zumindest bei mir, automatisch der Blickwinkel auf das Ganze. Zudem hat es dazu geführt, dass ich mich auch aus meiner Komfortzone rausbegeben habe. Mir neue, und zwar ganz neue Aktivitäten gesucht habe. Bisherige Aktivitäten eben einfach anders plane und umsetze, so wie meine DIY-Projekte z. B.: Lacke und andere Chemikalien sind nicht mehr möglich. Aber dann nutze ich Kreidefarbe und arbeite eben 4 Tage an einem einzigen Regal, weil ich nicht mehr 10 Stunden daran durcharbeiten kann, sondern mir das aufteile je nach Befinden. Das mindert meinen Spaß an dieser Arbeit aber nicht im Geringsten und am Ende bin ich stolz auf das Ergebnis.

Deshalb, fragen wir uns selbst einmal „lebe ich angepasst oder eingeschränkt?"

Einfach mal ganz ohne Wertung darüber nachdenken. Auf uns wirken lassen. Es verinnerlichen.

Durchhaltevermögen

Für alles, was wir tun, erreichen und ändern möchten, brauchen wir letztendlich auch Durchhaltevermögen. Haben wir Spaß an etwas, fällt es uns leicht durchzuhalten. Schwieriger wird es aber dann, wenn das, was wir tun, uns eben nicht wirklich Spaß macht, unbequem oder gar schmerzhaft wird.

Als chronisch Kranke brauchen wir sehr oft sehr viel Durchhaltevermögen. Wir machen irgendwelche Therapien, die unangenehme Nebeneffekte haben. Üben uns in Selbstreflexion, ändern Glaubenssätze, arbeiten stetig daran Dinge zu akzeptieren und/oder zu verändern. Wir müssen unsere Gewohnheiten nicht selten komplett ändern und uns neue Ziele stecken. Das alles geht nicht ohne Durchhaltevermögen. Und hier ist es, wie bei allem anderen auch: Die einen von uns haben sehr viel davon, die anderen wenig.

Ich höre oft den Satz: *„Dazu fehlt mir das nötige Durchhaltevermögen"* und wir kennen sicher auch den Satz: *„Wenn man etwas wirklich will, dann kann man auch.".*

Aber sind wir an dieser Stelle mal ehrlich: Durchhalten ist manchmal gar nicht so einfach, erst recht nicht, wenn man belastendenden Situationen gegenüber steht, sich in tiefen Krisen befindet, kraftlos und nicht wirklich motiviert ist. Allerdings kann jeder sein Durchhaltevermögen stärken, an ihm arbeiten. Ich musste das auch tun, nachdem ich krank wurde. Denn viele Situationen und Gegebenheiten erfordern es nun mal, dass ich durchhalte. Je nach Situation ist das auch für mich nicht immer leicht. Ich stand und stehe regelmäßig selbst vor der Frage, ob ich nicht aufgeben soll. Auch ich muss mein Durchhaltevermögen dann wieder stärken und manchmal sogar neu aufbauen. Am Ende lohnt es sich aber immer.

Wieso Durchhalten oft so schwierig ist!

Fragen wir uns einmal, wann wir uns eigentlich normalerweise Ziele setzen, erkennen wir, dass wir das in der Regel tun, wenn es uns gut geht. Wenn wir genügend Energie und Raum dafür haben, sie auch zu verwirklichen. Was aber, wenn chronische Erkrankungen uns diese Energie rauben und den Raum dafür einnehmen?

Plötzlich rückt alles andere in den Hintergrund, weil wir mit dem Alltag manchmal schon so überfordert sind, dass wir eigentlich am liebsten gar nichts tun würden. Alles erscheint uns viel zu anstrengend, zu fordernd, zu belastend. Mit hinzu kommt, dass fast all unsere Abläufe automatisiert ablaufen. Ein gutes Beispiel sind hier tägliche Routinen, die wir immer auf dieselbe Weise begehen. Wollen wir nun etwas ändern, müssen wir nicht selten genau diese Routinen durchbrechen. Das ist erst mal gar nicht so einfach und kann unter Umständen sogar sehr anstrengend werden. Besonders dann, wenn Beschwerden einer Erkrankung uns stark belasten. In unangenehmen Situationen tendieren wir nämlich dazu, es uns so einfach wie möglich zu machen, eben in unserer Komfortzone zu bleiben. Das lässt sich aber Gott sei Dank ändern!

Der erste Schritt: neue Routinen erschaffen

Zuerst, und das habe ich getan, können wir versuchen, unsere gewohnten Routinen gegen neue auszutauschen. Auch jetzt kommt wieder Selbstreflexion zum Einsatz. Wir können uns fragen, was uns unsere bisherigen Routinen bringen. Was wir eigentlich erreichen möchten und wie wir an dieses Ziel gelangen können. Uns also quasi einen Plan machen. Bei mir war eines dieser Ziele zum Beispiel weniger Schmerzen und wieder mehr Beweglichkeit. Neben Schmerzmitteln gehörte noch anderes dazu. Eines der Dinge war Sport. Pilates. Als ich damit anfing, war das überhaupt nicht einfach. Ich dachte oft, ich bin zu müde, mir tut dies und das aber weh, ich kann eigentlich nicht. Trotzdem habe ich es zu einer Routine werden lassen, die mir jetzt eben sehr leichtfällt und mir positive Effekte bringt. Ich tue es automatisch.

Um herauszufinden, welche Routinen uns guttun und welche nicht, welche uns schlimmstenfalls sogar an irgendetwas hindern, müssen wir uns unsere Gewohnheiten ansehen. In welchen Situationen sind sie vorhanden? Helfen sie uns wirklich oder hindern sie uns? Wollen wir so wirklich weitermachen oder etwas für uns verändern?

Ziel setzen, darauf hinarbeiten und durchhalten!

Wir setzen uns oft Ziele, von denen wir denken, dass sie langfristig besser für uns sind. Ich tue das auch, immer wieder. Meine Ernährung an meine Erkrankungen anpassen. Den Lebensstil nachhaltig verbessern. Besser mit meiner Energie und meiner Zeit haushalten. Mir Gutes tun usw. Und obwohl ich heute auch gut durchhalte, war das nicht immer so. Besonders am Anfang dieser meiner Reise fiel mir das oft unglaublich schwer. Ich bin immer wieder in alte Gewohnheiten zurückgefallen und habe meine eigentlichen Ziele dann wieder verworfen. Irgendwann war ich dann an einem Punkt, wo ich mir sagte, ich will es endlich ändern.

Ich habe angefangen, mich und meine Zielsetzung zu hinterfragen. Genau zu schauen, wieso ich es bislang einfach nicht geschafft hatte, meine Ziele langfristig zu erreichen. Heute weiß ich, dass genau das der Schlüssel war. Wenn wir Ziele nicht erreichen, dann liegt es meistens an „Fehlern", die wir unbewusst bei der Zielsetzung machen. Wir peilen etwas an und evaluieren unsere Möglichkeiten, es zu erreichen nicht wirklich, sondern folgen starr nur einem Weg. Wir lassen unsere Individualität und Besonderheiten dabei völlig außer Acht.

Deshalb kann es ratsam sein, sich einige Fragen in Bezug auf seine Ziele zu stellen:

- Ist mein Ziel eventuell zu anspruchsvoll oder gar unerreichbar?
- Ist mein Ziel tatsächlich im Einklang mit dem, was ich selbst möchte, meiner Persönlichkeit und meinen Fähigkeiten?
- Hat jemand anderes mir dieses Ziel gesetzt oder ist es tatsächlich das, was ich will?
- Stehen mir eventuell noch meine eigenen Glaubenssätze oder ein geringes Selbstvertrauen im Weg?

Wir sehen also, dass wir oft, ohne wirklich zu hinterfragen, unsere Ziele zu ambitioniert entgegen unserer eigenen Wertvorstellung oder nur durch Druck von außen setzen. Da ist es fast logisch, dass uns das nötige Durchhaltevermögen fehlt. Aber auch das kann man ändern und sein Durchhaltevermögen steigern. Klar ist, eine Zielsetzung selbst genauso wie den Weg zum Ziel durchzuhalten, ist mit allerlei Schwierigkeiten verbunden. Aber wir haben auch Möglichkeiten, wie wir diese meistern und an unserem Durchhaltevermögen arbeiten können, um unsere Ziele wirklich zu erreichen.

Die SMART-Regel für Ziele

Von dieser Regel haben sicher die wenigsten von uns gehört. Ich stieß selbst auch eher zufällig darauf, wende sie aber seither an. Sie kann uns eine große Hilfe dabei sein, uns erreichbare Ziele zu setzen. Laut dieser Regel sollten unsere Ziele

- **S**pezifisch
- **M**essbar
- **A**ttraktiv
- **R**ealistisch
- **T**erminiert

sein. Einfach ausgedrückt: Unsere Ziele sollten nach Möglichkeit ganz konkret formuliert sein. Zum Beispiel:

„Ab Montag starte ich mit Pilates und taste mich langsam an die Übungen ran."

Die Motivation, ein Ziel zu erreichen

Wir sollten uns immer fragen, welche Motivation hinter unseren Zielen steckt. Was ist der Grund dafür, dass wir sie erreichen wollen? Ist es etwas, von dem wir denken, es tun zu müssen? Ist es etwas, was unser Umfeld oder gar die Gesellschaft von uns erwartet? Oder ist es etwas, was uns dabei hilft, uns weiterzuentwickeln, zu stärken oder unser Leben so zu gestalten, wie wir es möchten? Aus der eigentlichen Motivation leiten sich nämlich dann auch unsere Ziele genauso wie unser Durchhaltevermögen ab.

Mithilfe der Selbstreflexion lassen sich diese Fragen gut beantworten. Haben wir diese Fragen für uns beantwortet, fällt es uns auch leichter, eine Entscheidung für oder gegen unsere Ziele zu treffen. Meiner Erfahrung nach fällt uns das Durchhalten wesentlich leichter, wenn wir ein Ziel haben, das wir auch wirklich aus einer Motivation heraus erreichen möchten, die uns selbst wichtig ist. So können wir etwas leichter im Alltag und auch bei schwierigen Situationen motiviert bleiben, ohne allzu streng mit uns selbst zu sein.

Schrittweise zum Ziel gehen

Veränderung ist ein Marathon und kein Wettlauf. Wir müssen nicht zu unseren Zielen rennen, sondern können auch darauf zu spazieren. Man könnte auch das Sprichwort *„gut Ding will Weile haben"* verwenden. Veränderung bedarf einfach Zeit, ist ein

Prozess, der Geduld erfordert. Gewohnheiten zu ändern, dauert und erfordert natürlich nicht selten auch eine große Überwindung und viel unserer Energie. Daher ist es einfacher, wenn wir uns nicht gleich eine ganze Reihe an Zielen setzen, sondern eines nach dem anderen. Dann klappt es auch meistens mit dem Durchhaltevermögen und ein Erfolgserlebnis motiviert uns zusätzlich, das nächste Ziel auch zu erreichen. Denn wenn wir es einmal geschafft haben, wissen wir auch, wir können das.

Manchmal ist es sogar noch besser, sich bei einem großen Ziel viele kleine Ziele zu setzen. Sozusagen kleine Zwischenstationen auf unserem Weg.

Also statt zu sagen **„Ich mache jetzt Pilates zu meiner täglichen Routine"**, könnte man sagen **„Ich starte mit zweimal Pilates die Woche"** und das so lange ausweiten, bis man sein eigentliches, großes Ziel erreicht hat. Auf diese Weise hat man viele kleine Erfolgsmomente und bekommt einen richtigen Motivationsschub.

Gemeinsam ist man stärker!

Das ist nicht nur so dahingesagt. Ich habe selbst die Erfahrung gemacht, wie hilfreich es ist, einen Weg mit jemand anderem zu gehen. Besonders die Gemeinschaft der chronisch Kranken ist riesengroß. Hier treffen wir auf Menschen, die uns verstehen, ähnliche Schwierigkeiten und dieselben Ziele haben. Wieso das nicht nutzen? Sich gegenseitig motivieren, stellenweise auch mitziehen?

Wenn wir uns austauschen, insbesondere über das, was uns hilft, kann das eine Rieseninspiration für andere sein.
Wenn wir uns gegenseitig darin bestärken, auch die schweren Wege weiterzugehen, dann teilen wir etwas Besonderes miteinander. Wir sind dann gemeinsam stark. Können uns stützen und auffangen. Haben manchmal sogar den Vorteil, die Dinge

von einem etwas objektiveren Standpunkt aus zu betrachten und dem anderen daher auch besser dabei zu helfen, den Blick für das Gute an der Sache nicht zu verlieren.

Genauso können wir uns aber auch Unterstützung im Umfeld holen. Bei Familie und Freunden. Bei Menschen, die uns helfen möchten, vielleicht sogar das ein oder andere auch umsetzen möchten. Ernährung, Sport, Lebensstil ändern. Das sind Dinge, die nicht nur chronisch Kranke verändern möchten. Auch dort findet sich viel Unterstützung und hat man die, dann ist Durchhalten nur noch halb so schwer.

Belohnen, wenn man es geschafft hat

Unsere Ziele zu erreichen, nicht aufzugeben, wenn sich Schwierigkeiten ergeben, und unser Durchhaltevermögen unter Beweis zu stellen, ist anstrengend. Es ist anstrengend und fordernd, kostet uns manchmal sogar viel Energie. Oftmals müssen wir uns auch selbst immer wieder hinterfragen und neu motivieren, damit wir nicht aufgeben. Deshalb belohnen wir uns doch einfach mal. Tun wir uns selbst, und zwar nur uns selbst auch mal etwas Gutes zum Ausgleich für die Mühen.

Wir könnten uns an dieser Stelle einfach mal überlegen, was konkret wir für uns selbst tun könnten und was uns dabei hilft, motiviert zu bleiben. Das können materielle Dinge sein, wie eine neue Lederjacke. Oder ein toller Abend mit Freunden. Ein Wochenende mit Streaming ohne Ende. Ein Urlaub. Ganz egal was. Wenn wir etwas dafür bekommen, erreichen wir unsere Ziele auch etwas leichter.

Hindernisse vorzeitig erkennen

Bei der Zielsetzung müssen wir auch beachten, dass es immer wieder zu Hindernissen kommen wird. Veränderung verläuft nämlich nie gradlinig. Es gibt immer mal wieder äußere Umstände, die wir nicht beeinflussen können und die dazu führen könnten, dass wir aufgeben wollen. Wir können natürlich nicht voraussagen, ob, wann und wenn welches Hindernis unseren Weg kreuzen wird. Aber dennoch können wir etwas tun, uns für schwierige Zeiten entsprechend zu wappnen, damit wir frühzeitig Lösungen für Hindernisse haben, und genau zu evaluieren, was wir brauchen, damit wir auch dann durchhalten können. Das ist auch gar nicht so schwierig, wie es klingen mag. Wir sollten uns vorstellen, wir hätten unser Ziel erreicht. Uns vorstellen, wie gut es sich anfühlen würde, mit Stolz auf uns selbst sagen zu können: *„Ich habe durchgehalten und habe es geschafft!“*.

Dieses Gefühl halten wir nun fest und stellen uns vor, mit dem Ich, das es geschafft hat, in den Dialog zu treten.

Wir fragen dieses Ich explizit danach, welche Hindernisse dabei überwunden werden mussten. Wie sie überwunden wurden und was genau dieses Ich getan hat, um am Ball zu bleiben und nicht aufzugeben. Ob da jemand war, der ihm geholfen hat, und was genau nötig gewesen ist, genug Vertrauen in sich selbst zu haben.

Zugegeben, das klingt etwas seltsam. Aber es kann enorm hilfreich dabei sein, eventuelle Schwierigkeiten und Hindernisse vorab einzukalkulieren. Haben wir das erst mal getan, können wir uns auch auf sie vorbereiten. Uns Pläne zurechtlegen, die uns helfen werden, motiviert zu bleiben, Schwierigkeiten mit und ohne Hilfe zu meistern. Gut vorbereitet lassen sich Hindernisse manchmal sogar umgehen. Sie werden zweifelsohne dazugehören. Sind aber nicht unüberwindbar, erst recht nicht, wenn wir uns für sie wappnen. Durchzuhalten, besonders wenn die Umstände sowie Begleitumstände sehr schwierig und herausfordern sind, kann extrem schwierig sein. Routinen und Muster zu durchbrechen, erfordert viel Geduld und Arbeit an und mit uns selbst. Die eigene Komfortzone zu verlassen und neue

Wege zu gehen, kann mit Angst und Sorgen verbunden sein. Unangenehm und schmerzhaft werden. Besonders dann, wenn die positiven Effekte der Veränderung länger auf sich warten lassen und uns gefühlt viel mehr abverlangen, als sie uns geben. Aber, und das ist es, worum es geht, wenn wir etwas langfristig und nachhaltig für uns, unser Leben verbessern wollen, dann lohnt sich dieser Weg.

Wenn wir unsere Ziele mit unseren inneren Werten und tatsächlichen Wünschen in Einklang bringen, werden wir bei Erreichen dieser Ziele insgesamt zufriedener leben können. Wir werden gestärkt aus diesem Prozess herausgehen und ein neues, positiveres Lebensgefühl haben. Uns unserer eigentlichen Stärke bewusst sein und sie auch leichter abrufen und vor allem nutzen können.

Die Frage nach der Schuld

Als chronisch Kranker fragt man sich, besonders am Anfang, ob man selbst schuld an der Erkrankung, an der körperlichen Verfassung ist. Ja, ich weiß, das sind extrem harte Worte, aber ich möchte hier authentisch sein und auch ein wenig von mir persönlich und meinen Erfahrungen erzählen.

Ich habe mich tatsächlich sehr oft gefragt, was ich falsch gemacht habe und wieso ich erkrankt bin. Was ich Falsches tat, weil es mir nicht besser gehen wollte, und ob ich letztendlich Schuld an allem trage. Schuld daran, dass es mir so schlecht ging. Schuld daran, dass meine Mitmenschen ebenso wie ich selbst unter meinen Erkrankungen leiden.

Wie kamen und kommen solche Gedanken überhaupt zustande?

Zum Teil natürlich, weil wir Menschen immer auf der Suche nach einem Schuldigen sind und wir bei chronischen Erkrankungen die Schuld zuerst bei uns selbst suchen. Haben wir zu ungesund gelebt? Zu viel von etwas konsumiert? Ein falsches Medikament genommen? Zu lange irgendwelche Beschwerden ignoriert? Sollten wir jetzt vielleicht mehr tun? Ich bin fast sicher, jeder chronisch kranke Mensch kennt diese und ähnliche Gedankengänge.

Diese kommen auch, weil das Umfeld gerne mal so was sagt wie „Früher hattest du das doch auch nicht!", oder mein Lieblingssatz: „Du musst dies und das tun und dann wird das wieder!". Das hinterlässt uns gerne den bitteren Geschmack von „Ich bin selbst schuld" im Mund und diesen Gedanken letztlich abzustellen, ist nicht so einfach. Als ich 2018 meinen ersten, merklich heftigen Schub hatte, da dachte ich noch, ich würde wieder ganz gesund werden. Ich war davon überzeugt, wenn ich erst mal die Ursache kenne, kann ich sie auch beheben, und wenn ich nur genug will, auch wieder ganz auf die Beine kommen. Zu realisieren, dass das nicht möglich ist, also zumindest nicht in der Form, dass man es heilen kann, war schon hart genug. Es kann ja nicht sein, dass es keine pauschale Therapie gibt, die mir Beschwerdefreiheit bringen kann. Kann doch nicht sein, dass ich das jetzt nicht mehr in der Hand habe. Und natürlich bin ich auch selbst schuld daran, wenn es mir nicht gelingt, wieder gesund zu werden.

Unaufhörliche Suche nach Lösungen

Also fing ich an zu recherchieren. Nach Lösungen und Therapiemöglichkeiten zu suchen. Medikamente, Physiotherapie, Ernährung, Nahrungsergänzungsmittel, Darmsanierung etc. Eins nach dem anderen, wovon ich irgendwo mal gelesen hab, hab ich versucht. Mit Glück blieb es einfach ohne Erfolg. Meistens hat mir aber vieles einfach nur eine weitere Verschlechterung eingebracht. Hat meinen Frust und meine Verzweiflung gesteigert. Vieles warf mich wieder zurück und holte mich gewaltsam auf den Boden der Tatsachen zurück, während mein Körper immer neue, nicht so tolle Dinge auf Lager hatte. In mir entbrannte ein regelrechter Drang, mich einfach mehr zu bemühen, mich mehr zusammenzureißen und weiter zu suchen. Begleitet von dem Gefühl, selbst schuld zu sein, weil ich einfach keine Lösung fand.

Weiter wie im Hamsterrad

Ich las Publikationen von führenden Forschern auf dem Gebiet der systemischen Mastzellerkrankungen. Durchforstete Social Media, das Internet. Las medizinische Fachartikel, Erfahrungsberichte und tauchte sogar in die Spiritualität ab, ein ganzheitlicher Ansatz. Ich war irgendwann sogar davon überzeugt, wenn nur mein Mindset das richtige wäre, könnte ich die Krankheit einfach besiegen. Im Umkehrschluss dachte ich dadurch aber auch, es läge an mir, meiner Einstellung, meinem Willen. Dazu trug dann noch die Tatsache bei, dass es Menschen in meinem Umfeld gab und gibt, die tatsächlich auch immer wieder betonten, ich täte nur nicht genug und deswegen würde es mir so schlecht gehen. Nebenbei, das ignoriere ich mittlerweile gekonnt.

Schuldgefühle sind nichts weiter als eine Bremse!

Durch meine Schuldgefühle, war ich einfach auch oft ausgebremst. Mein Fokus lag viel zu sehr darauf, was ich alles grade nicht schaffe, was alles grade nicht klappt und was ich immer noch nicht in der Lage war zu verbessern, dass es mich ausgebremst hat. Ausgebremst in dem, was wirklich wichtig gewesen wäre: Pause und Regeneration. Ich habe so verbissen gegen mich selbst und meinen Körper gekämpft, dass ich nicht auf das geachtet habe, was ich wirklich brauchte. Ich wollte einfach verbissen eine Lösung und je schlechter es mir ging, umso schuldiger habe ich mich gefühlt. Ich hatte ständig den Gedanken, dass, wenn ich nicht dies oder das versuche, ich eben nicht alles Mögliche täte, um meine Situation zu verbessern. Also habe ich weiter gemacht. Medikamente versucht, Dosis erhöht, Physiotherapie, alternative Therapien, meine Ernährung ständig angepasst ... aber nichts. Letztendlich hab ich mich schon wie eine Versagerin gefühlt, die einfach nichts mehr auf die Reihe bekommt.

Der Wendepunkt

Der kam, als ich wirklich nicht mehr konnte und ehrlich gesagt, auch nicht mehr wollte. Ich hatte endgültig die Nase voll. Ich hatte genug von den Schmerzen, dem Erbrechen, dem Hautausschlag, der Erschöpfung. Ich hatte genug davon, ständig Medikamente zu nehmen, die mir sowie nicht halfen, und auch davon, andauernd irgendwas zu versuchen, was mir gar nichts brachte und es, im Gegenteil, noch schlimmer machte. Ich wollte keine Therapeuten, Ärzte, Fachartikel, Medikamente oder dergleichen mehr sehen. Ich habe alles auf null gesetzt. Pausiert. Alles an Symptomen angenommen. Lag ein paar Tage im Bett. Habe all meinen Gefühlen freien Lauf gelassen und mir selbst gesagt: „Was soll's! Es ist wie es ist! Vergeude nicht weiter deine Zeit auf dieser sinnlosen Suche, sondern lebe dein Leben, so gut es geht." Ich hatte wirklich einfach die Nase voll. Natürlich hatte ich auch Angst davor, dass ich nun vollends im Chaos der Beschwerden versinken würde, aber mir war das zu dem Zeitpunkt egal. Und stellt euch vor, es passierte überhaupt nichts.

Ich erholte mich erst mal etwas und begann von vorne. Welches Medikament hilft mir und welches nicht. Welche Nahrungsmittel tun mir gut, welche schaden mir. Was an alternativen Behandlungsmöglichkeiten tut mir gut, was nicht. Ich hab meine persönliche Akte quasi neu aufgerollt, mit Geduld und ohne die Frage nach der Schuld. Denn Schuld hat keiner. Ich bin eben nun mal erkrankt. Nicht heilbar. Chronisch. Und ich schade mir nur, wenn ich wie ein verbissener Rottweiler einer Lösung hinterherrenne. Versteht mich nicht falsch. Ich suche immer noch nach Verbesserung. Aber nicht mehr so verbissen und nicht mehr getrieben von dem Gefühl, ich müsste und wäre verantwortlich. Das ist beides nicht der Fall.

Ich wollte und möchte natürlich immer noch mehr Stabilität und weniger Beschwerden. Wer würde das nicht wollen? Aber ich jage dem nicht mehr verbissen nach, sondern akzeptiere auch, ganz ohne die Frage nach der Schuld, wenn ich das nicht erreiche. Stress und Druck verschlimmern meine Symptome letztendlich nur. Manchmal ist es besser, mal nichts zu tun, nichts zu versuchen, und das ist auch okay. Es gibt keinen Nullachtfünfzehn-Weg für jeden von uns. Beim Mastzellaktivierungssyndrom schon gar nicht.

Niemand hat Schuld

Wenn es uns also grade mal nicht gut geht, wir jetzt im Moment keine Besserung finden, keine Lösung ... es ist okay! Niemand, am allerwenigsten wir selbst haben Schuld daran. Das Leben mit einer chronischen Erkrankung ist eine Herausforderung, ist eine Reise. Wir alle gehen oder kriechen diese Reise manchmal sogar mit allem, was wir zu geben haben. Schultern und ertragen so vieles, da gibt es keine Schuld und keinen Schuldigen. Schuldgefühle bremsen uns nur aus. Verstärken negative Gefühle und führen letztendlich sogar dazu, dass wir all das Gute und das, was wir wirklich bräuchten, übersehen und ignorieren.

„Niemand hat Schuld ... am allerwenigsten wir selbst."

Diesen Satz müssen wir verinnerlichen. Am besten gelang mir das durch eine entsprechende Affirmation, die ich auch heute noch anwende. Wenn meine Symptomatik mal wieder überhandnimmt, mich zu Boden wirft und mich spüren lässt, wie krank ich eigentlich wirklich bin, dann sage ich mir, niemand ist schuld daran. Ich atme ein und atme aus. Nehme es an. Erinnere mich daran, dass das Leben dennoch schön. Ist. Keiner trägt die Schuld, denn Schuld gibt es in dieser Form bei chronischen Erkrankungen nicht wirklich.

Unabhängig davon, ob es einen Auslöser oder einen Zusammenhang mit etwas gibt, das zum Ausbruch der Erkrankung geführt hat. Und noch wichtiger: Schuld ist eine schwere Last, die wir uns nicht aufladen sollten. Sie mindert unseren Selbstwert. Drückt unser Selbstbewusstsein nach unten und gibt uns das Gefühl, Schlechtes zu verdienen. Erkrankungen als Resultat von etwas zu sehen, was wir falsch gemacht haben, hindert uns nur daran, uns Gutes tun, Gutes zu sehen und letztlich auch zu akzeptieren, dass unser Leben nun anders, aber nicht weniger wert ist.

Letztendlich wird die Frage nach der Schuld nie beantwortet werden. Es gibt keine auch nur annähernd adäquate Antwort darauf. Zumindest keine, die uns zufriedenstellen oder gar etwas bringen würde. Alles, was sie tut, ist uns schaden. Sie katapultiert uns gradewegs in dunkle Gedanken und schlechte Verhaltensweisen.

Verstärkt unsere negativen Glaubenssätze, weil sie quasi bestätigt, was wir im Inneren sowieso annehmen. Nährt unsere Selbstzweifel und auch die Zweifel an unserer Zukunft selbst.

Mit der Frage nach der Schuld, kommen wir im Leben nicht weiter. Sie lässt uns lediglich auf der Stelle treten.

Angst - wie sie das Leben bestimmen kann!

Wir kennen sie alle, die Angst! Ganz egal, ob gesund oder chronisch krank, Ängste haben wir alle. Ich möchte hier aber natürlich nicht über allgemeine Ängste im Leben schreiben, sondern spezifisch über jene, die ich im direkten Zusammenhang mit meinen Erkrankungen selbst habe (und womöglich auch viele von uns mit ihren).

Dazu erzähle ich, wie sie mich und mein Leben einst bestimmt haben, und natürlich auch, wie ich heute mit ihnen umgehe. Doch starten wir mal mit dem von Angst bestimmten Alltag. Die Angst, oder besser die Ängste kamen schleichend. Ich wollte funktionieren, dachte, ich muss funktionieren. Habe oft eine Maske getragen. Wollte keine Schwäche zeigen. Ich habe viel zu spät realisiert, dass meine Ängste mein Verhalten, mein Handeln, mein Tun geleitet haben. Sie haben mein Leben bestimmt und auch mich selbst. Sie haben mich erdrückt und ließen mich mehr leiden, als es eigentlich nötig gewesen wäre. Dennoch habe ich in meinem blinden Aktionismus und dem Wunsch zu funktionieren, all die Warnsignale nicht gesehen, habe sie auch nicht erkennen wollen. Ich habe mir eingeredet, dass ich furchtlos wäre und mir bloß nichts anmerken lassen dürfe. Jedenfalls so lange, bis ich es einfach nicht mehr ignorieren konnte und mich mit meinen Ängsten auseinandersetzen musste.

Ich wollte eben nicht mehr in Angst leben und mein Leben wieder selbstbestimmt leben. Raus aus meiner selbsterschaffenen Angstspirale.

Angst – manchmal ein guter Wegweiser, manchmal aber auch eine unnötige Bremse!

Manchmal sind Ängste ein guter Wegweiser, ein weiser Begleiter und beschützen uns davor, dumme Entscheidungen zu treffen. Angst an sich ist schließlich ein Alarm, der vor möglichen Gefahren warnt. Ein Beispiel wäre hier ein Spaziergang auf der Autobahn. Das würden wohl die wenigsten tun, birgt es doch das extrem hohe Risiko, überfahren zu werden und zu sterben. Aber Ängste bremsen uns ebenso oft auch unnötigerweise einfach nur aus.

Ängste, die immer leise im Hinterkopf schlummern

Ich werde hier jetzt von persönlichen Erlebnissen erzählen, die euch die Ängste, die viele chronisch Kranke, wohl insbesondere MCAS'ler im Alltag und allgemein erleben, verdeutlichen sollen. Das muss nicht zwangsläufig auf jeden von euch zutreffen! Wenn ihr euch aber leicht triggern und verunsichern lasst, ist an dieser Stelle eine Triggerwarnung *angebracht. Lest nicht weiter, wenn euch solche Erfahrungsberichte in Panik versetzen oder triggern!*

1. Die Angst vor den Symptomen

Ich sitze auf meinem Sofa. Ich fühle mich etwas komisch und ich denke huch, was ist das jetzt grade? Denke, ich habe vielleicht zu wenig getrunken, zu wenig gegessen. Also stehe ich auf, um in die Küche zu gehen. Just in dem Moment wird mir auch schon schlagartig übel und leicht schwarz vor Augen, meine Beine geben nach und ich lande auf dem Boden. In meinem Kopf sticht und pocht es, meine Arme und Beine kribbeln und irgendwie habe ich grade gar nichts mehr unter Kontrolle. Ich befürchte, ich hätte einen Schlaganfall ... muss vielleicht sterben und gerate sogar in Panik. Bekomme gefühlt keine Luft mehr.

Fühle mich, als stünde ich direkt neben mir und würde mich anschreien, dass ich aufstehen soll. Mein Körper gehorcht mir für wenige Minuten überhaupt nicht mehr. Ich denke, so, das war's jetzt, bevor ich mich langsam wieder etwas erhole und ich es zumindest zurück auf mein Sofa schaffe.

Jetzt sitze ich da. Mir ist furchtbar übel. Muss mich sogar übergeben. Mein ganzer Körper zittert. Ein Schub hat mich von jetzt auf gleich ereilt. Meine Mastzellen haben wieder mal explosionsartig auf irgendwas reagiert. Ich stehe langsam auf, gehe zum Schrank, in dem meine Notfallmedikamente sind, und nehme etwas ein. Denn grade habe ich wirklich Angst vor einer schweren Anaphylaxie. Ich bewege mich in Zeitlupe und hoffe, die eben genommenen Medikamente helfen mir schnell, mit dem Telefon in der Hand, damit ich einen Notruf absetzen kann, wenn ich muss. Nach etwa 30 Minuten wird es langsam besser und ich weiß, okay, die nächsten Stunden, Tage, mit Pech Wochen wird es dir schlecht gehen. Und dann kommt sie, die Angst davor, dass es sich diesmal eventuell nicht bessert. Die Symptome einfach bleiben und das zu einem Dauerzustand wird, aus dem ich nicht wieder rauskomme. Diese Angst ist dann immer da und begleitet mich so lange, bis ich langsam wieder aus dem Schub rauskomme.

2. Die Angst vor neuen Diagnosen

Als ich die Diagnose Mastzellaktivierungssyndrom bekam, da war ich erleichtert. Endlich hat die Suche ein Ende. Ich weiß, was los ist mit mir und kann nun gezielt handeln. Das Problem, es brachte einige Begleiterkrankungen mit sich. Plötzlich tat sich ein Fass ohne Boden für mich auf und ich krachte einfach hinein. Hier etwas Neues, dort etwas anderes und dahin war meine Erleichterung. Sie wich der Angst vor immer neuen Diagnosen, neuen gesundheitlichen Problemen. Diese Angst begleitet mich bei jedem Arztbesuch. Denn fast jedes Mal bekomme ich neue Überweisungen zu irgendwelchen Fachärzten, um wieder irgendwas abklären zu lassen. Kardiologie, weil mein Herz scheinbar nicht in Ordnung ist. Neurologie, weil die neurologischen Beschwerden auch einen anderen Hintergrund haben können. Humangenetik, weil ein EDS aller Wahrscheinlichkeit nach auch noch zusätzlich vorliegt. Endokrinologie, weil mein Hashimoto sich verschlechtert. Es ist wirklich immer irgendetwas.

Wenn ich dann zur Abklärung gehe, habe ich immer die Angst vor neuen, beeinträchtigenden Erkrankungen. Habe Angst davor, diese dann therapieren zu müssen und das eventuell mit Medikamenten, die mein MCAS negativ beeinflussen. Oder dass mein MCAS und die andere Erkrankung sich gegenseitig verschlimmern könnten. Dass einfach wieder irgendein Hammer kommt, den ich dann mal so akzeptieren muss. Manchmal habe ich sogar Angst davor, dass das nie mehr aufhört.

3. Die Angst zu sterben

Okay, das klingt sehr melodramatisch. Aber ich hatte wirklich schon schlimme anaphylaktische Reaktionen. Binnen Sekunden fängt mein Herz urplötzlich an zu rasen. Mir wird so übel, dass ich denke, ich muss sofort erbrechen. Meine Muskeln fangen an zu krampfen und zu zittern. Ein brennender Schmerz bahnt sich seinen Weg durch meine Brust. Und während ich noch denke, dass ich nicht in Panik geraten darf, sitzt gefühlt ein übergewichtiger Elefant auf meiner Brust und ich kann nicht mehr frei atmen. Die Zunge wird pelzig, der Hals kratzig. Reizhusten und Erbrechen, dazu starke Bauchschmerzen. Binnen weniger Minuten sehe ich aus, als wäre ich hochschwanger mit meinen Zwillingen. Meteorismus setzt ein. Panik. Mein Puls steigt dabei auf 180 bpm an und mein Blutdruck versackt irgendwo ganz weit unten. Panik. Furchtbare Panik, dass ich sterben muss. Einen Herzinfarkt habe. Einen anaphylaktischen Schock. Wo ist mein Telefon? Wie war die Nummer des Notrufs? Nein, halt! Meine Notfallmedikamente.

Sekunden fühlen sich wie endlos lange Minuten an und je mehr Panik ich bekomme, desto schlimmer fühlt sich das Ganze auch an. Dann habe ich ganz oft wirklich Angst davor zu sterben. Diese Angst begleitet mich auch noch ein wenig nach einer solch schlimmen Reaktion. Danach achte ich immer unbewusst noch mehr auf jedes Zeichen, jedes Ungleichgewicht meines Körpers. Spüre jede einzelne Extrasystole. Jedes Ziehen im Bauch und überhaupt alles. Und alles davon macht mir eine Zeit lang Angst.

4. Angst vor der Hilflosigkeit

Ich bin allein Zuhause. Mein Mann ist mit den Kindern unterwegs und mein Plan ist es eigentlich, mich auszuruhen und das zu genießen. An diesem Tag geht es mir insgesamt nicht so besonders gut und so habe ich vor, einfach im Bett zu liegen, fernzuschauen und wirklich gar nichts zu machen. Irgendwann nachmittags will ich mir eine Tasse Tee machen und stehe auf, gehe die Treppe runter und dann … zack bum! Die Beine geben kurz nach und ich falle mal eben so, ganz ungraziös die Treppe runter. Ich liege also auf dem Zwischenpodest. Etwas benommen und auch geschockt. Ich bin allein im Haus und natürlich liegt mein Handy oben im Bett und das Telefon ist unten. Ich genau zwischen den zwei Stockwerken. Allein und in dem Moment auch völlig hilflos. Mein Handgelenk schmerzt und mein Kopf auch, mit dem ich gegen die Wand gedonnert bin. Ich liege immer noch da, muss mich erst mal sortieren. Ich fange an zu überlegen, was ich jetzt tun soll. Versuchen aufzustehen? Mich vielleicht erst mal hinsetzen? Liegen bleiben? Was mache ich denn, wenn ich jetzt hier alleine nicht mehr hochkomme? Keiner sonst im Haus. Kein greifbares Telefon. Soll ich laut um Hilfe rufen? Also versuche ich mich erst mal ganz langsam hinzusetzen. Ich bin präsynkop und aufstehen kann ich nicht.

Also rutsche ich auf meinem Hintern minütlich eine Treppenstufe hinab. Dann lege ich mich in meinem Flur auf den Boden, die Beine an der Treppe hoch und warte darauf, dass sich alles stabilisiert. Endlich kann ich aufstehen und alles beruhigt sich wieder.

Aber diese Erfahrung hat sich eingebrannt. Immer wenn ich alleine Zuhause bin und es mir nicht gut geht, habe ich Angst, ich könnte wieder in solch eine oder gar schlimmere hilflose Situation geraten.

5. Die Angst davor, nicht ernst genommen zu werden

Ich sitze wieder bei irgendeinem Arzt. Bewaffnet mit einem Ordner voll von Befunden und Infomaterial bezüglich des Mastzellaktivierungssyndroms. Es gibt solche und solche Ärzte. Die, die mir zumindest zuhören und dankend alles annehmen, auch wenn sie noch nie von MCAS gehört haben. Und dann gibt es auch jene, die schon die Existenz der Erkrankung selbst abstreiten.

Die mir dann erzählen, dass meine Beschwerden nur psychosomatisch seien und ich nicht in die Kardiologie, sondern die Psychologie gehöre. Das hab ich so schon gesagt bekommen. Mit diesem Stempel wird man dann erst gar nicht wirklich untersucht, denn ist ja nichts. Und Mastzellenirgendwas gibt es ja sowieso nicht. Diese und ähnliche Erfahrungen führen immer wieder dazu, dass ich Angst davor habe, einem neuen, anderen Facharzt oder Vertretungsarzt oder dem Bereitschaftsarzt überhaupt was zu meinen Erkrankungen zu sagen. Ich habe Angst davor, womöglich Stunden in irgendeinem Wartezimmer zu überstehen, nur um anschließend mit nichts als „gehen sie zum Seelenklempner" die Praxis wieder zu verlassen. Ohne Untersuchung. Ohne Hilfe. Mit einem sehr schlechten Gefühl.

Dasselbe passiert aber noch häufiger im Umfeld. Menschen, die denken, ich tue nur so. Die mir etwas absprechen. Mich gar als

Hypochonder bezeichnen und sagen, so schlimm könne das alles nicht sein. Das führt manchmal dazu, dass ich bestimmten Personen gar nichts mehr erzähle, weil ich Angst vor der Reaktion habe. Angst davor, wieder nicht ernst genommen und belächelt zu werden.

6. Angst vor dem Essen und dem Verhungern

Vor mir steht ein Teller Tagliatelle mit frisch gemachtem Pesto. Ich liebe das Gericht und eigentlich habe ich auch keine für mich unverträglichen Zutaten verwendet. Aber mir geht es seit Tagen nicht gut. Ich leide an ständiger Übelkeit, muss mich oft übergeben und habe schlimme Darmkrämpfe. Ich habe Hunger. Möchte das jetzt so gerne essen und traue mich doch nicht. Ich habe nämlich Angst, alles noch schlimmer damit zu machen. Mich wieder übergeben zu müssen. So geht das jetzt ein paar Tage lang. Ich ernähre mich von Tee, Wasser und in Wasser aufgelösten Schmelzflocken. Ich hab solchen Hunger, dass er mich schon aggressiv werden lässt. Gleichzeitig aber ist mir trotz eines Antiemetikums so übel, dass ich ständig gegen Brechreiz ankämpfe und alles nur schlückchenweise zu mir nehmen kann. Ich verliere wieder mal an Gewicht. Bin unterzuckert und kraftlos. Ich will unbedingt endlich etwas essen, doch meine Angst hindert mich. Ich denke, du verhungerst hier am gedeckten Tisch und nichts hilft. Und während all dessen begleiten mich der Hunger und die Angst. Angst etwas zu essen und Angst zu verhungern, wenn es nicht endlich wieder besser wird.

7. Angst vor der Angst selbst

Ja, ich weiß, das klingt total philosophisch. Aber es ist wirklich ganz oft so, dass ich tatsächlich Angst vor der Angst selbst habe. Denn, und das konnte ich sehr gut beobachten, meine Angst führt oft dazu, dass sich etwas verschlechtert. Ganz einfach, weil für meinen Körper die Angst ein Stressfaktor ist, der letztendlich zu Reaktionen führt. Wenn ich Angst habe, schlägt mein Herz etwas schneller und mein Körper nimmt jeden Reiz etwas intensiver wahr. Meine Mastzellen reagieren auf diesen Vorgang und verschlimmern die Symptome und Beschwerden manchmal. Genau aus diesem Grund, habe ich oft Angst vor meiner Angst selbst. Das ist etwas idiotisch, gebe ich zu. Aber ich glaube, das geht anderen auch so, und genau deswegen schreibe ich darüber.

Die Angst nicht die Oberhand gewinnen lassen!

Als chronisch Kranke sind wir nun mal oft, wenn nicht sogar täglich mit Ängsten konfrontiert, die andere gar nicht so nachvollziehen können. Ich habe mir mit der Zeit Strategien und Atemtechniken angeeignet, um mit der Angst besser umgehen zu können und mich schneller von ihr wieder zu lösen. Wäre mir das nicht gelungen, so hätte ich mir professionelle Hilfe gesucht. Das wäre keine Schande und kein Versagen gewesen.

Ganz im Gegenteil. Seine Ängste zu kennen und auch zu merken, wann sie eventuell Überhand nehmen und euch ausbremsen und alles beherrschen, das ist Stärke. Unsere Ängste haben durchaus ihre Daseinsberechtigung. Sind sie oft doch nur die direkte Folge unserer Erfahrungen. Erfahrungen, die sich so negativ einbrennen, dass wir sie scheuen. Das ist normal. Aber wenn wir nur noch Angst haben, so wie in meinem Beispiel mit dem Essen, dann ist das nicht gut. Dann wird unsere Angst zu einem verräterischen Begleiter, der uns eventuell ausbremst.

Ich atme bewusst und ruhig, wenn ich Angst bekomme. Das beruhigt das vegetative Nervensystem und damit auch den Körper. Ich meditiere jeden Tag ein paar Minuten. Schreibe meine Ängste auf und versuche bei klarem Kopf Lösungen für mich zu finden, die Angst nicht zu sehr Einfluss nehmen zu lassen.

Würde mir das nicht gelingen, würde ich Hilfe von außen in Anspruch nehmen. Das wäre völlig okay und richtig.

Angst ist wichtig und normal. Sie gehört dazu. Aber komplett leiten sollte sie uns nicht. Natürlich ist auch das wieder keine einfache Sache. Nichts, was sich im Handumdrehen erlernen ließe.

Aber ich habe ein paar Strategien dafür entwickelt.

Atemübungen

Bewusstes Atmen! Wie bereits erwähnt, beruhigt es das vegetative Nervensystem. Ich setze oder lege mich entspannt irgendwo hin. Ich atme ganz ruhig und bewusst ein und aus. Zum Entspannen eignet sich hier am besten die Bauchatmung. Zusätzlich kommt auch hier wieder eine Affirmation zum Tragen. Das kann in dem Fall alles Mögliche sein. Motivierendes, Beruhigendes, schöne Momente ins Bewusstsein rufen, ganz egal. Hauptsache, es lenkt meine Gedanken weg von der Angst. Ich nutze dazu am liebsten so was wie ein Mantra. Ich sage mir gedanklich „Ich atme Gelassenheit ein und den Stress wieder aus.". Da sind eigentlich keine Grenzen gesetzt. Man kann je nach Situation verwenden, was man möchte und was einem letztendlich den gewünschten Effekt bringt.

Alles aufschreiben

Ich habe mir angewöhnt, so was wie ein Tagebuch zu führen. Da schreibe ich zwar nicht täglich rein, aber doch sehr oft. Darin notiere ich meine Ängste und Sorgen, wann immer sie auftreten. Aber genauso notiere ich meine Erfolge, schöne Momente und all die Gefühle, die das in mir ausgelöst hat. Also die positiven Gefühle. Diese dann noch mal lesen, mir noch mal ins

Bewusstsein zu rufen, was ich eigentlich schon alles geschafft habe, gibt mir neuen Mut und neue Hoffnung und bekämpft damit auch oft die unnötigen Ängste und Sorgen. Es ist quasi so, als würde ich mit mir selbst, und zwar dem Selbst, dem es mental gut geht, in den Dialog treten.

Ängste reflektieren

Oft ist es auch hilfreich, seine Ängste und Sorgen zu reflektieren. Zu hinterfragen und zu analysieren, wovor man jetzt grade, in diesem Moment und in dieser Situation Angst hat. Erkennt man, wieso und wovor man Angst hat, kann man ihr viel selbstbewusster entgegentreten. Aus einer möglichst objektiven Perspektive sind unsere Ängste nämlich meistens, wenn auch nicht immer, winzig klein. Was ich damit sagen will, ist, dass Angst und Sorge gerne unsere Wahrnehmung trüben. Nebel entstehen lassen und uns die Sicht auf das, was jetzt grade wirklich ist, nehmen.

Sich fragen, was man einem anderen raten würde

Das ist oft das wirksamste Mittel überhaupt, wenn man Ängste minimieren möchte. Man kann quasi mit sich selbst in den Dialog treten und sich selbst genau das sagen, was man zum Beispiel einem Freund sagen würde, würde er einem solche Ängste anvertrauen. Man würde ihn aufbauen, ihn motivieren und beruhigen. Und wenn man das bei anderen kann, wieso dann nicht auch bei sich selbst? Das ist nämlich einer der wesentlichsten Aspekte der Selbstliebe. Man stellt sich einfach vor, man redet mit jemandem, den man liebt.

Man möchte demjenigen helfen, gut zu ihm sein, ihn aufbauen. Das kann und darf und sollte man auch bei sich selbst tun. Denn auch ein jeder von uns verdient es nicht weniger, geliebt zu werden. Deswegen ist es wichtig, dass wir uns selbst genauso viel Liebe und Verständnis entgegen bringen, wie anderen.

Mit anderen über die Ängste sprechen

Auch das ist nicht zu unterschätzen. Wenngleich es auch etwas kniffelig ist. Denn zugegeben haben wir doch auch oft Angst davor, dass andere uns nicht verstehen, uns vielleicht sogar lächerlich finden oder für schwach halten. In den meisten Fällen ist es aber gar nicht so. Zumindest nicht bei den Menschen, die uns wirklich nahe sind. Bei denen, die uns lieben und die wir lieben. Ihr werdet überrascht sein, welche Welle der mentalen Unterstützung uns hier entgegenschlagen kann. Verständnis und Unterstützung setzt nicht voraus, dass unsere Mitmenschen immer alles verstehen oder nachvollziehen können. Wie sollten sie es bei komplexen, multisystemischen und mitunter seltenen Erkrankungen auch? Wie sollten sie etwas verstehen, was wir selbst oft nicht verstehen? Das bedeutet aber nicht zwangsläufig, sie würden einen nicht unterstützen. Wie heilsam es sich auswirkt, wenn man sich anderen anvertraut und sich auch mal fallen lässt, und wie schnell die Angst an sich uns nicht mehr ausbremst, hält man oft nicht für möglich. Es lohnt sich aber.

Ängste sind wichtig, aber sie sind nicht in Stein gemeißelt!

Ängste sind nicht zu vermeiden. Wir haben sie, ob wir wollen oder nicht. Ich habe sie auch. Angst vor der Progression. Angst davor, ein Pflegefall zu werden. Angst vor so vielen Dingen. Aber meine Ängste sind Eventualitäten, die eintreten können, aber nicht müssen. Progressiver Krankheitsverlauf bedeutet nämlich nicht, es wird zwangsläufig immer schlimmer. Das kann nämlich keiner voraussagen. Keine Angst, egal wie berechtigt sie auch ist, ist in Stein gemeißelt. Ich greife noch mal mein Beispiel mit dem Spaziergang auf der Autobahn auf. Natürlich ist das Risiko, dabei zu sterben, enorm hoch. Aber steht irgendwo in Stein gemeißelt, dass es unausweichlich auch so kommt? Nein.

Angst ist wichtig, ganz ohne Frage. Aber wir sollten uns eben nicht von ihr beherrschen und, schlimmer noch, von allem abhalten lassen. Von Dingen, die uns guttun und Spaß machen, weil vielleicht etwas passieren könnte. Natürlich ist es immer wichtig, sich der Risiken bewusst zu sein und diese auch gut abzuwägen, aber dabei sollten wir der Angst nicht alle Fäden in die Hand geben. Das gelingt, wenn wir lernen, die Angst zu erkennen, bevor sie zu groß wird.

Heute erkenne ich bereits die ersten Anzeichen. Dann fange ich bereits an, bewusst zu atmen und ihr entgegenzuwirken mit den von mir geschilderten Strategien. Metaphorisch gesprochen höre ich die Angst bereits anklopfen und verweigere ihr den Zutritt. Bin vorbereitet und bewaffnet. Lasse mich nicht mehr von ihr einnehmen, denn wir kennen uns sehr gut.

Emotionsregulation

Unsere Emotionen haben, wie wir bereits festgestellt haben, einen sehr großen Einfluss auf unser Handeln. Wenn wir zum Beispiel Angst haben, vermeiden wir Dinge oder gehen gleich in den Überlebensmodus. Übermannt uns die Trauer, ziehen wir uns zurück und leiden. Verzweiflung bringt uns manchmal dazu, uns völlig gedankenlos und irrational zu verhalten. Schuldgefühle mindern unser Selbstwertgefühl, und wenn wir eine tiefe Freude empfinden, lächeln wir und motivieren uns selbst. All das ist menschlich.

Eigentlich könnte man auch sagen, dass unsere Gefühle mit uns sprechen, uns anleiten und beeinflussen. Haben wir Angst vor Veränderungen, tendieren wir dazu, die Dinge so zu lassen, wie sie sind, damit sie nicht noch schlimmer werden. Leiden wir unter Schuldgefühlen, mindern wir unseren eigenen Wert und verlieren den Blick für unsere Fähigkeiten. Das kommt daher, dass wir unseren Gefühlen, unserer Intuition in den meisten Fällen einfach blind vertrauen. Sie selten hinterfragen und erst recht nicht analysieren. Zumindest dann nicht, wenn es sich um negative Gefühle handelt, die wir ohnehin lieber nicht fühlen möchten.

Und genau dafür ist die Emotionsregulation da. Mit ihrer Hilfe kann es uns gelingen herauszufinden, welchem Gefühl wir wirklich folgen sollten und welchem nicht.

Gefühle beeinflussen

Das klingt eigentlich unmöglich. Schließlich sagen wir ja gerne mal so was wie: *„Man kann sich nicht aussuchen, in wen man sich verliebt."* Und in diesem Fall stimmt das auch. Aber es gibt durchaus Emotionen, die wir in ihrer Dauer, Intensität und auch Art beeinflussen können, wenn es nötig ist. Natürlich sind unsere Gefühle in sehr vielen Fällen genau richtig und Ausdruck der Situation, in der wir uns befinden. Sie sind schlicht der Gegebenheit angemessen und wir tun gut daran, ihnen zu folgen.

Manchmal aber kann es passieren, dass unsere Gefühle uns täuschen. Nicht zur tatsächlichen Situation passen und uns dazu verleiten, eben nicht angemessen zu reagieren und zu handeln. Das ist zum Beispiel oftmals dann der Fall, wenn unsere Gefühle besonders intensiv sind, uns extrem belasten und sozusagen überzogen sind in Anbetracht der Situation, die zu ihnen führte. Dann kann es hilfreich sein, sie zu beeinflussen und die Emotionsregulation als Strategie dazu zu nutzen.

Unpassende Gefühle verstehen

Zunächst sollten wir versuchen, unpassende Gefühle zu verstehen. Also uns begreiflich zu machen, wieso unsere Gefühle manchmal nicht wirklich zur Situation passen. Der häufigste Grund dafür sind auch wieder einige unserer Glaubenssätze, die zu bestimmten Verhaltensmustern geführt haben.

Wenn wir zum Beispiel der Annahme sind, *„sowieso zu versagen"*, dann gehen wir gewisse Dinge gar nicht erst an, weil unsere Angst vor dem vermeintlichen Versagen so groß ist, dass wir es lieber vermeiden. Diese eigentliche irrationale und überzogene Angst vor dem Versagen an sich ist dann keine hilfreiche Emotion mehr, die uns vor Gefahren schützt. Sie hilft uns auch nicht dabei, uns weiterzuentwickeln oder unsere eigentlichen Ziele zu erreichen. Folglich ist das auch kein Gefühl, dem wir einfach so folgen sollten.

Emotionsregulation können wir lernen

Unsere Gefühle sind wichtig. Sie fungieren als Wegweiser, sind sinngebende Berater und sichern nicht selten auch unser Überleben. Dennoch können sie uns auch schaden, uns richtig übermannen und uns so sehr im Weg stehen, dass wir Chancen verpassen und unsere Ziele nicht erreichen. Möchten wir also lernen, unpassende Emotionen zu regulieren, sollten wir wie folgt vorgehen:

Gefühle annehmen

Bei der Emotionsregulierung ist es unabdingbar, jedes Gefühl anzunehmen. Das gilt insbesondere für jene, die sehr unangenehm, belastend bis hin zu erdrückend sind. Also die Emotionen, die wir lieber nicht empfinden möchten. Denn jedes einzelne Gefühl hat seine Daseinsberechtigung. Es gibt keine falschen Gefühle. Immerhin sind sie Ausdruck dessen, was ins uns los ist oder was eine Situation in uns auslöst.

Es geht also bei der Emotionsregulation nicht darum, irgendein Gefühl zu verdrängen, sondern sich beispielsweise zu sagen, *„Ich habe nun Angst und das ist okay. Ich darf Angst haben."*

Einen Schritt zurück machen

Im zweiten Schritt sollten wir bei unpassenden Gefühlen einen Schritt zurück machen. Haben wir erst mal die Erkenntnis gewonnen, dass das derzeitige Gefühl zwar da ist, es aber nicht definiert, wer wir sind, ist es auch leichter, eben jenes Gefühl auch anzunehmen.

Um uns das zu verdeutlichen und zu verinnerlichen, können wir uns beispielsweise sagen: *„Okay, ich habe grade Angst. Aber ich bin nicht meine Angst. Sie definiert nicht, wer ich bin!"*

Indem wir das tun, erschaffen wir uns wesentlich mehr Handlungsspielraum. Dieser Handlungsspielraum ist dann eine enorme Hilfe dabei, dass uns unsere Gefühle nicht mehr übermannen, wir ihnen also nicht mehr hilflos ausgeliefert sind.

Den Handlungsspielraum für sich nutzen

Jetzt haben wir uns die Möglichkeit geschaffen, wirklich eine Entscheidung über unsere Gefühle treffen zu können. Zu entscheiden, wie wir auf ein Gefühl reagieren möchten, ob wir ihm folgen wollen oder nicht. Ob es der Situation angemessen ist oder ob es uns eher im Weg steht.

Haben wir, wie bereits erwähnt, Angst vor dem Versagen, haben wir nun die Möglichkeit, entgegen unserer Angst zu handeln. Statt zu vermeiden, die Dinge trotzdem angehen. Helfen können uns hier einige Fragen, die wir uns stellen sollten, wenn wir unsicher sind, ob wir einem Gefühl folgen sollten oder nicht. So sollten wir uns fragen, ob die Intensität des Gefühls der tatsächlichen Situation entspricht. Ob es sich um ein Muster, ein Verhalten handelt, dass von unseren Glaubenssätzen geleitet wird. Ob uns das Gefühl daran hindert, unsere Bedürfnisse zu erfüllen und unsere Ziele zu erreichen. Ob das derzeitige Gefühl uns wirklich etwas gibt, was wir jetzt brauchen.

Das alles braucht Übung

Unsere Gefühle und unsere Reaktionen darauf laufen oft so schnell ab, dass man denken könnte, dass wir für die eigentliche Emotionsregulation keine wirkliche Zeit hätten. Daher braucht das Ganze jede Menge Übung und natürlich auch Geduld. Wir dürfen nicht erwarten, dass uns alles sofort und immer und ohne Schwierigkeiten gelingt. Es geht vorrangig auch gar nicht darum, sofort Erfolg mit dieser Strategie zu haben.

Es geht vielmehr darum, dass wir uns überhaupt mit unseren Gefühlen auseinandersetzen.

Versuchen, sie wirklich zu verstehen, wahrzunehmen, anzunehmen und ihnen ihre Daseinsberechtigung zu geben. Sie zu reflektieren und zu beobachten, aber langfristig nicht mehr nach jedem Gefühl zu handeln. Das ist, wie vieles andere auch, ein Prozess. Anfangen sollten wir diesen, indem wir bei besonders belastenden Situationen im Nachhinein die ganze Situation und unsere Gefühle dabei noch mal reflektieren. Sie uns genau anschauen und dann möglichst neutral überlegen, ob das Gefühl und unser Handeln danach wirklich angemessen war oder ob wir vielleicht hätten anders handeln können. Das wird uns dabei helfen, zukünftige intensive Emotionen besser beurteilen zu können und folglich auch entsprechend reagieren zu können.

Stärke und Resilienz!

Wie stark und wie belastbar wir tatsächlich sind, bleibt von uns leider nur allzu oft unerkannt.

Sind wir hier mal ehrlich, stehen wir sehr oft alleine auf weiter Flur, konfrontiert mit allerlei Schwierigkeiten und Gegebenheiten, bei denen es heißt, Augen zu und durch oder aufgeben. Wir tragen oft alleine schon im Alltag Kämpfe aus, die uns unheimlich viel kosten. Reden wir nicht um den heißen Brei: Das Leben selbst kann uns ganz schön zu Boden werfen.

Es kann Umstände kreieren, die alles andere als leicht sind. Auf vieles davon haben wir keinen Einfluss. Wünschen uns, dass es anders wäre, wir anders wären oder gar unsere Mitmenschen. Doch der Wunsch danach bringt uns nichts weiter als Kummer, Verzweiflung und Frust. Es liegt an uns selbst, was wir aus den Gegebenheiten machen. Ich kann nicht ändern, dass ich krank bin. Kann nicht ändern, dass mein Körper nicht mehr so funktioniert oder reagiert, wie er es vorher tat. Ich kann auch meine Mitmenschen nicht dazu zwingen, mich oder meine Erkrankungen zu verstehen. Kann niemanden dazu zwingen, mir zu helfen, Rücksicht zu nehmen oder mit mir gemeinsam die Lasten zu tragen. Kann nicht ändern, was andere über mich denken. Aber, und das ist der Punkt, ich kann entscheiden, ob mir das was ausmacht oder nicht. Ob ich das akzeptiere und das Beste daraus mache oder in meiner Verzweiflung ertrinke.

Ich kann mir sagen:

„Du bist verdammt stark! Du kannst das schaffen! Du bist kein armer, bedauernswerter Mensch! Du bist Du, wertvoll, wunderbar, und du stehst mit beiden Beinen inmitten des Chaos und hast dein Leben in der eigenen Hand! Denn du bist es mehr als nur wert, dass du gut

zu dir selbst bist! Vergiss die anderen! Vergiss, was sie denken oder ob sie dich verstehen oder nicht! Das hier, das ist dein Leben und du verdienst es, dir dein eigenes Glück zu erschaffen aus dem, was du hast. Sei stolz auf das, was du bisher geschafft hast. Auf all die Narben, die du trägst. Auf all das, was du schulterst, ohne dich zu beklagen. Sei stolz auf dich selbst und den Menschen, der du letztendlich wirklich bist.“

Resilienz ist die Widerstandskraft unserer Seele

Phasenweise ähnelt unser Leben einem Sturm. Krisen, schwierige und nahezu überfordernde Situationen treffen uns einfach und wir fangen an zu wanken. Bei mir war meine Erkrankung eine dieser Krisen, die mich gradewegs in einen Sturm ohnegleichen befördert hat. Mit einher kamen plötzlich alltägliche Dinge, die zur schier unüberwindbaren Hürde wurden. Im Grunde kann man sagen, mich hat das mächtig vom Kurs abgebracht. Andere, die in meiner Situation waren, sind weitaus standfester geblieben als ich selbst und haben sich damit als etwas widerstandsfähiger erwiesen, als ich selbst es war. In der Psychologie spricht man von der Resilienz.

Was genau ist nun Resilienz?

Resilienz ist die Fähigkeit, Krisen, schwierige Situationen, also den Sturm, in dem man sich befindet, nicht nur zu überstehen, sondern zu meistern und daran zu wachsen, sich weiterzuentwickeln. Kurz gesagt, es ist die Widerstandskraft, die uns innewohnt. Resiliente Menschen haben gewisse Fähigkeiten, die ihnen dabei helfen, herausfordernde und belastende Situationen anzunehmen, sie lösungsorientiert zu meistern und gestärkt aus ihnen hervorzugehen.

Kann man lernen, resilient zu sein?

Wie resilient wir wirklich sind, zeigt sich vor allem in Krisenzeiten. In Situationen, in denen wir starken Belastungen ausgesetzt sind. Ich zum Beispiel war nicht so resilient, wie ich dachte es zu sein. Daher kann ich aber auch aus eigener Erfahrung sagen, dass man lernen kann, resilient zu sein.

Im besten Fall geschieht das bereits in unserer Kindheit, denn dort bildet sich das Fundament für unsere Resilienz. Einer der Grundsteine sollte sein, dass wir das Leben durch unsere Handlungen verändern können. Wenn wir also wissen, dass wir keiner Situation wirklich hilflos ausgeliefert sind. Wenn ein realistisches und positives Selbstbild in uns vorhanden ist und wir zudem einen gesunden Umgang mit Gefühlen gelernt haben, dann sind wir als Erwachsene auch ziemlich resilient.

Ein Beispiel eines resilienten Buchhelden:

Harry Potter. Er ist geradezu ein Paradebeispiel dafür, was es bedeutet, resilient zu sein. Betrachten wir all die Geschichten von und über ihn, so sehen wir, welche Schicksalsschläge und Krisen ihn von klein auf getroffen haben. Verlust, lebensbedrohliche Herausforderungen, Kämpfe. Und was passiert? Er übersteht dies alles ohne Schaden. Er geht im Gegenteil sogar gestärkt aus jeder seiner Geschichten hervor und findet letztendlich sogar das große Glück seines Lebens. Doch wieso ist das so? Weil er zentrale Erlebnisse hat, die ihn stärken. Er findet schnell sehr gute Freunde, die ihm in jeder Krise zur Seite stehen. Er hat durch Dumbledore einen weisen Freund, Begleiter, Mentor und Wegweiser. Die Liebe seiner Mutter schützt ihn und begleitet ihn über ihren Tod hinaus. Er handelt eigenverantwortlich, sogar häufig gegen geltende Regeln, sucht nach Lösungen und ergibt sich nicht einfach seinem Schicksal. Er hat Träume und Wünsche und gestaltet aktiv seine eigene Zukunft.

Das bedeutet es, resilient zu sein. Zugegeben, das ist ein Beispiel eines Helden einer erfundenen Geschichte. Allerdings beschreibt es dennoch sehr gut, was Resilienz ist.

Resilienz stärken

Ich bin davon überzeugt, weil ich es selbst getan habe, dass wir alle unsere Resilienz stärken können, und zwar in jedem Alter und in jeder Lebensphase. Dazu sollten wir uns unsere Widerstandskraft wie einen Muskel vorstellen, den man trainieren kann. Aufbauen und stärken. Zur Resilienz selbst gehören dabei verschiedene Fähigkeiten, die wir in unterschiedlichsten Ausprägungen bereits haben. Nehmen wir uns diese zur Hand, können wir uns daraus unseren eigenen, auf uns zugeschnittenen Trainingsplan für unsere Resilienz zusammenstellen.

Fähigkeiten, die Resilienz fördern

1. Akzeptanz

Die Fähigkeit, eine Krise, unerwartete und schwierige Situation als solche zu akzeptieren. Sie also anzunehmen, wie sie ist. Wie zum Beispiel eine Erkrankung. Mit dazu gehört die Achtsamkeit. Achtsam mit der Situation umzugehen. Das bedeutet, alles, was man beim Auftreten der Krise fühlt, erst mal anzunehmen. Indem wir eine Situation annehmen und nicht gegen sie oder die damit verbundenen Gefühle ankämpfen, sparen wir wertvolle Energie. Und zwar jene Energie, die wir eigentlich zum Meistern der Krise brauchen werden.

2. Optimistisch bleiben

Die Fähigkeit, auch in Krisensituationen zuversichtlich zu bleiben. Sich nicht auf das Schlimmste zu fokussieren, sondern stattdessen den Blick auf das Beste zu richten. Indem wir annehmen, eine Herausforderung meistern zu können, und zuversichtlich in die Zukunft blicken, stärken wir unseren Willen und unsere Motivation, eine Krise zu überstehen.

3. Die Selbstwirksamkeitsüberzeugung

Die Fähigkeit, uns davon zu überzeugen, dass wir die bestehende Krise eigenständig überwinden können und Lösungen für Probleme finden werden. Indem wir uns unsere Stärken bewusst machen, zum Beispiel durch ein positives Erlebnis, richten wir den Blick auf das, was wir schaffen können. Das stärkt zum einen unseren Optimismus und zum anderen gibt es uns neue Kraft. Macht uns also auch etwas widerstandsfähiger.

4. In die Eigenverantwortung gehen

Die Fähigkeit, die Verantwortung für unser Verhalten und unser Leben zu übernehmen. Indem wir anfangen, eigenverantwortlich zu handeln, unser Leben in die eigenen Hände zu nehmen, schaffen wir eine gute Grundlage, auf der wir selbstbestimmt aufbauen können.

Je mehr wir in die Eigenverantwortung gehen, umso mehr werden wir erkennen, dass wir auch Krisen ganz selbstbestimmt meistern können.

5. Soziale Bindungen aufbauen

Die Fähigkeit, andere miteinzubeziehen, Beziehungen zu festigen. Indem wir ein soziales Umfeld haben, auf das wir uns verlassen können, lernen wir, dass Eigenverantwortung nicht bedeutet, dass wir alles im Alleingang meistern müssen. Wir haben Begleiter, Freunde, die uns auch durch Stürme begleiten, uns helfen. Es tut immer gut zu wissen, dass wir nicht alleine sind.

6. Lösungsorientiert sein

Die Fähigkeit, den Fokus auf die Lösung eines Problems oder das Meistern einer Krise zu legen. Indem wir uns bewusst machen, wo das Problem, die Schwierigkeit oder die Krise liegt, können wir uns auf das konzentrieren, was wir tun können. Wo wir aktiv entgegenwirken können und auch, wie wir das am besten tun sollten. Indem wir aktiv nach Lösungen suchen, ergeben sich viele neue Möglichkeiten, mit deren Hilfe wir Krisen überstehen.

7. Zukunftsorientiert handeln

Die Fähigkeit, langfristig Ziele zu setzen und diese auch zu erreichen. Indem wir unsere Ziele immer klar formulieren, sie spezifisch, messbar, realistisch und terminiert (die bereits erwähnte SMART-Regel) setzen, erhöhen wir die Wahrscheinlichkeit, sie auch zu erreichen. Mit Fokus auf unsere Ziele beschäftigen wir uns nicht mehr unnötig mit der Vergangenheit, die wir sowieso nicht mehr ändern können, sondern planen aktiv unsere Zukunft.

Wenn wir also unsere Resilienz stärken und unserem individuellen Trainingsplan folgen, dann befinden wir uns in einem langfristigen Prozess. Wie beim Krafttraining auch, wird der Erfolg nicht sofort sicht- oder spürbar. Es braucht Zeit, sich wiederholende Trainingseinheiten und natürlich Geduld. Mit der Zeit werden wir aber feststellen, dass wir immer resilienter werden, denn es werden immer wieder Krisenzeiten auf uns zukommen.

Resilient = stressimmun?

Nein. Niemand von uns, egal wie resilient er auch ist, ist damit auch immun gegen Stress. Selbst wenn wir ein hohes Maß an Resilienz besitzen, werden wir Krisen, Schicksalsschläge, eine

Erkrankung als Belastung und zudem verbunden mit negativen Gefühlen wahrnehmen. Unsere Resilienz ist aber das, was uns handlungsfähig bleiben lässt.

Das bedeutet, wir stehen zwar mitten im Sturm und eventuell schwanken wir auch, aber wir bleiben dennoch stehen und halten unsere Zukunft optimistisch im Blick. Es bedeutet, dass wir auf unsere Stärken vertrauen und darauf, dass der Sturm abflacht und sich wieder legt. Wir die Einstellung vertreten, dass es zwar grade eine sehr herausfordernde Zeit, belastend und zermürbend ist, es aber auch wieder besser wird.

Wir sind also nicht immun gegen Stress, können aber lösungsorientiert mit ihm umgehen. Wir haben für uns passende Strategien, sind flexibel und haben uns selbst dabei im Blick. Mit Resilienz können wir belastende Situation besser aushalten und eigenverantwortlich dazu beitragen, dass die Belastung an sich nicht größer wird, als sie eigentlich sein muss.

Resilient zu sein bedeutet auch nicht, dass wir auf alle Krisensituationen immer gleich reagieren werden. Auch mit Resilienz können wir uns nicht vor allem schützen. Sie schützt uns nicht vor besonders schweren Schicksalsschlägen. Oder generell davor, an manchen Krisen zu verzweifeln. Es kann immer Situationen oder Ereignisse geben, gegen die auch die stärkste Widerstandskraft machtlos ist. Stürme, die selbst der älteste und stärkste Baum nicht überstehen kann. Das bringt das Leben leider manchmal mit sich. Dann brauchen wir Zeit zu heilen, uns neu zu orientieren und wieder aufzustehen. Mit Resilienz nehmen wir aber auch das so an, wie es ist. Erkennen an, dass wir gefallen sind und das auch durften, und geben uns den Raum, den wir brauchen, um wieder auf die Beine zu kommen.

Resilienz nachhaltig stärken – Ein Booster für die Widerstandskraft der Seele

Seine Resilienz nachhaltig zu stärken, macht tatsächlich für jeden Menschen Sinn. Egal wie resilient wir sind, begegnen wir im Leben immer wieder Herausforderungen, stehen plötzlich und unerwartet mitten in einem Sturm und müssen Probleme lösen, Krisen meistern und manches einfach auch annehmen, wie es ist.

Geht es uns gut, sind wir erholt, wie zum Beispiel nach einem schönen Urlaub, dann sind wir in der Regel automatisch auch widerstandsfähiger. Haben wir aber bereits eine belastende oder auch stressige Zeit hinter uns oder befinden uns sogar noch mittendrin, ist auch unsere Resilienz nicht mehr so stark.

Jetzt können wir aber auch nicht ständig, wenn es stressig oder belastend ist, in einen Urlaub flüchten. Also sollten wir Strategien haben, mit denen wir auch ohne den Urlaub am Meer unsere Resilienz stärken können. Das ist sowohl nach als auch in belastenden Situationen nötig, denn wie bereits erwähnt, will unsere Widerstandskraft trainiert und gestärkt werden.

Resilienz stärken – der Sinn dahinter

Unsere Resilienz ist das Immunsystem unserer Psyche. Und genauso wie das Immunsystem unseres Körpers will und sollte es gestärkt werden. Schließlich will nicht nur unser Körper, sondern auch unsere Seele für mögliche Ereignisse gewappnet sein. Denn, und das lassen wir leider viel zu oft außer Acht, ist unsere Psyche nicht mehr wirklich in der Lage dazu, sich zu schützen, hat das auch Auswirkungen auf unseren Körper. Mitunter kann die Psyche Beschwerden verstärken und uns auch wirklich richtig krank machen. Denn Körper und Seele stehen im Einklang miteinander. Leidet der eine Teil, leidet auch der andere.

Wieso also ist es so wichtig, die Resilienz, das Immunsystem unserer Psyche regelmäßig zu stärken?

Die Antwort darauf ist denkbar einfach: weil sie uns nicht nur dabei hilft, eine Krise, Stress, Schicksalsschläge und die Herausforderungen des Alltags und des Lebens zu überstehen, sondern uns auch vor psychischen Erkrankungen schützt. Ganz so, wie unser Immunsystem des Körpers uns vor vielerlei Erkrankungen wie beispielsweise Erkältungen schützen kann, kann uns eine hohe Resilienz zum Beispiel vor Depressionen schützen. Natürlich können wir immer an psychischen Erkrankungen leiden, auch wenn wir sehr resilient sind. Allerdings können wir Stress, herausfordernde Situationen und Rückschläge besser meistern und auch verarbeiten, wenn unsere Resilienz gestärkt ist.

Resilienz nachhaltig stärken und sich wappnen

Resilient zu sein, können wir lernen. Es ist auch keine Frage der bisherigen Erlebnisse, Krisen und Schicksalsschläge. Haben wir gelernt, resilient zu sein, müssen wir die erlernten Fähigkeiten auch stärken, trainieren und vor allem umsetzen. Im Allgemeinen kann man sagen, dass ein verlässliches soziales Umfeld, ein guter Umgang mit den eigenen Erwartungen und besonders Gefühlen, sowie eine gute und realistische Selbstwahrnehmung ein stabiles Fundament bilden. Eines, auf dem wir aufbauen können.

Zuerst müssen wir uns bewusst machen, dass Resilienz keine Wunderwaffe ist, die uns alle Hindernisse einfach mal so aus dem Weg räumt. Uns auch nicht davor schützt, hinzufallen. Das ist aber auch nicht der Sinn dahinter. Entscheidend ist nämlich nicht, dass Herausforderungen uns nicht zu Boden werfen, sondern dass wir wieder aufstehen und auch, wie wir mit eben jenen Herausforderungen umgehen. Es geht darum, wie wir an Krisensituationen wachsen und uns weiterentwickeln können.

Das bedeutet auch nicht, wir werden nie wieder leiden oder überfordert sein. Es bedeutet, wir können besser mit allem umgehen und Dinge akzeptieren.

1. Akzeptieren und annehmen im Alltag

Im Alltag begegnen uns immer wieder kleinere Herausforderungen, die besonders mit chronischen Erkrankungen schwierig zu meistern sein können. Wenn die Beschwerden uns in die Knie zwingen, wir keinen guten Tag haben, dann müssen wir die Situation so annehmen, wie sie ist. Sie akzeptieren. Das kann unter Umständen sehr schwierig sein. Eine Imagination ist hier aber eine großartige Hilfe.

Stellen wir uns unser Leben zum Beispiel als einen Ozean vor. Dann sehen wir ruhige und auch stürmische See. Sehen klaren Himmel über ihr und Stürme. Wir sehen Wellengang. Und wie im Ozean ist auch in unserem Leben Wellengang. Manche Wellen sind klein, tun uns gut, lassen uns wohlig und sicher dahintreiben. Andere wiederum bauen sich langsam auf, werden größer, werden stärker, gewaltiger. Sie bauen Spannungen auf, brechen und entstehen von Neuem. Und so wie diese Wellen sind auch unsere Gefühle, Hürden und Alltagssituationen. Sie sind da, kommen, mal heftig und mal sanft. Sie sind eben Teil unseres Lebens, und indem wir sie annehmen und akzeptieren, stärken und trainieren wir einen wesentlichen Bestandteil unserer Resilienz.

2. Die eigene Weiterentwicklung, das eigene Wachstum im Blick halten

Blicken wir einmal zurück auf unser bisheriges Leben. Wie viele Krisen haben wir schon gemeistert? An welchen Herausforderungen, dachten wir, würden wir zerbrechen? Von welchem Schicksalsschlag, dachten wir, wir könnten uns nie mehr erholen? Welche einschneidende Lebensveränderung, die wir nicht in der Hand hatten, hat alles auf den Kopf gestellt? Wie oft standen wir schon im Schatten? Rufen wir uns vergangene Krisen und Herausforderungen noch mal ins Bewusstsein, erkennen wir ganz oft, dass wir mehrfach schon dachten, etwas nicht schaffen zu können. Und doch haben wir es geschafft. Aus der Distanz betrachtet, erkennen wir auch ganz oft, dass wir gestärkt aus eben jenen Krisensituationen hervorgegangen sind. Dass manche von ihnen uns sogar Gutes gebracht haben. Neue Freundschaften zum Beispiel. Oder einen höheren Selbstwert, weil wir nun wissen, wozu wir fähig sind. Oder mehr Empathie für andere.

Genau das ist persönliches Wachstum, das nach dem Meistern einer Krise eintritt. Richten wir den Blick darauf, hilft es uns, zuversichtlich nach vorne zu schauen und Vertrauen darauf zu haben, dass es wieder besser wird.

3. Grenzen setzen, die eigenen Bedürfnisse beachten

Was wir viel zu oft übersehen, sind unsere eigenen Bedürfnisse und Grenzen. In diesem Punkt müssen wir mal ganz ehrlich mit uns selbst sein. Wie oft haben wir in der Vergangenheit schon zu etwas *„Ja"* gesagt, obwohl wir insgeheim *„Nein"* sagen wollten? Wie oft haben wir in der Vergangenheit gedacht, irgendwas tun zu müssen, weil wir andere nicht enttäuschen wollten? Oder einfach auch Angst davor hatten, den Erwartungen von irgendwem nicht gerecht werden zu können?

Und wie oft hat genau das dazu geführt, dass wir unzufrieden waren oder gestresst? Sehr oft, oder?

Dabei ist es für unsere Resilienz wichtig, dass wir gelassener durchs Leben gehen. Deswegen: die eigenen Bedürfnisse wahrnehmen und Grenzen setzen. Oft ist es aber gar nicht so einfach, die eigenen Wünsche zu erkennen, besonders dann nicht, wenn wir uns anderen verpflichtet fühlen und ihr Wohl über das eigene stellen. Als Mutter tue ich das zum Beispiel bei meinen Kindern, als Ehefrau bei meinem Mann. Da wird „Nein" sagen um einiges schwieriger, besonders im Alltag. Deshalb ist es wichtig, dass wir uns öfter mal fragen, ob wir etwas wirklich tun wollen. Was wir vielleicht lieber tun würden. Was uns guttun würde und auch, was andere vielleicht für uns tun könnten. Es ist okay, auch mal Nein zu sagen, Freiraum, Zeit für sich selbst einzufordern und sich selbst an erste Stelle zu setzen. Unsere Resilienz wird es uns danken.

Das soll jetzt natürlich nicht bedeuten, dass wir Egoisten werden und nur noch uns selbst und unsere Bedürfnisse sehen. Es geht vielmehr darum, Balance zu schaffen und im Gleichgewicht zu bleiben. Denn sagen wir immer ja zu allem, handeln entgegen dem, was wir vielleicht brauchen oder möchten, dann bringt uns das ganz schnell aus dem inneren Gleichgewicht. Sind wir dann erst mal aus dem Gleichgewicht geraten, straucheln wir eher durchs Leben, als zugehen.

4. Soziales Umfeld bewusst wählen, Beziehungen vertiefen oder sich von ihnen lösen

Unser soziales Umfeld ist essentiell für unsere Resilienz. Bei Menschen, denen wir bedingungslos vertrauen können, die uns wirklich sehen und so lieben, wie wir sind, fühlen wir uns sicher und geborgen. Das können Familienmitglieder, Freunde, Arbeitskollegen sein. Es fällt uns leichter, um Hilfe zu bitten, wenn wir uns verstanden und angenommen fühlen. Bei Menschen, die uns guttun, unser Herz berühren und uns lieben, können wir uns (unbewusst) stärken. Sie sind wahre Booster für unsere Widerstandskraft. Helfen uns dabei, unsere Resilienz zu stärken.

Aber es gibt auch Menschen, die man als Energievampire bezeichnet. Das sind die Menschen in unserem Umfeld, die uns mehr schaden als helfen. Menschen, die viel zu viel unserer Energie rauben und uns schlimmstenfalls alles an Kraft nehmen. Das sind Menschen, die unsere Resilienz schwächen, indem sie uns in ihrer Anwesenheit mit Negativität füttern. Uns zum Beispiel runterziehen, während wir versuchen, ihnen zu helfen. Oder jene, die nur sich selbst sehen, uns immer wieder verletzen und enttäuschen. Menschen, deren Erwartungen wir niemals gerecht werden können.

Deshalb müssen wir unser soziales Umfeld bewusst wählen. Uns mit Menschen umgeben, die uns guttun und denen auch wir guttun. Menschen, die uns annehmen, akzeptieren und so lieben, wie wir sind. Vertrauensvolle Bindungen sollten wir vertiefen und stärken, weil sie ein Anker für uns sein können. Aber genauso müssen wir uns von den Menschen lösen, die uns nicht guttun. Von toxischen Beziehungen und Verbindungen, die uns schaden. Müssen uns von Negativität und allem lösen, was uns nur verletzt und unterdrückt.

5. Mit sogenannten Kraftgebern Kraftreserven füllen und stärken

Für aufkommende Krisen und schwierige Situationen benötigen wir Kraft. Kraft zu kämpfen und resilient zu sein. Einen Kraftgeber kennen wir nun schon: unser soziales Umfeld. Aber es gibt noch mehr, mit dessen Hilfe wir unsere Kraftreserven füllen und stärken können. Dinge, die uns so guttun, dass sie auch unsere Resilienz stärken.

Was genau für uns als Kraftgeber dient, ist so individuell, wie wir selbst sind. Für den einen, wie für mich selbst, ist es ein Spaziergang im Wald inklusive Bäume umarmen. Mir gibt es so unglaublich viel Energie, dass es eines der Dinge ist, die ich immer dann tue, wenn ich denke, dass ich keine Kraft mehr habe. Für jemand anderes ist es eher lächerlich und beschämend, einen Baum zu umarmen. Der nächste zieht vielleicht Kraft daraus, sich mit einem heißen Tee und einem Buch zurückzuziehen. Wieder ein anderer braucht eine ordentliche Jammersession, um neue Kraft zu tanken.

Also sollten wir uns immer überlegen, was uns wirklich guttut. Was entspannt uns in stressigen Situationen? Haben wir genügend Ausgleich zu all den alltäglichen Verpflichtungen? Woraus können wir neue Kraft schöpfen? Wenn wir unsere persönlichen Kraftgeber kennen und vor allem nutzen, sind sie wie kleine Booster für unser Immunsystem der Psyche.

6. Fokussiert bleiben

Wir neigen dazu, im stressigen Alltag den Fokus zu verlieren. Termine um Termine. Pflichten und eventuell nicht eingeplante Ereignisse lassen uns nicht selten im Stress versinken und Stress ist pures Gift. Nicht nur für die Psyche und den Körper, sondern auch unsere Resilienz. Wir vergessen schlicht darauf zu achten, die zuvor beschriebenen Tipps auch tatsächlich umzusetzen. Deswegen: Fokussiert bleiben!

Natürlich ist das nicht so einfach, wie es klingt. Aber auch hier können wir unterstützende Maßnahmen ergreifen. Ich zum Beispiel plane mir feste Erholungszeiten im Alltag mit ein. Und damit ich diese auch wirklich nicht vergesse, erinnert mein Handy mich mittels eines Alarms daran. Wir können auch einen Freund, ein Familienmitglied mit ins Boot holen und uns einmal die Woche mit ihm treffen und spazieren gehen. Eine feste Routine daraus machen und so ganz automatisch von gleich zwei unserer Kraftgeber profitieren.

7. Positive Gedanken als Antrieb nutzen!

Mit viel Geduld habe ich mir antrainiert, positive Gedanken als Antrieb zu nutzen. Sie mein Anker in stürmischen Zeiten sein zu lassen. Mein Halt und das, was mich die schlechten Phasen überstehen lässt. Denn am Ende eines jeden Sturms sage ich mir selbst, dass ich es geschafft habe, überstanden habe und immer noch stehe. Leben im Jetzt, im Hier, im Moment! Wenn wir lernen, uns auf das Gute im Leben zu fokussieren, haben wir auch einen klareren, realistischeren Blick auf unser Leben. Das bedeutet natürlich nicht, dass es einem immer gut geht, man immer gute Laune hat oder nie depressiv verstimmt ist. Negative Gefühle gehören zum Leben dazu, müssen und sollen gelebt werden, angenommen werden. Im Hier und Jetzt, im Moment leben ist nämlich genau das. Dinge und Situationen annehmen, die wir jetzt grade nicht zu ändern vermögen. Gefühle, gleich welcher Art sie sind, annehmen und leben. Dennoch können und sollten wir uns auch bewusst machen, dass wir Gutes haben und erleben, und zwar täglich. Die Kraft, die uns diese kleinen, schönen Momente geben, die können wir bündeln und ganz gezielt einsetzen, Vertrauen in uns und unsere Zukunft zu haben. Positive Gedanken zu fokussieren und uns von ihnen antreiben zu lassen, die schlechte Phase zu überstehen.

Indem wir das tun, sorgen wir dafür, dass unsere Sorgen, aufkommende Ängste und alle Eventualitäten, die auftreten könnten, uns nicht zu sehr belasten. Wir sehen sie, nehmen sie an, akzeptieren sie, aber lassen uns von ihnen nicht beherrschen. Wir nehmen damit kurzgesagt den Druck etwas raus und stärken gleichzeitig unser Vertrauen in uns selbst. Denn indem wir uns das Gute bewusst machen, ist das Schlechte nur halb so bedrohlich.

Wenn wir uns selbst zum Beispiel sagen: *„Beim Spiel mit meinen Kindern habe ich richtig Spaß gehabt."* oder *„Heute habe ich ein richtig tolles Gespräch mit einer Freundin gehabt"*, dann mildern wir das Unangenehme etwas ab.

Deswegen sollten wir uns regelmäßig die Zeit nehmen, in uns hineinzuhören. Uns an dem erfreuen, was wir alles Wertvolles im Leben haben. An jedem noch so kleinen Glücksmoment. Das fördert positives Denken, was zu positivem Fühlen und letztendlich auch zu positivem Handeln führt. Wir erinnern uns, die Macht der Gefühle.

Wichtig ist letztendlich nämlich nicht, dass wir freudestrahlend durch jede Krise tanzen. Alles mit Leichtigkeit meistern oder gar jedem einzelnen Sturm unnachgiebig trotzen. Sondern dass wir möglichst mit uns selbst im Reinen und glücklich sind. Das Leben leben und unsere Zukunft selbst gestalten, und zwar so, wie wir es uns wünschen.

Resilienz ist uns dabei eine sehr große Hilfe, wenn wir sie erlernen und wissen, wie wir sie stärken und nutzen können.

Toxische Positivität

Jetzt haben wir sehr viel über Optimismus, positives Denken und aufs Gute fokussieren gelesen. Ganz ohne Frage ist das sehr wichtig und richtig, denn wie bereits erwähnt, brauchen wir das im Leben.

Aber es gibt daneben auch eine toxische Positivität.

Ich möchte hier nämlich auch nicht suggerieren, dass wir ab jetzt nur noch positiv denken sollen, alles Negative draußen und verdrängen sollen und dann ein gutes Leben haben. Das wäre auch etwas zu einfach. Positiv denken und zuversichtlich in die eigene Zukunft blicken ist immer gut, hat aber auch seine Tücken. Es kann situationsabhängig mal sehr gut funktionieren, mal weniger gut, und manchmal kann es sich sogar eher negativ auf uns und unsere Psyche auswirken. Diese Erfahrung musste ich leider auch machen und es mündete in einem mentalen Zusammenbruch.

Soll heißen, positives Denken kann auch sehr widersprüchlich sein. Manchmal kann es unser negatives Denken sogar verstärken, ohne dass wir uns dessen wirklich bewusst sind. Das nennt man dann auch toxische Positivität. Es klingt für den ein oder anderen sicher seltsam, wenn bei Positivität von *„toxisch sein"* die Rede ist. Denn toxisch ist ja nichts Gutes. Es bedeutet giftig.

Wie sollen also positive Gedanken giftig sein können? Diese Frage habe ich mir auch gestellt, als ich darüber das erste Mal gelesen hatte. Was es damit auf sich hat, beschreibe ich deshalb, weil es wichtig ist, wenn wir dauerhaft ein eher positives Denken erreichen wollen, ohne unser negatives Denken zu verstärken.

In der Negativspirale

Irgendwann im Leben trifft sie jeden von uns, die Negativspirale. Sie entsteht in unseren Köpfen, da unser Verstand ein wahrer Meister darin sein kann, alles schwarz zu malen. Situationen somit auch schlimmer aussehen zu lassen, als sie tatsächlich sind. Zum Beispiel testen wir ein neues Schmerzmedikament, es wirkt nicht, wie wir uns erhofft hatten, und plötzlich stellen wir die gesamte Therapie in Frage. Verlieren uns in dem Gedanken, dass egal, was wir tun oder nicht tun, es uns sowieso keine Besserung bringt und es nur schlechter gehen wird. Plötzlich erreichen wir vermeintlich sowieso nie etwas, sind Versager, wertlos und nicht mehr liebenswert. Ehe es uns bewusst ist, befinden wir uns in der Negativspirale. Sind wir dort erst mal drin, kann es in unserem Kopf ganz schön wild umher gehen und für uns sehr schmerzhaft und unangenehm werden. Da klingt es natürlich nur logisch zu sagen, dass wir positiv denken sollen.

Da unsere Gedanken auch Einfluss auf unsere Gefühle haben, stimmt das natürlich auch. Die einfachste Formel wäre natürlich zu sagen: Positiv denken – positiv fühlen – positiv handeln – alles wieder gut. Leider ist das aber nicht wirklich so einfach.

Positiv denken ist oftmals schwierig

Das Gute ist: Unser Verstand meint es eigentlich nicht schlecht mit uns, wenn er negative Gedanken hegt.

Er möchte uns nicht quälen und auch nicht dafür sorgen, dass wir an uns, am Leben selbst und allem um uns herum zweifeln. Im Gegenteil. Unser Verstand funktioniert wie ein Wächter, der uns schützen und warnen will. Vor eventuellen Gefahren und Fehlern. Schließlich soll es uns ja eigentlich langfristig gut gehen. Deswegen fertigt er sozusagen einen Plan an, in dem er das schlimmste Szenario, welches eintreten könnte, ausmalt. Dadurch möchte er sicherstellen, dass wir auf alles möglichst gut vorbereitet und immer gut gewappnet sind.

Wir wiederum sehen es als Alarm, nehmen diesen Plan ernst und gehen in den Überlebensmodus über. Das liegt in der Evolution begründet. In der Steinzeit war es wichtig für uns Menschen, mögliche Gefahren frühzeitig zu erkennen, aus Fehlern wirklich nachhaltig zu lernen und alles zu vermeiden, was das Überleben gefährden könnte. Ergo, unser Verstand ist gar nicht darauf ausgelegt, immer nur positiv zu denken. Es liegt schlichtweg einfach nicht in unserer Natur, in jeder Situation positiv zu denken. Uns immer alles nur schön, einfach und wunderbar auszumalen, egal wie die äußeren und inneren Umstände grade auch sein mögen. Wir sind nicht dazu gemacht, immer positiv zu denken.

Deshalb fällt es uns auch oftmals so schwer. Positiv denken kostet uns Kraft und Energie, denn im Grunde kämpfen wir damit auch immer etwas gegen unseren Verstand selbst an. Deshalb funktioniert es auch in der Regel nur in gewissem Maße oder auch besser, wenn wir durch ein Erlebnis zum Beispiel sowieso grade gedanklich bester Laune sind. Positiv zu denken kann uns motivieren und beschwingen, allerdings kann es auch dafür sorgen, dass wir uns langfristig schlechter fühlen, wenn wir von nun an nur noch versuchen, positiv zu denken.

Negatives Denken kann durch positives Denken verstärkt werden

Zusammengefasst lässt sich also sagen, dass unser Verstand von Natur aus darauf programmiert ist, eher negativ zu denken. Wir geben negativen Gedanken viel mehr Raum und messen ihnen meistens auch eine höhere Bedeutung zu.

Im Grunde möchten wir das aber nicht, weil wir uns dann sehr schlecht fühlen und von Emotionen überrollt werden, die uns schaden, uns verletzen und klein machen. Deshalb beschließen wir nun bewusst, an Positives zu denken.

Nehmen wir mal als Beispiel den Satz **„Ich bin wertvoll und liebenswert!"**.

Jetzt versuchen wir, diesen Gedanken so oft wie nur möglich ganz bewusst zu denken. Ein klarer, spezifisch formulierter, positiver Gedanke. Einer, der zudem das Selbstbewusstsein stärken kann. Das Problem: Wenn wir selbst das aber nicht wirklich glauben, sorgt das **erzwungene** positive Denken in dem Fall für das Gegenteil. Unser Verstand wird uns immer wieder mit Gegenargumenten konfrontieren und damit auch das negative Denken verstärken.

Da wir aber von Haus aus unseren negativen Gedanken mehr Bedeutung geben als den positiven, spornen wir unseren Verstand dann unbewusst dazu an, den positiven Gedanken zu widerlegen. Und quasi das Gegenteil davon zu beweisen. Positives Denken alleine reicht also nicht wirklich aus. Kann im Gegenteil sogar negatives Denken verstärken, wenn wir es erzwingen und in Wahrheit nicht an das glauben, was wir denken.

Raus aus der Negativspirale

Jetzt könnte man annehmen, dass wir einer Negativspirale einfach hilflos ausgeliefert wären, ihr sowieso nicht entkommen können. Dem ist aber nicht so! Es ist lediglich so, dass positiv zu denken alleine nicht ausreicht, nicht von nachhaltigem Erfolg gekrönt ist, sondern die Negativspirale schlimmstenfalls sogar noch verstärkt. Also brauchen wir eine Herangehensweise, die erfolgversprechender ist, als lediglich positiv zu denken. Unser langfristiges Ziel sollte es ja sein, dass wir uns in der Welt unserer Gedanken möglichst wohlfühlen.

Wie eingangs bereits erwähnt, habe auch ich die Erfahrung der toxischen Positivität machen müssen. Ich war auch mal der Meinung, inmitten einer Negativspirale, dass ich das beenden könnte, wenn ich einfach nur positiv denken würde. Eine kurze Weile ging das auch. Zumindest oberflächlich betrachtet. Dann hat mich eine geballte Wucht an negativen Gedanken zur absoluten Verzweiflung gebracht. Mein ganzer Selbstwert, mein Selbstbewusstsein, mein Optimismus, alles war weg. Man könnte auch sagen, ich hatte mich selbst verloren.

Ich habe in dieser Phase, gefangen in der Negativspirale, wirklich nichts Gutes mehr sehen können. Nicht an meinem Leben, an mir selbst oder auch in meiner Zukunft. Hatte ich mich selbst bis dahin eigentlich für sehr resilient gehalten, eine Frau, die um ihren eigenen Wert wusste, stand ich plötzlich verloren da. Verloren in Negativität und Verzweiflung. Ich wollte da raus. Musste da raus. Aber sobald ich auch nur versucht habe, einen positiven Gedanken zu formulieren, hat mein Verstand mir sofort etwas Gegenteiliges um die Ohren gehauen und ich fühlte mich noch schlechter. Auch wenn ich annahm, dass das gar nicht mehr möglich sei.

Heute nenne ich diese Phase meinen *„Mentalen Zusammenbruch"*. Es war aber auch etwas, was passieren musste. Einfach, damit ich anfange, neue Wege zu gehen. Mit Geduld habe ich dann auch Strategien und Wege raus aus der Negativspirale gefunden. Effektive Möglichkeiten, mit ihr umzugehen und ihr zu entfliehen.

Den eigenen Verstand durchschauen

Wenn wir uns erst mal darüber bewusst sind, dass unser Verstand von Natur aus eher negativ denkt und wir diesen negativen Gedanken mehr Bedeutung zumessen, ist der erste Schritt raus bereits getan.

Indem wir uns klarmachen, dass unser Verstand darauf programmiert ist, uns vor allen Gefahren und Eventualitäten zu warnen, können wir negative Gedanken auch besser einordnen.

Sie also bewusster annehmen, beobachten und ihnen gleichzeitig nicht mehr eine zu große Bedeutung zukommen lassen. Das bedeutet aber nicht, sie einfach wegzuschieben, zu ignorieren oder sie einfach mit einem positiven Gedanken zu ersetzen. Wir sollten negative Gedanken wahrnehmen, uns aber nicht mehr im Katastrophenplan unseres Verstandes verlieren.

Der Katastrophenplan hat kein Ende

Als Nächstes müssen wir uns bewusst machen, dass der Katastrophenplan unseres Verstandes kein Ende hat. Er denkt einfach weiter und weiter. Macht eine Liste an Dingen, die schief gehen können. Schmiedet einfach Pläne für alles Mögliche, was für uns zur Gefahr werden könnte. Wenn wir nun versuchen, jeden einzelnen Punkt der Katastrophenliste anzugehen, werden wir verlieren. Wir werden uns lediglich unnötig selbst unsere Energie rauben und nie zum Ende kommen. Der Katastrophenplan endet nämlich nicht. Kaum haben wir einen Punkt abgehakt, kommt ein neuer hinzu. Sinnvoller ist es, sich den Plan anzuschauen und nur das anzugehen, was wirklich Sinn macht und hilfreich sein könnte. Den ganzen Rest lassen wir dann einfach so, wie er ist. Das bedeutet nicht, wir ignorieren den Rest, sondern messen ihm nicht so viel Bedeutung bei. Natürlich wird unser Verstand immer mal wieder dafür sorgen, dass wir ihn nicht vergessen, aber dann können wir uns einfach sagen, dass wir uns darüber bewusst sind, es jetzt aber nicht ändern können oder nicht ändern möchten.

Aktiv realistische Gedanken nutzen

Unser Verstand denkt automatisch, sogar ohne unser Zutun negativ. Erzwungene, positive Gedanken, an die wir selbst aber eigentlich nicht glauben, machen alles noch schlimmer. Wie wäre es also mit realistischen Gedanken? Diese können wir nämlich aktiv entwickeln. Realistische Gedanken sind quasi Alternativen, die aber eben realistisch sind. Diese sollen auch kein Ersatz für negative Gedanken sein. Sie sollen vielmehr ein realistisches Gesamtbild in unserem Verstand formen und den Katastrophenplan somit abmildern.

Um es etwas verständlicher zu machen, kommt hier ein Beispielszenario aus meinem Leben:

Als ich mich dazu entschied, dieses Buch hier zu schreiben, hat mein Verstand gleich den Katastrophenplan gestartet.

„Was ist, wenn du das gar nicht kannst? Keinen Verlag findest, der es aufnehmen möchte? Es nicht gelesen wird? Man dich sogar auslacht? Du auf ganzer Linie versagst?"

Mit dem Bewusstsein, er tut das lediglich, um mich zu schützen, habe ich mir darauf folgende Fragen gestellt:
   „Was könnte schlimmstenfalls passieren? Wie möchtest du aktiv nach einem passenden Verlag suchen? Wer soll deine Leserschaft sein? Wieso möchtest du ein Buch schreiben?"

Diese Fragen haben ich mir dann wiederum auch aktiv und ehrlich beantwortet und hatte sogleich realistische Gedanken, die ich dem Katastrophenplan hinzugefügt habe, und schon sah es nicht mehr ganz so negativ aus. Was ich also mit realistischen Gedanken meine, ist nicht naiv einfach etwas entgegensetzen, sondern aktiv, reflektiert und realistisch ein Gesamtbild erschaffen. Damit vernichten wir zwar den Katastrophenplan nicht und auch keinen der negativen Gedanken. Allerdings können wir verhindern, in die Negativspirale abzudriften und unsere Ziele weiter im Auge behalten.

Gedanken ganzheitlich und offen begegnen

Wir wissen bereits, wieso ein erzwungenes positives Denken eher schädlich als hilfreich ist. Auch, dass wir stattdessen realistische Gedanken aktiv formen sollten, um der Negativspirale zu entfliehen, ihr vorzubeugen. Aber wir sollten dennoch jeden unserer Gedanken annehmen. Ihnen tatsächlich ganz offen und vor allem ganzheitlich zu begegnen. Jeden positiven, aber auch negativen Gedanken annehmen. Sie zulassen und im Ganzen zu betrachten. Es gibt nämlich nicht nur Schwarz und Weiß. Negativität und auch Positivität haben viele Facetten, Abstufungen und Schattierungen in sich selbst. Und zwischendrin gibt es viele Farben, die wir oft nicht wirklich wahrnehmen.

Ein auf den ersten Blick negativer Gedanke kann unter Umständen auch positiv sein, weil er uns weiterbringt. Uns dazu anspornt zu wachsen, zu reifen, uns weiterzuentwickeln und den Blickwinkel zu ändern. Genauso kann ein positiver Gedanke eigentlich negativ sein, weil er uns dazu animiert, die Dinge so zu lassen, wie sie sind, oder uns ein falsches Bild von uns selbst oder einer Situation vermittelt. Deshalb müssen wir unsere Gedanken ganzheitlich betrachten und sie, wenn man so will, mit offenen Armen empfangen. Offen für ihre Impulse sein, für das, was sie in uns auslösen.

Vermeidungsverhalten

Ein weiterer, wichtiger Aspekt im Leben mit Erkrankungen ist Vermeidungsverhalten. Vielen chronisch Kranken wird angeraten, bestimmte Dinge, Trigger oder Aktivitäten zu vermeiden, damit es zu keiner Verschlimmerung der Symptomatik oder des Krankheitsverlaufes kommt. Das ist natürlich auch richtig und wichtig, kann meiner Erfahrung nach aber auch dazu führen, dass wir in ein richtiges Vermeidungsverhalten rutschen, was uns dann langfristig aber wieder schadet.

Wir Menschen neigen dazu, das zu vermeiden, was uns schadet, was gefährlich sein könnte und was uns unangenehm ist. Wir tun das alle. Manchmal ganz bewusst, oft aber auch unbewusst. Dabei ist Vermeidungsverhalten ab einem gewissen Punkt eben schädlich. Schädlich für uns und unsere mentale Verfassung. Unangenehme Dinge, belastende Situationen, beängstigende Ereignisse. All das gehört zum Leben dazu. Indem wir diese vermeiden, entgehen uns ganz viele Dinge, wie etwa inneres Wachstum. Wir wachsen nämlich am meisten an den Dingen, die uns fordern und belasten. Durch Vermeidungsverhalten berauben wir uns dieser Möglichkeit.

Es ist aber wichtig, dass wir reifen und wachsen, uns weiterentwickeln und das Beste aus uns rausholen.

Vermeidungsverhalten - was genau ist das?

In der Psychologie versteht man unter dem Vermeidungsverhalten ein Verhalten, bei dem eine Person darauf achtet, belastenden Reizen aus dem Weg zu gehen, sie also zu vermeiden. In dem Fall kann das alles Mögliche sein. Eine Emotion, welche als sehr belastend empfunden wird, belastende Gedanken und sogar ganze Situationen.

Natürlich vermeiden wir alle verschiedene Dinge und das jeden Tag. Manchmal vermeiden wir ein Telefonat mit jemandem, mit dem wir jetzt nicht telefonieren möchten, um ein ausgedehntes Gespräch zu vermeiden. Oder wir verschieben eine unangenehme Haushaltätigkeit auf morgen, weil wir heute einfach keine Lust dazu haben. Dieses Vermeidungsverhalten ist ganz normal und auch überhaupt nicht schlimm. Natürlich ist auch ein gewisses Vermeidungsverhalten im Leben mit Erkrankungen angebracht und sogar nötig. Bei mir zum Beispiel das Vermeiden von zu stark auf die Gelenke gehenden Tätigkeiten/Aktivitäten, damit sie nicht noch zusätzlich zu sehr belastet werden. Auch das ist richtig und sogar wichtig. Problematisch wird es aber dann, wenn sich daraus ein so ausgeprägtes Vermeidungsverhalten entwickelt, dass es uns unnötig stark einschränkt und zudem sehr belastet.

Auch hier ein Beispiel:

Aufgrund des Mastzellaktivierungssyndroms bin ich dazu angehalten, mich möglichst histaminarm und entzündungshemmend zu ernähren.

Das alleine schränkt mich ja bereits ein. Es heißt aber nicht, ich muss mich zwingend komplett histaminarm ernähren und darf kein Lebensmittel mehr zu mir nehmen, das eventuell Entzündungen hervorruft. In meinem konkreten Fall heißt es nur, das vermeiden, was tatsächlich zu Reaktionen führt.

Würde ich tatsächlich alles an Lebensmitteln, Dingen, Aktivitäten usw. vermeiden, die im Verdacht stehen Reaktionen auszulösen, müsste ich in einer Blase leben. Wäre so stark eingeschränkt, dass ich wirklich kein Leben mehr hätte. Solch ein Vermeidungsverhalten schadet auch dann, wenn es um Gefühle geht. Wenn wir unangenehme Gefühle oder auch Gedanken immer wieder vermeiden, überrollen sie uns irgendwann, weil wir das nicht ewig vermeiden können und es sich aufstaut.

Ursachen und mögliche Folgen des Vermeidungsverhaltens

Die Ursachen können sehr vielfältig sein. Angst, negative Erfahrungen, kurzfristige positive Erfahrungen, negative Glaubenssätze sowie die Negativspirale. Die Ursache ist eigentlich auch eher zweitrangig.

Denn mit Vermeidungsverhalten haben wir ja das primäre Ziel, belastenden Situationen, negativen Gedanken oder einem unangenehmen Gefühl aus dem Weg gehen. Unser Antrieb ist dabei der kurzfristige Erfolg: Wenn wir eine belastende Situation vermeiden, müssen wir uns ihr nicht stellen, sie nicht bewältigen. Stattdessen können wir uns den angenehmeren Dingen des Lebens widmen und fühlen uns zumindest kurzfristig gut und wohl.

Was wir dabei jedoch selten bedenken: Unser Vermeidungsverhalten hat langfristige und zum Teil sehr schädliche Folgen für uns. Wenn wir Probleme, unangenehme Gefühle, stressige Situationen einfach vor uns herschieben, uns nicht mit ihnen befassen, verschwinden sie nicht einfach. Das Gegenteil passiert: Es wird immer schwieriger, belastender und stressiger. Wir schieben die Dinge zwar ständig weiter von uns weg, fühlen uns langfristig aber immer schlechter damit. Ängste können ins Unermessliche wachsen. Gefühle und Gedanken können uns richtig überrollen. Auseinandersetzungen richtig heftig werden. Ein bestehendes, nicht angegangenes Problem kann weitere, teils größere Probleme nach sich ziehen usw.

Indem wir all das vermeiden, versuchen wir also dem, was von uns als belastend und unangenehm empfunden wird, wovor wir Angst haben, aus dem Weg zu gehen. Beachten dabei aber nicht die tatsächlichen Konsequenzen, die das für uns hat. Wir sehen im ersten Moment den kurzfristigen und vermeintlichen Erfolg, aber langfristig lassen sich Dinge nur bewältigen, wenn wir uns ihnen stellen, uns mit ihnen auseinandersetzen und uns ihrer annehmen.

Das Vermeiden von Situationen, die uns Angst machen

Wir tendieren häufig dazu, Situationen zu vermeiden, die Angst in uns auslösen. Auf diese Weise vermeiden wir gleich mehrere Dinge auf einmal. Zum einen natürlich die Angst. Zum anderen aber auch die belastenden Gefühle und quälenden Gedanken, die mit ihr einhergehen. Das klappt in bestimmten Situationen auch sehr gut. Ich würde zum Beispiel niemals auch nur mit dem Gedanken spielen, Fallschirm zu springen, weil ich zum einen Höhenangst habe und zum anderen auch vor dem freien Fall an sich. Dadurch schade ich mir aber nicht, es hat also keine Konsequenzen für mich.

Anders sieht es allerdings aus, wenn wir beispielsweise ein unangenehmes Gespräch mit unserem Partner/unserer Partnerin vermeiden, weil wir Angst davor haben zu streiten. Das bestehende Problem würde nicht einfach verschwinden. Im Gegenteil. Es würde weiterwachsen und dann erst recht zu einem handfesten Streit, einer weitaus schlimmeren Situation führen.

Vermeiden durch Ablenken

Als sehr wirkungsvoll empfinden wir das Ablenken und wir tun das auch alle hin und wieder mal. Wenn uns belastende Gedanken oder unangenehme Gefühle quälen, lenken wir uns ab. Wir scrollen durch lustige Reels, schauen uns unseren Lieblingsfilm an, schauen eine Serie oder lesen ein Buch. Manche von uns stürzen sich in irgendwelche Projekte, vergraben sich in Arbeit, verbringen jede freie Minute in Gesellschaft anderer oder gehen irgendwelchen sportlichen Aktivitäten nach. Alles, damit wir uns nicht mit uns selbst, unseren Gefühlen und Gedanken befassen müssen. Oder damit wir nicht alleine sind. Auch das kann eine Zeit lang gut für uns funktionieren. Allerdings können wir unsere Gefühle und Gedanken nicht ewig wegschieben. Sie überrollen uns irgendwann einfach und reißen uns unter Umständen direkt in eine Depression oder ein Burn-out.

Vermeidungsverhalten im Zusammenhang mit Depressionen und Burn-out

Eine essentielle Bedeutung bekommt das Vermeidungsverhalten bei Depressionen und Burn-out. Einerseits können sie eine direkte Folge des Vermeidens sein, andererseits sind sie zugleich ein wesentlicher Teil der Symptomatik und halten die Erkrankungen sogar aufrecht. Wenn wir an einem Burn-out oder Depressionen erkranken, sind und fühlen wir uns oft überfordert. Da können unter Umständen die kleinsten Alltagsaufgaben für uns schon als unüberwindbare Hürde erscheinen. Folglich vermeiden wir sie. Das kann wiederum dazu führen, dass wir Anzeichen einer tatsächlichen Überlastung nicht mehr wahrnehmen und uns innerlich noch mehr Stress aussetzen.

Indem wir dann auch noch vermeiden, uns mit dem eigentlichen Problem auseinanderzusetzen, können sich negative Gefühle, Ängste, Überlastung und Depression verschlimmern. Wir bestätigen uns mit dem Vermeidungsverhalten also selbst. Suggerieren uns, dass wir dieses und jenes aus gutem Grund vermieden haben. Die größte Folge dabei ist: Wir geben uns auch nicht die Möglichkeit, eine neue Erfahrung zu machen, die uns vom Gegenteil überzeugen könnte.

Vermeidungsverhalten bei sich selbst erkennen

Jetzt, wo wir wissen, was Vermeidungsverhalten ist, wie es aussehen kann und was die Gründe dafür sein können, geht es darum, es auch zu erkennen. Auch jetzt komme ich wieder auf die Selbstreflexion zurück. Wir müssen uns selbst fragen, wann wir etwas vermeiden. Wieso wir es vermeiden und womit.

Auch das braucht natürlich wieder Geduld und Zeit, denn manchmal läuft auch unser Vermeidungsverhalten ganz unbewusst ab. Handelt es sich um tief verankerte Verhaltensweisen, besonders dann, wenn sie von unseren negativen Glaubenssätzen kommen. Wir müssen also geduldig mit uns selbst sein und manchmal ist es auch besser, wenn wir erst hinterher schauen, wo wir wann was vermieden haben und wieso. Mit Abstand gelingt uns das meistens etwas besser und wir sind fürs nächste Mal besser vorbereitet.

Vermeidungsverhalten langfristig überwinden

Jetzt, wo wir wissen, wie wir unser Vermeidungsverhalten erkennen, klingt es ja sehr einfach, es zu überwinden. *„Einfach nicht vermeiden!"* – wenn es denn so einfach wäre!

Wenn wir dieses Verhalten ändern wollen, so müssen wir uns zunächst mal unseren Ängsten stellen. Hier lauert dann auch die erste Falle, in die wir schnell tappen können. Angst! Schließlich ist sie meistens das, was unser Vermeidungsverhalten erst auslöst. Angst vor unangenehmen oder belastenden und schmerzhaften Situationen. Also genau das, wovor wir uns eigentlich schützen wollen. Dennoch ist es unabdingbar, dass wir uns den Auslösern unserer Ängste stellen. Ohne die Konfrontation mit uns selbst, dem, was uns Angst macht, können wir diese Ängste schließlich auch nicht überwinden.

Zwei Dinge sind dafür besonders wichtig: Ängste erkennen und bewältigen.

Statt vermeiden - bewältigen!

Sobald wir die Auslöser für unser Vermeidungsverhalten erkannt haben, müssen wir uns ihnen stellen. Das erfordert Mut, denn nur, wenn wir uns trauen uns unseren eigentlichen Ängsten zu stellen, können wir neue Erfahrungen machen.

Ein Beispiel:

Ich selbst habe es immer vermieden, mich den Menschen anzuvertrauen, die mir nahe sind, mich lieben.

Ich habe eher selten über meine Gefühle gesprochen, wollte nie Schwäche zeigen. Dieses Vermeidungsverhalten führte dann zu meinem Mental Breakdown.

Mitten in dieser sehr schlechten Phase habe ich mich meiner Angst dahinter gestellt: der Angst, fallen gelassen zu werden, wenn ich nicht stark bin. Mich schwach und verletzlich zeige. Ich habe all meinen Mut zusammengenommen und habe mich einer Freundin anvertraut. In Gedanken habe ich die Freundschaft schon zerbrechen sehen. Doch letztendlich durfte ich die Erfahrung machen, dass ich dennoch geliebt werde, verstanden werde und dass jemand da ist. Mehr noch, ich habe erfahren dürfen, wie gut es tut, wenn man die Last nicht mehr alleine trägt.

Wenn wir uns solchen Situationen stellen, dann erkennen wir auch, dass wir sie aushalten können. Es vielleicht auch gar nicht so schlimm ist, wie wir befürchtet hatten. Mit jeder Angst, die wir angehen und überwinden, wachsen wir auch. Entwickeln uns weiter und können mit mehr innerer Stärke an die nächste belastende Situation herangehen.

Zugegeben, auch mutig sein ist oftmals sehr schwierig. Denn je nachdem wie tief unsere Ängste sitzen, wie stark verankert sie sind, sind sie nicht so einfach überwindbar. Je nach Ursache sind sie vielleicht sogar mit entsprechenden Traumata verbunden. Dann ist es hilfreich, wenn wir uns professionelle Hilfe in Form einer Psychotherapie an die Seite nehmen. Eine Psychotherapeutin/ein Psychotherapeut hat sehr viel Erfahrung damit und kann uns helfen, ein extrem ausgeprägtes Vermeidungsverhalten zu überwinden und das Leben wieder die eigene Hand zu nehmen.

Dem Alltag entfliehen – sozialer Rückzug

Es gibt Phasen, Situationen, Tage, da wird uns einfach alles zu viel: Wir sind überfordert und lassen keinen Menschen mehr an uns heran. Man nennt das auch sozialen Rückzug.

Dieser soziale Rückzug kann ein ganz normales Verhalten, nämlich unsere Reaktion auf Stress oder andere belastende Situationen sein. Manchmal wollen wir eben allein mit uns selbst sein und das ist auch vollkommen okay. Allerdings, und dann ist es ein ernst zu nehmendes Problem, kann er auch Ausdruck einer ernsten psychischen Erkrankung wie etwa einer Depression sein.

Was genau ist also ein sozialer Rückzug? Wie erkennen wir ihn und ab wann ist er ein ernst zu nehmendes Problem?

Mit diesen Fragen habe ich mich lange beschäftigt, da auch ich eine Zeit nach meinen Diagnosen hatte, in der ich mich fast vollständig aus meinem Sozialleben zurückgezogen hatte. Zum Teil natürlich, weil ich alleine sein wollte, aber auch, weil ich mich nicht mehr zugehörig fühlte. Mit all meinen ausgeprägten Symptomen und Beeinträchtigungen fühlte ich mich nicht mehr wie ich selbst. Das Problem dabei war, je mehr ich mich zurückzog, umso einsamer fühlte ich mich letztendlich auch. Teilweise sogar allein gelassen, was meinen Rückzug an sich nur umso mehr verstärkt hat.

Heute ist das Gott sei Dank wieder anders. Ich treffe mich mit Freunden, nehme an Unternehmungen teil, fühle mich wieder zugehörig und bin wieder Teil einer Gemeinschaft. Das tut mir gut und auch meiner Seele. Wir Menschen sind nämlich auf soziale Kontakte angewiesen. Keiner möchte auf Dauer alleine sein oder sich einsam fühlen.

Sozialer Rückzug in der Psychologie

Was genau ist eigentlich damit gemeint, wenn wir von sozialem Rückzug sprechen?

Laut der Psychologie handelt es sich dabei um ein Verhaltensmuster einer Person, bei dem sich die Betroffenen fast gänzlich von der Außenwelt distanzieren. Soziale Kontakte werden verringert, bis sie schlimmstenfalls komplett zum Erliegen kommen, während die Person sich mehr und mehr dem eigenen Erleben widmet. Dieses Rückzugsverhalten kann dabei bei allen sozialen Kontakten auftreten. Im Berufsleben, im Freundessowie Bekanntenkreis, im Familienleben und auch in sozialen Netzwerken. Sozialer Rückzug betrifft also jeden Bereich, in dem wir soziale Kontakte haben, gleich welcher Art sie sind.

Der Prozess des sozialen Rückzugs

Wie ein sozialer Rückzug tatsächlich aussieht, ist ganz individuell. Er kann sowohl schlagartig als auch schleichend geschehen. Manchmal brechen Betroffene all ihre Kontakte scheinbar von heute auf morgen einfach ab. Dann kann es so aussehen, als seien sie wortwörtlich einfach verschwunden. Sie erscheinen nicht mehr auf der Arbeit, sind urplötzlich nicht mehr erreichbar und besuchen niemanden mehr.

Die meisten Betroffenen haben aber eher einen schleichenden sozialen Rückzug. Sie ziehen sich langsam und Stück für Stück von der Außenwelt zurück. Sie nehmen weniger Verabredungen wahr und sind mit der Zeit auch immer schwieriger zu erreichen. Dieser soziale Rückzug fällt dem Umfeld im Übrigen auch erst viel später auf als der Schlagartige.

Gründe für den sozialen Rückzug

Die Gründe für Rückzugsverhalten können sehr vielfältig sein. Angefangen bei belastendenden Lebensphasen, Stress im Alltag und Beruf, großer Trauer bis hin zu ernsthaften psychischen Erkrankungen.

In besonders belastenden Lebensphasen haben wir manchmal einfach das Bedürfnis, uns zurückzuziehen. Eine Pause zu machen und Zeit mit uns selbst zu verbringen. Wir wollen verarbeiten und uns Gutes tun. Das ist ein Teil der Selbstfürsorge und völlig in Ordnung. Wir nutzen diesen Rückzug schließlich nicht dazu, uns wirklich zu verkriechen, sondern um uns zu stärken. Wir kommen zur Ruhe, reflektieren, laden unsere Akkus wieder auf und meistern anschließend die anstehende Herausforderung. Besonders introvertierte und sehr sensible Menschen tun das aus den genannten Gründen, da sie etwas mehr und heftiger auf äußere Reize reagieren. Für sie sind diese regelmäßigen Auszeiten sehr wichtig und richtig.

Allerdings, und dann wird es zu einem ernsthaften Problem, kann auch das Gegenteil der Fall sein. Bei einer Depression zum Beispiel ist der soziale Rückzug ein Symptom und ein Verstärker der Erkrankung selbst. Auch bei sehr tief empfundener Trauer kann der soziale Rückzug schwerwiegende Folgen für Betroffene haben.

Sozialer Rückzug im Zusammenhang mit psychischen Erkrankungen

Der soziale Rückzug kann aber auch im Zusammenhang mit psychischen Erkrankungen stehen. Dann ist er kein Rückzugsverhalten mehr, welches wir zum Krafttanken nutzen, sondern ein ernst zu nehmendes Symptom und Problem. Hauptursachen sind hier Burn-out, Depressionen, und Angststörungen. Diese sind unter anderem auch die häufigsten psychischen Begleiterkrankungen, an denen chronisch kranke Menschen leiden. Das erklärt sich daraus, dass wir generell einer hohen und zum Teil sehr belastenden Situation ausgesetzt sind.

Burn-out und sozialer Rückzug

Erleiden wir einen Burn-out, ist die Ursache meist anhaltender, chronischer Stress. Wir fühlen uns vor allem total überfordert und ausgelaugt. Wir haben das Gefühl, den eigenen sowie generellen Anforderungen des Lebens nicht mehr gerecht werden zu können. Das führt häufig dazu, dass wir uns zunehmend zurückziehen.

Alltägliches wird als Herausforderung und belastend empfunden und sogar soziale Kontakte sorgen bei uns für einen weiteren Stressfaktor. Jede Begegnung, jedes Gespräch, einfach alles ist uns zu viel.

Depression und sozialer Rückzug

Der soziale Rückzug ist ein Symptom bei einer Depression. Bei Depressionen meiden wir jegliche soziale Kontakte und ziehen uns von unserer Außenwelt zurück. Wir meiden mitunter vielleicht sogar alle Aktivitäten, die sonst unser Leben begleitet haben. Wir verfallen der Verzweiflung, der Niedergeschlagenheit und der Antriebslosigkeit. Alles kostet Kraft und raubt uns unsere Energie. Den Alltag zu meistern und soziale Kontakte aufrechtzuerhalten scheint uns unmöglich zu werden. Also ziehen wir uns zurück.

Das Fatale daran: Bei einer Depression ist es umso wichtiger, dass wir den Bezug zur Außenwelt, zu unserem sozialen Umfeld nicht gänzlich verlieren.

Rückzugsverhalten verstärkt nämlich die Stressreaktion in unserem Gehirn. Wir sind Menschen und zu unseren Grundbedürfnissen gehört es, Bindungen zu anderen einzugehen. Verweigern wir uns dieses Grundbedürfnis, kann es uns nicht gut gehen. Bei einer Depression ist es daher auch angeraten, sich professionelle Hilfe an die Seite zu holen. Denn der soziale Rückzug wirkt, auch wenn er Symptom einer Depression ist, wie ein Verstärker. Man befindet sich also in einem Teufelskreis.

Angststörungen und sozialer Rückzug

Auch Angststörungen können die Ursache für ein Rückzugsverhalten sein. Wenn wir an einer Angststörung leiden, stehen meistens massive Selbstzweifel hinter dem sozialen Rückzug. (Das war bei mir der Fall). Wir haben vielleicht Angst davor, im sozialen Umfeld nicht ernst genommen zu werden. Oder aber auch davor, dass wir peinlich oder merkwürdig wirken könnten. Dass man uns vielleicht sogar auslacht oder schlimmer noch, demütigt. Um dem aus dem Weg zu gehen, ziehen wir uns zurück. Man könnte auch sagen, wir wenden Vermeidungsverhalten an.

Raus aus dem Rückzug - zurück ins Leben

Nach einem sozialen Rückzug, besonders wenn dieser länger dauerte, kann es schwierig sein, wieder zurück ins Leben zu finden. Wenn wir lange Zeit keinen Kontakt zu Freunden, der Familie oder überhaupt jemandem hatten, fällt es uns schwer, diesen wieder aufzunehmen oder neue soziale Kontakte zu knüpfen. Dennoch, soziale Kontakte sind wichtig. Es ist eines unserer Grundbedürfnisse, anderen nah zu sein und unsere Gefühle mit ihnen zu teilen.

- *Zurückblicken*

Wenn wir aus dem sozialen Rückzug wieder auftauchen wollen, dann wissen wir leider auch meistens gar nicht so wirklich, wie und wo wir anfangen sollen.

An wen wenden? Wen sollen wir kontaktieren? Ein Blick zurück hilft dann. Indem wir einmal darauf zurückblicken, wer uns vor unserem Rückzug besonders gutgetan hat oder bei wem wir uns am wohlsten gefühlt haben, bekommen wir eine Richtung, einen Wegweiser. Eventuell erinnern wir uns dann auch daran, was wir besonders gern getan und erlebt haben. Welches Hobby hat uns am meisten Spaß gemacht? Sich an die Menschen zu wenden, die einem besonders nahe waren, oder sich wieder alten Hobbies zuzuwenden, ist ein guter Anfang. Denn besonders bei Aktivitäten kommt man leichter mit anderen in Kontakt.

- **Ganz klein anfangen**

Unser Weg zurück ins soziale Leben soll kein Sprint werden oder sein. Es ist ein Marathon, den wir mit kleinen, bedachten und eher leichten Schritten beginnen. Da ist es beispielsweise keine gute Idee, wenn wir gleich in die Vollen gehen, und eine Riesenveranstaltung mit vielen Menschen und Reizen besuchen. Stattdessen sollten wir eher mit einer Person telefonieren, die uns mal sehr nahe war. Daraus können wir dann eine Verabredung zum Kaffee machen. Ein erstes Treffen, am besten an einem eher ruhigen Ort und bestenfalls auch an einem, an dem wir uns vor dem Rückzug sehr gerne aufgehalten haben. Das wird uns etwas mehr Sicherheit geben, den ersten Schritt raus aus der Isolation und wieder rein ins Leben zu gehen.

- **Ganz konkrete Pläne machen**

Damit wir unser Vorhaben, die Rückkehr ins Leben auch tatsächlich umsetzen, sollten wir ganz konkrete Pläne dazu machen. Das heißt, eine Verabredung oder Aktivität genau zu terminieren. Wenn wir einen genauen Tag, eine feste Uhrzeit und einen bestimmten Ort dafür wählen, können wir es etwas einfacher umsetzen. Konkrete Pläne geben uns mehr Sicherheit und ggf. auch etwas Vorbereitungszeit. Zeit, um uns noch mal selbst zu reflektieren und zu stärken.

• *Unsere Gefühle mit anderen teilen*

Wenn wir es geschafft und den Schritt raus aus der Isolation getan haben, geht es darum, Gefühle zu teilen. Wie bereits erwähnt, sind wir soziale Wesen und anderen nahe sein ist eines unserer Grundbedürfnisse. Durch den sozialen Rückzug haben wir dieses unter Umständen aber lange nicht mehr erfüllt. Hilfreich ist es, wenn wir dann wieder Kontakt zu einer uns sehr vertrauten Person haben. Hier ist die Basis des Vertrauens nämlich bereits gegeben. Es ist wichtig, dass wir uns dieser Person dann auch wieder öffnen. Unsere Gefühle mit ihr teilen und ihr auch erzählen, wieso wir uns zurückgezogen haben. Ein offenes Gespräch, sich mitteilen, kann uns dabei helfen, alles noch mal zu reflektieren. Manchmal tut es sogar gut, wenn wir jemanden an der Seite haben, der das Ganze aus einer etwas objektiveren Perspektive sieht.

Austausch ist wichtig und tut gut!

• *Geduldig sein*

Und natürlich gilt auch hier: geduldig sein. Wir müssen auf dem Weg zurück ins Leben Geduld haben. Geduld mit uns selbst und natürlich auch mit anderen. Kein Verhalten, auch das Rückzugsverhalten nicht, ändert sich so schnell, wie wir es gerne hätten. Vielleicht müssen wir uns auch selbst noch mal neu kennen lernen, werden Rückschritte machen, Reaktionen bekommen, die uns unangenehm sein werden, oder wieder in Rückzugsverhalten driften. Von Isolation zurück in ein Sozialleben, das bedarf Zeit, ist nicht von heute auf morgen gemacht.

Mit Geduld ist es aber machbar.

Selbstmitleid überwinden

Selbstmitleid. Das kennen wir alle. Jeder von uns hat wenigstens einmal im Leben in Selbstmitleid gebadet. Manchmal brauchen wir das auch einfach mal. Uns selbst bemitleiden und uns sagen, wie schwer wir es im Leben haben. Kurzzeitig ist das auch kein Problem, im Gegenteil. Es kann uns dabei helfen, negative Gefühle zu leben und loszulassen. Was aber, wenn es in eine Spirale führt, überhandnimmt und nicht mehr endet? Dann ist Selbstmitleid geradezu Gift für unsere Seele. Und ich kenne sie, diese Spirale, denn ich war selbst in ihr gefangen.

Wie die meisten Menschen, wenn sie chronisch erkranken, habe auch ich mich am Anfang selbst bemitleidet. Ich habe mich gefragt, wieso ausgerechnet ich erkranken musste. Wieso es mich getroffen hat und wieso ich leiden muss. Es gab eigentlich nichts, wofür ich mich nicht selbst bemitleidet hätte. Ich war schließlich die, die unter all den diffusen Symptomen litt. Ich war die, die ja gar nichts mehr tun konnte, keinen Spaß mehr hatte und einsam war. Ja, ich habe mich richtig schön in meinem Selbstmitleid gesuhlt. Eine kurze Zeit ist das auch überhaupt nicht problematisch gewesen. Es hat mir geholfen, meine Gefühle rauszulassen und ihnen Ausdruck zu verleihen.

Allerdings wurde es dann irgendwann zu einem Problem für mich selbst und natürlich auch für die Menschen um mich herum. Mein Selbstmitleid stand mir regelrecht im Weg. Ich habe außer Leid und mich selbst nämlich nichts anderes mehr gesehen. Nichts Gutes. Keine Lösungen. Keine Liebe. Und für mein Umfeld war ich auch nicht mehr wirklich wiederzuerkennen. Deswegen hieß es für mich irgendwann, raus aus diesem mitleidigen Kreislauf. Das war natürlich auch nicht einfach. Wenn man sich selbst bemitleidet, erkennt man das nämlich nicht einfach so. Ich habe das auch nicht, sondern wurde mit der Nase drauf geschubst und fing dann an, darüber nachzudenken.

Ich habe es in die Hand genommen und den Weg raus gefunden und bin mir sicher, das kann jeder schaffen.

Die Definition von Selbstmitleid

Eigentlich ist das ziemlich selbsterklärend: Wenn wir Mitleid mit uns selbst haben, dann ist das Selbstmitleid. Etwas genauer betrachtet, nehmen wir jede Menge negativer Gefühle in uns wahr. Wir sind traurig, spüren unseren eigenen Schmerz, sind enttäuscht und mitunter sogar wütend. Eben, weil wir uns zum Beispiel in einer sehr belastenden oder gar schmerzhaften Situation befinden, die wir meistens auch nicht grade mal eben so ändern können.

Im Grunde ist Selbstmitleid daher auch nicht wirklich etwas Schlechtes. Es ist ein Ausdruck dessen, dass wir unsere Gefühle in dem Moment wirklich wahrnehmen und sie nicht einfach beiseiteschieben und ignorieren. Wir fühlen, was wir fühlen, und leben unsere Gefühle auch richtig. Demnach könnte man also auch annehmen, Selbstmitleid sei etwas Gutes.

Aber wie bei vielen anderen Dingen auch, kann Selbstmitleid hilfreich, aber auch genauso schädlich sein.

Selbstmitleid - wann ist es hilfreich und wann schädlich?

Wir haben bereits festgestellt, dass Selbstmitleid erst mal etwas Gutes ist. Dennoch wird meistens nur der negative Aspekt davon beleuchtet. Um herauszufinden, wann Selbstmitleid uns hilft und wann es uns schadet, müssen wir also genauer darüber nachdenken.

Selbstmitleid als Hilfe

Selbstmitleid ist dann eine Hilfe, wenn es uns dabei unterstützt, uns selbst Mitgefühl entgegenzubringen. Wenn wir also achtsam mit uns selbst in belastenden Situationen umgehen. Selbstmitleid gibt uns die Möglichkeit und auch den Raum, unsere negativen Gefühle zu kanalisieren. Sie wahrzunehmen und auch tatsächlich zu fühlen und zu leben. Denn nur wenn wir das tun, können wir unsere Gefühle verarbeiten und sie anschließend auch wieder loslassen.

Manchmal bringt uns Selbstmitleid sogar einige Erkenntnisse über uns selbst und das Leben. Zum Beispiel, dass das Leben eben Schwierigkeiten mit sich bringt und wir selbst eben auch nicht immer perfekt sind und glücklich sein müssen. Es ist also vollkommen okay und sogar gut, wenn wir eine Weile in Selbstmitleid baden.

Schädliches Selbstmitleid

Auch wenn Selbstmitleid erst mal was Gutes ist, so müssen wir jedoch auch irgendwann wieder aufhören damit, uns selbst leid zu tun. Schließlich hilft es uns nicht dabei, Lösungen für das bestehende Problem zu finden.

Pauschal lässt sich allerdings nicht sagen, wie lange eine gesunde Phase des Selbstmitleids dauert und ab wann sie, zeitlich gesehen, problematisch und hinderlich wird. Durch ein paar Fragen können wir aber Indikatoren dafür finden, ob unser Selbstmitleid uns bereits schadet.

Die Fragen, die wir uns selbst stellen sollten:

* *Tut es mir noch gut, mich selbst zu bemitleiden?*
* *Hilft mir mein Selbstmitleid noch dabei, meinen Gefühlen Raum zu geben?*

- *Wirft mich mein Selbstmitleid immer wieder zurück in denselben Schmerz?*
- *Wäre es jetzt an der Zeit, meine Situation zu verbessern?*

Besonders wenn wir an chronischen Erkrankungen und damit verbunden vielleicht an chronischen Schmerzen leiden, ist das natürlich eine Situation, die wir nicht verändern können. Dennoch gilt auch hier: Wir müssen uns selbst eingehend fragen, ob wir von unserem Selbstmitleid wirklich noch profitieren. Aus eigener Erfahrung ist es nämlich so, dass auch wenn wir an der Grundsituation nichts ändern können, ein Perspektivenwechsel uns dennoch enorm helfen kann.

Selbstmitleid überwinden

Spätestens dann, wenn wir merken, dass wir in unserem Selbstmitleid versinken, ist es an der Zeit, es zu überwinden. Denn dann ist es eindeutig: Es steht uns dabei im Weg weiterzukommen!

Damit wir einen Weg raus finden, ist es hilfreich, wenn wir uns erst mal etwas ablenken. Uns also von dem, was uns belastet, distanzieren und stattdessen etwas tun, was uns wirklich guttut. Das trägt zwar auch nicht direkt zur Lösung des Problems selbst bei, verschafft uns aber eine kleine Pause davon, uns selbst zu bemitleiden. Denn der erste Schritt raus ist, dafür zu sorgen, dass wir uns etwas besser fühlen. Ein schöner Familienausflug, ein paar Stunden mit Freunden verbringen, lachen und Spaß haben zum Beispiel. Das kann unsere Stimmung kurzfristig heben und uns daran erinnern, wie schön es ist, das Leben zu genießen. Indem wir uns selbst Gutes tun, schaffen wir Raum, um wieder etwas Schönes zu fühlen. Das wiederum gibt uns den nötigen Abstand, den wir brauchen, um nach einer Lösung für uns und das Problem oder die belastende Situation zu suchen.

Natürlich ist auch das leichter gesagt als getan, denn je nachdem, wie tief wir in unserem Selbstmitleid feststecken, fällt es uns schwer, uns von negativen Gefühlen zu lösen. Aber auch hier können wir uns selbst helfen. In der Psychotherapie wendet man eine sogenannte Intervention an. Das heißt, wir begrenzen den Raum für negative und belastende Gefühle auf eine bestimmte Zeit und einen bestimmten Ort. Ich selbst hatte mir auch so einen Selbstmitleidsort eingerichtet. Bei mir war es zum Beispiel ein Relaxsessel in meinem Arbeitszimmer. Es sollte eben möglichst ein Ort in unserem Zuhause sein, an dem wir uns wirklich sehr wohl fühlen. Dann legen wir einen Zeitpunkt fest, an dem wir unserem Selbstmitleid den Raum geben, uns kurzzeitig einzunehmen.

Das können zum Beispiel täglich 30 Minuten sein. Diese Zeit ist dann dazu da, unserem Selbstmitleid nachzugeben. Mir hat es zudem geholfen, in dieser Zeit all meine Gefühle und Gedanken aufzuschreiben. Ein Selbstmitleidstagebuch sozusagen. Sobald die Zeit für Selbstmitleid vorbei ist und wir unseren Selbstmitleidsort wieder verlassen, sollten wir uns wieder anderen Dingen zuwenden. Dingen, die uns Spaß bringen und bei denen wir uns gut fühlen. Das wird unsere Stimmung langfristig wieder heben. Denn wir geben unseren negativen Gefühlen ja nach wie vor, und das sogar täglich, den Raum, den sie benötigen. Wir schieben damit das Selbstmitleid auch nicht einfach beiseite, sondern reduzieren es schrittweise.

Natürlich ist es auch hilfreich, wenn wir uns vertrauten Personen anvertrauen. Uns in Gesprächen mit Freunden, Familie, dem Partner/der Partnerin einen objektiven Blickwinkel auf unsere Probleme und Gefühle holen. Oftmals ist es sogar so, dass Außenstehende eine Situation ganz anders bewerten als wir selbst. Und eine andere Perspektive geben, die dann letztendlich dazu beiträgt, dass wir eine Lösung für die belastende Situation finden. Eine, die wir selbst nicht sehen konnten.

Manchmal braucht es professionelle Unterstützung

Manchmal aber brauchen wir professionelle Unterstützung dabei, wenn wir unser Selbstmitleid überwinden möchten. Je nach Ursache und Situation kann es passieren, dass wir so tief im Selbstmitleid versinken, dass wir es einfach nicht schaffen, alleine rauszukommen. Manchmal reicht die Unterstützung von Freunden und Familie dann auch nicht mehr aus. Aus Selbstmitleid kann nämlich auch eine Depression entstehen. Und dann ist es natürlich wichtig, wenn wir uns professionelle Hilfe in Form einer Psychotherapie holen.

Vielleicht ist es aber auch so, dass es uns schwer fällt, mit jenen über unsere Gefühle zu sprechen, die uns nahe sind. Auch das ist okay und kann ein Grund dafür sein, sich an einen Psychotherapeuten/eine Psychotherapeutin zu wenden. Manchmal ist es grade in sehr belastenden Situationen leichter, mit jemandem zu sprechen, der uns emotional nicht verbunden ist. Uns nicht wirklich kennt und daher einen völlig neutralen und unvoreingenommenen Blickwinkel hat.

So oder so: Wenn Selbstmitleid uns schadet und wir selbst keinen Weg mehr raus finden, braucht es Hilfe von außen.

Mit chronischen Beschwerden leben

Chronische Beschwerden, wie zum Beispiel chronische Schmerzen, gehören zu einem Leben mit Erkrankungen dazu. Sie können sehr unangenehm und auch mit erheblichen Einschränkungen verbunden sein. Nicht selten führen chronische Beschwerden auch zu dauerhaftem Stress. Einerseits für den Körper, andererseits aber auch für unsere Psyche. Der Körper befindet sich fast dauerhaft in einem Ausnahmezustand, ein Umstand, den wir manchmal nicht ändern können. Etwas, das wir akzeptieren und annehmen müssen. Natürlich stehen uns allerlei Therapieformen zur Verfügung, um die Leiden bestenfalls zu lindern, doch sie sind und bleiben vorhanden.

Im Grunde kann man sagen, wir befinden uns in einem täglichen Kampf mit allerlei Symptomen, Beschwerden und Einschränkungen. Ich habe aber auch die Erfahrung gemacht, dass, wenn wir lernen, besser damit umzugehen, wir auch etwas leichter damit leben können. Auch hierfür gibt es allerlei Techniken, die uns dabei helfen können, den Umgang mit chronischen Beschwerden zu erlenen. Ziel ist natürlich nicht, die Beschwerden verschwinden zu lassen. Realistisch betrachtet können wir das auch eher selten. Ziel ist es, die Beschwerden als Teil des eigenen Lebens zu akzeptieren, anzunehmen und mit ihnen bestmöglich ein lebenswertes Leben zu führen.

Der alltägliche Kampf mit den Beschwerden

Während wir uns anfänglich ganz zuversichtlich darum bemühen, unseren Beschwerden den Kampf anzusagen, kann es passieren, dass alle Therapieformen und Medikamente nicht wie gewünscht wirken. Ab einem gewissen Punkt wird das mehr als nur frustrierend. Es ängstigt uns auf ganz verschiedenen Ebenen. Wir machen uns Sorgen und befürchten, dass es uns niemals besser gehen wird. Mitunter können wir auch wütend auf uns selbst und unseren Körper werden. Statt Besserung erfahren wir eine stetige Verschlechterung. Und je schlechter es uns geht, umso mehr wollen wir unser Leiden beenden.

Das führt oftmals aber auch direkt in einen Teufelskreis, in den ich selbst auch geraten war. Wir fangen nämlich damit an, nur noch auf das zu achten, was in unserem Körper nicht mehr stimmt. Fokussieren uns nur noch auf die Beschwerden und Symptome und nehmen kaum noch etwas anderes wahr. Wir geben all dem einfach zu viel Raum, indem unsere Gefühle, Gedanken, unser ganzes Sein sich nur noch darum drehen, wie sehr uns unsere Beschwerden belasten und einschränken.

Dieser alltägliche Kampf kostet uns Kraft und Energie. Jene Kraft, die wir eigentlich dazu bräuchten, uns auf das zu konzentrieren, was uns im Leben eigentlich wirklich wichtig ist.

Achterbahnfahrt aus Sorgen und Hoffnungen

Im Leben mit chronischen Beschwerden verlieren wir uns regelmäßig in der Sorge, dass es uns niemals besser gehen wird. Dass, egal was wir tun oder nicht tun, wir keine Linderung erfahren werden. Daneben haben wir jedoch auch immer die leise Hoffnung, dass es doch besser wird und wir vielleicht sogar irgendwann beschwerdefrei sein werden.

Diese Achterbahnfahrt aus Sorgen und Hoffnungen ist anstrengend. Wir hoffen und werden doch wieder enttäuscht. Manchmal setzen wir all unsere Hoffnung auf ein neues Medikament, eine neue Therapie und stellen dann doch fest, dass es nicht den erhofften Erfolg bringt. Das bringt jedes Mal aufs Neue ein Wechselbad der Gefühle mit sich und mit jeder neuen Enttäuschung brechen wir auch ein wenig mehr.

Die gute Nachricht: Wir können diese Achterbahnfahrt beenden!

Wir können uns ein wenig mehr innere Ruhe schaffen, indem wir akzeptieren, dass diese Beschwerden da sind. Natürlich bedeutet das nicht, dass wir gerne so leben oder die Beschwerden tatsächlich für immer so bleiben werden. Akzeptanz soll uns lediglich dabei helfen, unsere Energie nicht mehr gegen etwas aufzuwenden, was wir jetzt grade nicht ändern können. Dadurch haben wir etwas mehr Kraft, um uns auf das wirklich Wichtige zu fokussieren.

Alles hat seine Daseinsberechtigung

Alle Gefühle, die wir in Bezug auf unsere chronischen Beschwerden haben, haben ihre Daseinsberechtigung. Dennoch ist es wichtig, dass wir anfangen zu akzeptieren, dass sie uns begleiten, Teil unseres Lebens sind.

Akzeptanz ist natürlich auch hier ein Prozess, den wir schrittweise angehen. Der erste Schritt ist, dass wir darauf achten, ganz bewusst, wenn wir gegen unsere Beschwerden ankämpfen. Dabei ist es wichtig, dass wir genau darauf achten, was wir fühlen. Welche Gedanken wir dabei haben. Bei chronischen Schmerzen zum Beispiel, sollten wir uns fragen, wie sich der Schmerz genau anfühlt. Bleibt er immer auf dem gleichen Niveau oder schwankt er in seiner Intensität? Und dann sagen wir uns innerlich einfach mal:

„Alles darf da sein, hat seine Daseinsberechtigung!"

Wirklich alles, die Beschwerden, Einschränkungen, Gefühle, Sorgen und Ängste. Der Sinn dahinter ist, dass wir lernen, eine beobachtende Position einzunehmen, ganz so, als wären wir selbst außenstehend und würden relativ neutral sehen, was in uns vorgeht.

Indem wir damit das Annehmen und Akzeptieren üben, entspannt sich auch unser Körper mit der Zeit. Mit etwas Geduld können wir dann auch ganz bewusst damit experimentieren, der „Beobachter" zu sein. Damit erreichen wir letztendlich einen Wechsel unserer Perspektive auf unsere Beschwerden und können sie im Alltag leichter akzeptieren.

Akzeptanz erfordert Mut

Annahme und Akzeptanz erfordert Mut. Gesellschaftlich wird das Akzeptieren der Beschwerden mit Resignation und Aufgeben gleichgesetzt. Daraus resultiert gleichsam auch die Angst, dass die Beschwerden umso heftiger werden, wenn wir sie einfach akzeptieren, statt gegen sie anzukämpfen.

Allerdings ist das Annehmen und Akzeptieren eine der wenigen Strategien, die im Umgang mit den chronischen Beschwerden tatsächlich helfen. Nicht, weil sie dadurch weniger werden, sondern weil wir selbst den Blickwinkel darauf ändern und uns nicht mehr selbst mit unnötigen Sorgen und Fragen belasten, die uns wichtige Energie für andere Dinge rauben.

Ein erfülltes Leben mit chronischen Beschwerden

Zugegeben, das mag sehr widersprüchlich für manche klingen, aber ist der erste Schritt mittels Akzeptanz getan, ist es durchaus möglich. Wenn wir uns nämlich entspannter fühlen und uns nicht mehr so sehr auf die Beschwerden konzentrieren, können wir damit beginnen, unseren Alltag etwas bewusster zu betrachten.

Dazu sollten wir uns folgende Fragen stellen:

- *Wie hat sich mein Leben durch die Beschwerden verändert?*
- *Wie sah mein Leben vor Ausbruch der Erkrankung aus?*

- *Was war mir wichtig?*
- *Woran hatte ich wirklich Spaß?*

Jetzt schreiben wir die Antworten dazu so genau wie möglich auf und notieren zusätzlich mindestens 5 Aktivitäten, die uns wirklich Spaß gemacht haben. Das kann alles Mögliche sein: Kinobesuche, Treffen mit Freunden und Familie, sportliche Aktivitäten, Hobbies.

Und jetzt kommt auch wieder etwas Selbstreflexion ins Spiel: Wir schauen uns unsere Liste genau an und überlegen, ob wir das alles wirklich nicht mehr machen können und wieso nicht. Außer Frage steht, dass wir manche von den Aktivitäten tatsächlich nicht mehr so ausüben können, wie vor der Erkrankung. Das bedeutet aber nicht zwangsläufig, dass es gar nicht mehr geht. Oftmals sehen wir nur nicht mehr, dass wir diese anpassen können, weil unser Fokus zu sehr auf den Beschwerden liegt.

Ein Beispiel:

Vor Ausbruch meiner Erkrankung habe ich leidenschaftlich gerne alte Möbel restauriert. Aufgrund der Mastzellerkrankung reagiere ich aber anaphylaktisch auf Beizmittel und Lacke. Nachdem ich akzeptiert und die oben beschriebene Strategie angewandt hatte, kam ich auf eine Lösung: Ich restauriere immer noch alte Möbel. Statt sie abzubeizen, schleife ich sie ab. Statt Lack verwende ich Öl oder Kreidefarbe. Ich habe dieses Hobby also angepasst.

Wir können und sollten also schauen, wie wir unsere Lieblingsaktivitäten dennoch ausüben können. Statt einer Wanderung, einen Spaziergang. Manchmal lohnt es sich auch, wenn man vorher sehr sportlich war, sich neue Sportarten zu suchen, die mit den Beschwerden möglich sind und uns sogar noch dabei helfen, die Beschwerden langfristig zu bessern. Genauso macht es

Sinn, sich auch mal an Neues zu trauen, denn vielleicht entdecken wir so ja Aktivitäten, die unser Leben bereichern.

Wichtig ist lediglich, dass wir das alles gut planen, damit wir uns und unseren Körper nicht überbeanspruchen. Es geht dabei nämlich nicht darum, einen Marathon zu laufen und Höchstleistung zu erbringen. Das Ganze soll uns Freude bringen, vielleicht auch etwas Ablenkung, einfach Lebensqualität.

Das Symptomtagebuch

Ein Symptomtagebuch zu schreiben, klingt erst mal seltsam und auch sehr aufwendig.

Aber wir alle empfinden unsere Beschwerden und Symptome unterschiedlich. Wie belastend oder einschränkend wir etwas empfinden, ist sehr individuell. Daher sind auch allgemeine Tipps gegen egal welche Beschwerden nur wenig hilfreich. Was dem einen von uns gegen zum Beispiel chronische Schmerzen hilft, macht es bei dem anderen eventuell sogar schlimmer. Genauso verhält es sich manchmal auch mit Aktivitäten, begleitenden Therapien usw.

Was aber sehr hilfreich im Umgang mit den Beschwerden ist, ist ein Symptomtagebuch.

Es erleichtert es uns zum einen, den Überblick über unsere Symptome und Beschwerden zu erhalten, zum anderen ist es eine großartige Hilfe dabei, mögliche Auslöser besser erkennen zu können. In diesem Tagebuch können wir wirklich täglich notieren, welche Symptome wir haben. Zusätzlich notieren wir alle weiteren Faktoren, die wichtig sein könnten. Langfristig gesehen ist das eine der hilfreichsten Unterstützungen im Leben mit chronischen Beschwerden.

Ein Symptomtagebuch schreiben

Unser Symptomtagebuch sollte so ausführlich wie nur möglich Auskunft über unsere Beschwerden und auch unseren Alltag selbst geben.

Zu den wichtigsten Punkten zählen:

* *Welche Beschwerden?*

- *Uhrzeit, Intensität, Dauer*
- *Stress an dem Tag?*
- *Welchen Aktivitäten sind wir nachgegangen?*
- *Wetterbedingungen*
- *Was haben wir gegessen und getrunken?*
- *Ungeplante und evtl. belastende Ereignisse?*
- *Gegenmaßnahmen? Hilfreich, ja oder nein?*
- *Welche Medikamente in welcher Dosis wurden genommen?*

Hier benötigen wir etwas Disziplin und natürlich auch ein genaues Hinschauen und Beobachten. Auf den ersten Blick klingt das natürlich sehr aufwendig und anfangs ist es das auch. Zumal man sich fragen könnte, wozu das gut sein soll, da wir ja an chronischen, mitunter täglichen Beschwerden leiden. Was das also eigentlich bringen soll. Langfristig gesehen, ist es uns aber eine enorme Hilfe im Umgang mit den Beschwerden.

Nachdem wir einige Wochen alles notiert haben, können wir uns an die Auswertung machen. Das geht alleine oder mit den behandelnden Ärzten zusammen. (Oft sind Symptomtagebücher auch für unsere Ärzte eine Hilfe!) Mithilfe des Tagebuchs bekommen wir ein besseres Verständnis für unseren Körper. Können individuelle Auslöser und Verstärker unserer Beschwerden leichter identifizieren. Gelingt uns das, können wir manche Auslöser und Verstärker sogar meiden und uns damit etwas mehr Lebensqualität schaffen.

Vorteile eines Symptomtagebuchs

Wie bereits erwähnt, kann ein Symptomtagebuch uns einen genauen Überblick über unsere Beschwerden und auch eventuelle Auslöser und Zusammenhänge geben.

Aber es verschafft uns nach einiger Zeit auch einen Überblick darüber, was uns eventuell dabei hilft, die Beschwerden zu lindern.

Wenn wir nach einigen Wochen unser Tagebuch analysieren, können wir nämlich auch sehen, an welchen Tagen die Beschwerden nicht als so stark empfunden wurden und was genau an diesen Tagen anders war. Vielleicht erkennen wir so sogar einige Umstände und Verhaltensmuster, die im direkten Zusammenhang mit den Beschwerden stehen. Also nicht nur die Auslöser und Verstärker, sondern auch das, was uns hilft und was wir bisher nicht so wahrgenommen haben. Wie zum Beispiel irgendwelche Aktivitäten, leichter Sport usw. Dinge, die wir als angenehm empfinden, sorgen nämlich dafür, dass Glückshormone (Endorphine) ausgeschüttet werden. Diese besitzen einen schmerzstillenden und stimmungsaufhellenden Effekt. Sind also quasi unser körpereigenes Schmerzmittel und Antidepressivum, wenn man so will.

Es sorgt dafür, dass wir unsere Beschwerden als weniger intensiv wahrnehmen.

Zusammen mit dem Erkennen der Auslöser und Verstärker unserer Beschwerden können wir dann auch aktiv selbst für eine Verbesserung sorgen und unserem Alltag wieder mehr Lebensqualität geben.

Das Symptomtagebuch als Hilfe für Ärzte

Für Ärzte ist das Symptomtagebuch eine wertvolle Hilfe. Zum einen gibt es ihnen einen guten Überblick über unsere Beschwerden und die Zusammenhänge. Zum anderen aber auch darüber, wie erfolgreich die individuelle Therapie wirklich ist.

Es kann den behandelnden Ärzten dabei helfen, unsere Medikation anzupassen und zum Beispiel Begleittherapien wie etwa Physiotherapie, Krankengymnastik oder Ähnliches. Ebenso kann der Arzt uns die Zusammenhänge zwischen den Beschwerden und den individuellen Auslösern und Verstärken erläutern und uns gegebenenfalls noch weitere Tipps in Bezug auf unsere Verhaltensweisen geben.

Das Symptomtagebuch als täglicher Begleiter

Am effektivsten ist es natürlich, wenn wir unser Symptomtagebuch über mehrere Wochen wirklich täglich schreiben. Es also tatsächlich in unseren Alltag als Routine einführen.

Das gelingt am besten so:

1. *Das Symptomtagebuch in bereits bestehende Routinen integrieren. Zum Beispiel abends nach dem Abendessen.*
2. *Eine feste Zeit am Tag festlegen, die zum Ausfüllen des Symptomtagebuchs eingeführt wird. Daran kann man sich mittels Erinnerungsfunktion des Handys erinnern lassen.*
3. *Falls man dennoch mal vergisst, das Symptomtagebuch auszufüllen: Das kann passieren! Wichtig ist, direkt wieder weiterzumachen, damit man zukünftig soviel wie möglich weiterhin aufschreibt.*

Wie wir wissen, führen wir die meisten Routinen automatisch aus, ohne groß darüber nachzudenken. Daher ist es sinnvoll, auch das Symptomtagebuch zur Routine werden zu lassen. Das geht schneller, als wir denken. Ist es erst mal eine tägliche Routine, müssen wir uns auch nicht mehr erinnern oder gar dazu überwinden, es auszufüllen. Wir werden es ganz selbstverständlich tun, genauso wie wir zum Beispiel morgens die Bettdecken und Kopfkissen des Bettes aufschütteln oder am Abend unsere Zähne putzen, bevor wir ins Bett gehen.

Das Empfinden der chronischen Beschwerden lindern

Zugegeben, es klingt befremdlich, wenn ich schreibe, dass wir das Empfinden unserer chronischen Beschwerden lindern können. Es mag eventuell so klingen, als würde ich sagen, wir hätten selbst Schuld daran, aber das möchte ich natürlich nicht.

Aber, und das müssen wir uns bewusst machen, es gibt durchaus Menschen, die ihr Schmerzempfinden zum Beispiel kontrollieren. Denken wir dabei nur mal an jene, die problemlos auf einem Nagelbrett liegen, über einen Scherbenhaufen oder glühende Kohlen laufen. Oder nehmen wir als Beispiel mal die Geburt eines Kindes, auf die wir Frauen uns im Vorbereitungskurs vorbereiten. Das soll heißen, es ist durchaus möglich, sich dahingehend zu trainieren.

Das klappt nicht nur beim Schmerzempfinden selbst, obwohl das natürlich mitunter eine der größten Belastungen im Leben mit chronischen Erkrankungen darstellt. Das klappt mit vielen Arten der Beschwerden. Es erfordert natürlich, wie sollte es auch anders sein, Geduld und Durchhaltevermögen. Der Erfolg wird sich nicht so schnell einstellen, dafür aber langfristig und vor allen nachhaltig sein.

Die Rolle der Psyche beim Empfinden von unseren Beschwerden

Was wir sehr oft unterschätzen, ist die Rolle, die unsere Psyche bei anhaltenden und chronischen Beschwerden spielt. Das individuelle Erleben von Symptomen und deren Intensität hat viel mehr mit der Psyche zu tun, als uns eigentlich klar ist.

Wir erinnern uns mal an die *Macht der Gedanken* und wie sehr diese unsere Gefühle beeinflussen können. Ähnlich verhält es sich hier auch. Es ist ein Zusammenspiel aus Aufmerksamkeit,

Denken und Empfinden. Ein einfaches Beispiel sind hier Beschwerden unbekannter Ursache. Wenn wir weder wissen, woher sie kommen, noch wie lange sie andauern, liegt unsere ganze Aufmerksamkeit nur noch darauf. Wir denken dann beispielsweise **„Ist XY noch da? Lässt es nach? Wird es schlimmer?"** Hinzu kommen wieder Sorgen im Wechselbad mit Hoffnung. Infolgedessen bekommen wir gerne Angst oder rutschen in eine kleine Negativspirale.

Das Erleben unserer Beschwerden intensiviert sich durch diesen Kreislauf. Wenn wir das also senken wollen, ist es ratsam, dass wir lernen, unsere Aufmerksamkeit bewusst von den Beschwerden wegzulenken.

Wenn du dein Schmerzempfinden senken willst, ist es daher ratsam, zu üben, einen anderen Umgang mit schwierigen Gedanken und Gefühlen zu erlernen und deine Aufmerksamkeit bewusst zu lenken.

Der Umgang mit Gedanken und Gefühlen in Zusammenhang mit den Beschwerden

Der „*richtige*" Umgang mit Gedanken und Gefühlen, die im direkten Zusammenhang mit unseren Beschwerden stehen, ist ein wesentlicher Faktor in unserem individuellen Empfinden selbiger. Damit sind die Gedanken und Gefühle gemeint, die unsere Beschwerden verstärken und manchmal sogar aufrechterhalten und die uns daher eher im Weg bei deren Bewältigung sind.

Wenn wir zum Beispiel gedanklich ständig um irgendein Symptom kreisen und Gedanken haben wie „*Das wird niemals besser werden!*", löst das allerlei negative Gefühle wie Frustration, Wut, Verzweiflung, Trauer usw. aus. Und genau hier müssen wir ansetzen. Wir müssen uns dieser Gedanken und Gefühle bewusst werden. Das gelingt natürlich auch wieder am besten über die Selbstreflexion.

Wir nehmen also die Position des Beobachters ein. Nehmen unsere Gefühle und Gedanken wahr und trennen diese dann selbst von unseren Beschwerden. Das soll heißen, wir nehmen sie an, geben ihnen aber nicht so viel Raum, dass wir Gefahr laufen, uns in ihnen zu verlieren. Also in die Negativspirale zu rutschen, welche unser Leiden letztendlich verstärkt.

Wir können dazu eine einfache Hilfe nutzen: einen Gedankenzusatz!

Ein Gedankenzusatz ist eine Erweiterung unserer Gedanken. Zum Beispiel statt *„Ich habe wieder solches Herzrasen, das hört nie auf!"* können wir etwas wie *„Okay, ich habe Herzrasen und bemerke, wie ich Angst bekomme."* denken. Natürlich müssen wir das trainieren und üben, damit wir diese Technik auch wirklich verinnerlichen können.

Hilfreich ist es auch, wenn wir das Empfinden unserer Beschwerden wie Wellen zu betrachten versuchen. Mal ist es stärker, mal schwächer und mal überwältigt es uns regelrecht. Wichtig ist dennoch, dass wir immer wieder versuchen, Abstand von unseren Gedanken und Gefühlen bezüglich der Beschwerden zu nehmen. Damit lassen sich von vornherein negative Gedanken und die damit verbundenen Gefühlskreisläufe leichter auflösen.

Die Aufmerksamkeit bewusst auf etwas anderes lenken

Hier ist auch etwas Übung nötig.

Wenn wir unsere Beschwerden sehr intensiv wahrnehmen, ist es hilfreich, wenn wir unsere Aufmerksamkeit auf etwas anderes lenken. Damit ist aber nicht gemeint, zum Beispiel einfach die Lieblingsserie zu schauen. Das funktioniert nämlich nur bedingt und frustriert uns zusätzlich. Das liegt daran, dass das unsere Aufmerksamkeit nicht wirklich einfordert und wir gedanklich währenddessen immer noch bei den Beschwerden sind. Bedeutet, wir brauchen etwas, was unsere Aufmerksamkeit tatsächlich beansprucht.

Zuerst nehmen wir wieder die Position eines Beobachters ein und nehmen wahr, was uns grade belastet. Die Beschwerden an sich, unsere Gedanken und Gefühle dazu. Dann müssen wir uns bewusst dafür entscheiden, unsere Aufmerksamkeit auf etwas anderes zu lenken. Darauf, was wir grade tun, oder wir widmen uns etwas ganz anderem. Wichtig ist dabei eigentlich nur, dass wir unsere Aufmerksamkeit weg von den Beschwerden und vollständig hin zu dem, was wir tun, lenken. Driften unsere Gedanken wieder hin zu den Beschwerden, nehmen wir das zwar wahr, lenken sie aber wieder bewusst zurück auf das, was wir tun.

Das erfordert etwas Übung und gelingt am besten, wenn es eine Tätigkeit ist, die tatsächlich ein hohes Maß an Aufmerksamkeit erfordert und bestenfalls spannend ist. Bei mir ist es zum Beispiel ein spannendes Buch lesen, DIY-Projekte machen oder ein neues Rezept ausprobieren und kochen.

Wir können auch Unternehmungen, einen Spaziergang, ein Treffen mit Freunden etc. planen und bewusst in die Aktivität gehen, damit wir gleich einem sozialen Rückzug vorbeugen. Dieser würde unser Empfinden der Beschwerden und Einschränkungen nämlich noch mal zusätzlich verstärken.

Hauptsächlich geht es darum, dem Gefühl entgegenzuwirken, dass wir aufgrund der Beschwerden kein erfülltes Leben mehr führen oder das Leben selbst an uns vorüberzieht.

Bewältigen von chronischen Beschwerden

Wenn wir unter Beschwerden, gleich welcher Art sie sind, leiden, wollen wir sie eigentlich nur los werden. Beschwerdefreiheit erlangen. Leider ist das aber nicht immer möglich.

Bei einer chronischen Erkrankung gibt es eine Vielzahl an Beschwerden, die eventuell dauerhaft oder wiederkehrend auftreten. Manche lassen sich gut, andere weniger gut und einige auch gar nicht behandeln. Je nach Ursache, Begleitumständen und Co-Faktoren kann das schwierig sein und uns das Leben nachhaltig erschweren. Die Lebensqualität wird mitunter stark eingeschränkt und das kann dazu führen, dass wir unsere Lebensfreude verlieren.

Doch auch hier gibt es eine Lösung:

Strategien zur Bewältigung eben jener Beschwerden. Auch wenn wir diese nicht lindern, nicht beheben können, ist es möglich, sie zu bewältigen. Sprich, relativ gut mit ihnen zu leben und sein Leben dennoch zu genießen.

Bewältigung von Beschwerden - was ist das genau?

Bei der Bewältigung von Beschwerden wie zum Beispiel chronischen Schmerzen geht es primär nicht darum, wie wir diese wieder loswerden. Es geht darum, dass wir Strategien entwickeln, wie wir mit diesen umgehen und dadurch die Belastung selbst mindern.

Infolge von chronischen Beschwerden treten auch häufig andere, stark belastende und einschränkende Folgen auf. Das wären zum Beispiel der bereits thematisierte soziale Rückzug, Depressionen, starke Zukunftsängste, somatoforme Störungen usw. Diese zusätzlichen Belastungen haben wiederum einen enormen Einfluss auf unser Beschwerdeempfinden und können unsere Symptomatik verschlimmern. Deswegen ist es wichtig, dass wir uns diesen Umstand bewusst machen. Uns bewusst machen, welche Bedeutung also Strategien zum Bewältigen der Beschwerden haben.

Darum ist es wichtig, Bewältigungsstrategien zu entwickeln!

Wenn wir unter chronischen Beschwerden leiden, die sich kaum bis gar nicht therapieren lassen, erleben wir häufig eine Art Kontrollverlust. Kurz gesagt fühlen wir uns dem einfach hilflos ausgeliefert. Insbesondere dann, wenn wir schon eine Fülle an medikamentösen sowie nichtmedikamentösen Therapien erfolglos versucht haben. Die Hoffnung auf irgendeine Form der Besserung schwindet allmählich und Resignation schleicht sich ein.

Doch auch wenn wir die Beschwerden nicht lindern oder beheben können, gibt es Strategien, wie wir lernen können, besser damit umzugehen.

Einerseits wird es uns dabei helfen, uns weniger hilflos und ausgeliefert zu fühlen, andererseits wird es uns dabei helfen, unser Leben etwas leichter und selbstbestimmter zu leben. Mit etwas Geduld und Durchhaltevermögen kann es uns so gelingen, unsere Lebensqualität trotz mitunter starker Beschwerden deutlich zu verbessern.

Die verschiedenen Formen der Beschwerdebewältigung

Es gibt ganz unterschiedliche Formen der Bewältigungsstrategien und welche davon für wen geeignet ist, lässt sich nicht wirklich pauschalisieren. Allerdings geht es bei allen im Wesentlichen darum, dass man sowohl den Körper als auch die Psyche dabei berücksichtigt.

Das bedeutet, dass die individuelle Beschwerdebewältigung eine Kombination aus verschiedenen Strategien umfassen sollte. Das können medizinische Ansätze wie Physiotherapie, Psychotherapie, Ergotherapie, Krankengymnastik usw. sein. Aber eben auch Entspannungs- sowie Atemübungen, progressive Muskelentspannung, Meditation, Achtsamkeitsübungen usw. Grade ein Zusammenspiel all dieser Strategien bringt auch den größtmöglichen Erfolg. Hier ist aber auch Geduld gefragt. Wir müssen für uns austesten, was uns hilft und was nicht und wie wir das am besten umsetzen.

Häufig unterschätzt wird dabei auch die psychologische Hilfe selbst. Besonders eine psychotherapeutische Behandlung kann uns bei der Bewältigung unserer Beschwerden und beim Umgang damit enorm hilfreich sein.

Ein Psychotherapeut kann uns nämlich dabei helfen, die einzelnen Strategien umsetzen zu lernen und auch dabei, sie anzuwenden. Des Weiteren können wir in einer Psychotherapie auch erlernen, wie wir unsere Erkrankungen und das, was sie mit sich bringen, akzeptieren können. Ein weiterer Pluspunkt ist es, dass wir gleichzeitig auch etwas gegen drohende, beginnende oder bereits vorhandene psychische Folgeerkrankungen tun können.

Übungen zur Beschwerdebewältigung

Es gibt ein paar Übungen, mit denen wir die Beschwerdebewältigung starten können. Diese sind sogleich einer der Bausteine, die für die psychische Komponente des Ganzen zuständig sind. Denn hier können wir bereits sehr gut ansetzen und auch Erfolge erzielen. Ich möchte aber noch mal erwähnen, dass diese nicht zur Linderung und Behebung der Beschwerden dient, sondern um diese zu bewältigen.

Mit kleinen Schritten eine große Wirkung erzielen

Wir starten damit, dass wir uns selbst fragen, wie es uns zum jetzigen Zeitpunkt wirklich geht. Wie sehr uns unsere Beschwerden belasten und einschränken. Dazu ist es hilfreich, ähnlich wie bei einer Schmerzskala eine Skala von 1 bis 10 zu verwenden. 1 steht dabei für gar nicht bis wenig und 10 für sehr stark. Haben wir das für uns ermittelt, überlegen wir als Nächstes, was uns dabei helfen könnte, auf eine niedrigere Zahl zu kommen.

Beispiel:

Unsere Beschwerden erreichen die Zahl von 8, sind also bereits im höheren Bereich der Skala eingeordnet. Wie kommen wir dann auf eine 7?

Mittels Selbstreflexion stellen wir uns folgende Fragen:

- Was hat uns bisweilen dabei geholfen, unsere Beschwerden besser bewältigen zu können?
- Was war an den Tagen, wo wir unter einer 8 lagen, anders als heute? (hier kommt uns das Symptomtagebuch als Unterstützung zugute!)
- Was würde unsere Beschwerden noch verstärken?
- Können wir die Beschwerdeverstärker eventuell ins Gegenteil drehen, um so etwas zu finden, was uns hilft?

Ermitteln, was uns wirklich hilft

Da wir sehr erfahren darin sind, alles Mögliche zu versuchen, können wir die Dinge, die bisher keinen Erfolg brachten, für uns nutzen. Wir notieren nun alles, was uns bisher keinerlei Besserung oder Linderung brachte. Dabei müssen wir aber wirklich an alles denken. Medikamente, Sport, Therapien wie etwa Physiotherapie, PME, Entspannungsübungen etc.

Nun notieren wir alles, was uns in irgendeiner Weise, und sei es noch so minimal, langfristig geholfen hat. Dabei unbedingt auch auf Ernährungsumstellungen, ein Ändern der Gewohnheiten usw. achten.

Zu guter Letzt gehen wir die beiden Listen genau durch und überlegen, was wir eventuell noch nicht versucht haben. Sportarten zum Beispiel. Andere Aktivitäten, die zum Wohlbefinden beitragen. Atemübungen oder auch hier wieder die Ernährung, wie entzündungshemmende Ernährung zum Beispiel. Besonders hier liegt oft potenzial, welches wir verkennen.

Ein ABC zum Ablenken erstellen

Unsere Beschwerden und Symptome sind natürlich wichtig, weil sie uns vermitteln, dass etwas in unserem Körper nicht stimmt. Wichtig bei chronischen Beschwerden ist aber, ihnen nicht zu viel Raum und Aufmerksamkeit zu geben. Denn je mehr wir auf sie achten, umso weniger haben wir den Blick für anderes.
Wenn wir also, wie schon erwähnt, unsere Aufmerksamkeit bewusst auf andere Dinge lenken, senken wir auch unser Beschwerdeempfinden.

Um uns das zu erleichtern, erstellen wir ein ABC fürs Ablenken. Man könnte es auch eine abgespeckte Version von Stadt-Land-Fluss des Ablenkens nennen. Wir suchen uns zunächst irgendeine Kategorie aus. Das kann von Städten über Tiere, Flüsse bis hin zu Musik und Film alles sein. Wirklich ganz egal was. Anschließend schreiben wir für jeden Buchstaben des Alphabets zur Kategorie etwas auf. Um das Ganze noch etwas ablenkender zu gestalten, können wir auch sagen, wir machen das in einer anderen Sprache. Oder wir notieren die Worte von hinten nach vorne usw.

Wichtig hier ist: Es fordert wirklich jede Menge Aufmerksamkeit und Fokussierung. Daher eignet es sich besonders gut, wenn die Beschwerden grade sehr stark sind und sich von anderen Strategien nicht so gut bewältigen lassen.

Chronische Beschwerden und Achtsamkeit

Jetzt wollen wir uns dem wichtigen Thema Achtsamkeit widmen. Achtsamkeit im Hinblick auf chronische Beschwerden. Aber natürlich lässt sich Achtsamkeit auf alle Bereiche des Lebens anwenden.

Wir alle haben natürlich den Wunsch, dass unsere Beschwerden verschwinden. Wir wissen aber auch, dass sie das nicht so einfach tun werden, wenn sie chronisch sind. Wie wir bereits erörtert haben, belasten sie unseren Körper und auch unsere Psyche. Und genau hier setzt die Achtsamkeit auch an. Sie ist ein wichtiges Werkzeug im Leben mit chronischen Beschwerden. Genauer gesagt ist sie eigentlich sogar das wichtigste Werkzeug, um insbesondere die psychischen Belastungen, die mit den Beschwerden und Einschränkungen einhergehen, zu lindern.

Wir vergessen nur leider immer wieder, wie wichtig und auch effektiv die Achtsamkeit wirklich ist. Sie geht im Alltagsstress schnell verloren oder aber wir wissen schlicht nicht um ihre Bedeutung oder wie wir sie eigentlich beherzigen und ausüben sollen.

Achtsamkeit

Was bedeutet es eigentlich, wenn wir von Achtsamkeit sprechen? Achtsamkeit bedeutet, dass wir ganz bewusst und aufmerksam im Hier und Jetzt sind. Nun mag sich der ein oder andere fragen, wozu das gut sein und wie es uns helfen soll.

Fragen wir uns doch mal, wie oft wir denn tatsächlich im Hier und Jetzt sind. Also wirklich im gegenwärtigen Moment. Meistens ist es nämlich doch eher so, dass wir mit den Gedanken ganz woanders sind. Beim nächsten Termin, der ansteht. Bei der Planung fürs Abendessen oder gar bei einem Elternabend, der erst in einer Woche ansteht. Und wie oft sind wir mit unseren Gedanken bei unseren Beschwerden oder der Sorge, dass wir diese verschlimmern, weil wir zum Beispiel grade auf einer Geburtstagsfeier sind? Und was verpassen wir alles, wenn wir eben nicht achtsam sind?

Genau in solchen Momenten wirklich achtsam zu sein, ist leider nichts, was von alleine passiert.

Durch Achtsamkeit die Lebensqualität steigern

Jetzt fragen wir uns mal, ob wir nur dann glücklich sein können, wenn wir keine Beschwerden haben. Und ist unser Glück wirklich davon abhängig, ob wir Beschwerden haben oder nicht?

Die meisten Menschen glauben, wir müssten unser Glück suchen, und verschwenden dabei jede Menge Zeit und Energie. Denken, sie würden versagen, wenn sie es nicht finden, und verstärken damit mitunter eine Negativspirale oder die negativen Glaubenssätze. Als chronische Kranke tendieren wir sogar dazu anzunehmen, dass wir nie wieder glücklich sein können, solange wir an Beschwerden leiden.

Das Tückische daran: Chronische Beschwerden überdauern! Daher lohnt es sich durchaus, dass wir für uns einen Weg finden, auch mit ihnen glücklich zu sein. Und genau dafür ist die Achtsamkeit unser Werkzeug. Achtsam im Moment sein ist eine gute Methode, um das tatsächliche Glück zu sehen, welches uns umgibt.

Das Glück umgibt uns - auch bei Beschwerden

„Unser Glück ist immer da! Auch wenn wir Beschwerden haben!"

Mittels Achtsamkeit können wir unsere Sicht auf ein glückliches Leben nachhaltig und dauerhaft verändern. Denn Glück ist nichts, was davon abhängt, ob wir beschwerdefrei sind oder nicht. Überlegen wir doch mal, waren wir gesund und beschwerdefrei etwa immer glücklich? An jedem Tag zu jeder Stunde, Minute und Sekunde? Sind die Menschen um uns herum, Gesunde, denn immer glücklich?

Die Antwort lautet Nein.

Wieso also machen wir dann unser Glück genau davon abhängig? Was hat uns denn vorher glücklich gemacht? Macht uns das jetzt nicht mehr glücklich? Wenn ja, wieso nicht? Oder wenn es uns doch immer noch glücklich macht, was haben unsere Beschwerden dann für einen Einfluss auf unser Glück?

Stellen wir uns doch vor, Glück seien kleine Schneeflocken, die an einem Wintertag vom Himmel fallen und unsere Wangen leicht berühren. Wenn wir inmitten dieses wunderschönen Schneefalls nun nur auf unsere Beschwerden konzentriert sind, nehmen wir die Schneeflocken gar nicht mehr wahr. Und genauso verhält es sich mit unseren Gedanken, unserem eigentlichen Glück. Wenn wir nicht achtsam sind, verpassen wir all das, was uns glücklich macht.

Achtsamkeit braucht jede Menge Übung

Achtsamkeit zu praktizieren, wird unsere Lebensqualität erheblich steigern. Allerdings braucht es Übung. Wir sind es nämlich einfach nicht gewohnt, unsere Aufmerksamkeit dem gegenwärtigen Moment zu widmen statt unseren Beschwerden, Ängsten und Sorgen.

Achtsam sein kann uns daher zu Beginn auch sehr schwerfallen. Besonders wenn wir inmitten starker Beschwerden sind, ist das eine große Herausforderung, deren Bewältigung uns aber langfristig so vieles bringen wird.

Wir müssen unsere Achtsamkeit trainieren, genauso wie unsere Resilienz und Geduld auch. Je häufiger wir achtsam sind, desto besser wird uns das mit der Zeit auch gelingen. Es wird routinierter werden, im Hier und Jetzt zu sein. Allerdings gibt es noch etwas, was es uns etwas schwerer macht, Achtsamkeit mit chronischen Beschwerden auch wirklich zu leben.

Wollen wir achtsam sein, müssen wir loslassen können

Achtsamkeit erfordert Loslassen. Und genau das gestaltet sich schwierig. Wir befassen uns oft mit Problemen, weil wir diese ja eigentlich lösen möchten. Allerdings ist das wenig hilfreich bei Dingen, die wir jetzt grade nicht kontrollieren können.

Eventuell sorgen unsere Glaubenssätze unbewusst auch dafür, dass wir denken, wenn wir uns nur ausreichend bemühten, würden wir unsere Beschwerden auch loswerden und endlich wieder glücklich sein können. Natürlich ist es wichtig, dass wir auch das versuchen, doch nicht immer ist das möglich. Dann heißt es, sich von dem Gedanken und dem Wunsch der Kontrolle zu lösen. Schritt für Schritt loslassen. Loslassen, was wir uns insgeheim wünschen, und stattdessen akzeptieren und wirklich achtsam im gegenwärtigen Moment sein.

Das erfordert viel Geduld mit uns selbst und Übung. Leben wir aber erst mal tatsächliche Achtsamkeit, wird sich unsere Lebensqualität unabhängig vom Vorhandensein der Beschwerden steigern.

Psychosomatik

Vorweg sei erwähnt, dass es in diesem Teil nicht darum geht, die Behauptung aufzustellen, chronische Erkrankungen seien psychosomatisch bedingt, denn das sind sie nicht. Allerdings lässt sich auch nicht leugnen, welchen Einfluss sie auf unsere Psyche haben und umgekehrt.

Wenn wir unter dauerhaften, wiederkehrenden Beschwerden leiden, begleiten sie uns ein Leben lang. Das heißt, über einen sehr langen Zeitraum hinweg. Sie haben daher auch einen enormen, oft unterschätzten oder gar nicht wahrgenommenen Einfluss auf unsere Psyche. Die wiederum nimmt auch einen nicht unwesentlichen Einfluss auf unser Befinden selbst, auf Symptome und auch deren Intensität und sogar Auftreten.

Wir müssen uns bewusst machen, dass alles im Einklang miteinander steht und sich daher auch gegenseitig beeinflusst.

Unsere Beschwerden und der Zusammenhang mit der Psyche

Lange Zeit ging man davon aus, dass die körperliche Gesundheit von der geistigen Gesundheit strikt zu trennen sei. Allerdings ist mittlerweile wissenschaftlich bewiesen, dass das so nicht stimmt. Man weiß, körperliche und psychische Faktoren beeinflussen sich gegenseitig. Genauer gesagt rufen körperliche Erfahrungen auch immer Gedanken, Gefühle, gewisse Vorstellungen, Sorgen und Ängste hervor und umgekehrt. Es ist eine richtige Wechselwirkung.

Am besten lässt sich das anhand eines Beispiels erklären:

Die klassische Panikattacke. Sie entsteht im Kopf, wird von unserer Psyche hervorgerufen. Dennoch verursacht sie lebensbedrohlich wirkende Symptome. Starkes Herzrasen. Brustenge, Luftnot und mitunter sogar Brustschmerzen. Während einer Panikattacke denken wir sogar, dass wir einen Herzinfarkt hätten, und bekommen richtige Todesangst.

Das ist eine Wechselwirkung von Psyche und Körper. Etwas, wo unsere Psyche tatsächliche und starke Symptome hervorruft. Und genau das beachten wir viel zu wenig im Alltag und Leben mit chronischen Beschwerden.

Ein Gedanke führt zu einer körperlichen Reaktion

Unsere Gedanken, auch hier denken wir an ihre Macht, können unmittelbare körperliche Reaktionen hervorrufen. So wie eben bei einer Panikattacke oder aber auch, um noch mal einen Vergleich in positiver Hinsicht zu bringen, bei der Sexualität. Denken wir an Sex, haben eventuell Fantasien dazu, führt auch das zur körperlichen Reaktion: der Erregung.

Nun übertragen wir das mal auf unsere Symptome und Beschwerden. Wenn wir unsere Gedanken auf sie richten, nehmen wir sie auch automatisch verstärkt wahr. Haben wir von vornherein Angst, dass sich unsere Beschwerden verstärken, tun sie das in der Regel auch. Einfach aus dem Grund, dass unser Körper auf unsere Gedanken reagiert.

Das ständige Grübeln über die Erkrankung

Es ist nur natürlich, dass wir grübeln. Erkrankungen und Symptome sorgen ganz automatisch dafür, dass wir uns Gedanken machen. Wir fragen uns, wie wir etwas verbessern, gesund oder beschwerdefrei werden können. Das liegt in der menschlichen Natur. Was aber, wenn wir keinen direkten Auslöser für die Symptome finden oder eben keine Besserung mehr möglich ist?

Dann ist das Grübeln wenig hilfreich, im Gegenteil. Es steht uns im Weg, raubt Energie und Kraft und macht mürbe.

Es frustriert und sorgt für noch mehr negative Gedanken. Diese rufen dann verstärkte Leiden hervor und die Wechselwirkung zwischen Körper und Psyche verstärkt sich zunehmend. Ein Teufelskreis entsteht, aus dem wir nur schwer wieder rauskommen.

Gedanken haben Einfluss auf die Intensität der Beschwerden

Fragen wir uns mal ehrlich, wie oft wir schon dachten, dass wir hoffnungslose Fälle sind und nichts und niemand uns helfen kann. Sehr oft, oder?

Nehmen wir jetzt aber einmal mehr die Position eines Beobachters ein. Reflektieren wir die Situationen, in denen wir das dachten, mal ganz genau. Bei diesem und ähnlichen Gedanken nehmen wir unsere Beschwerden doch intensiver wahr, nicht wahr? Und je intensiver wir die Beschwerden fühlen, umso mehr halten wir an solchen Gedanken fest. Und dann haben wir ihn, den richtigen Teufelskreis.

Den Kreislauf aus Symptomen, Leiden, Gedanken, Gefühlen und letztendlich auch der wahrgenommenen Intensität der Beschwerden. Aber dieser Kreislauf lässt sich durchbrechen, auch wenn wir die Beschwerden nicht lindern können. Natürlich geht auch das nicht ohne Geduld und Durchhaltevermögen. Aber wir können das Zusammenspiel der Psyche und des Körpers auch für uns nutzen.

Wechselwirkung der Psyche und des Körpers nutzen

Das mag auf den ersten Blick sehr seltsam klingen, ist aber sehr erfolgversprechend. In der Verhaltenstherapie erlenen chronisch

Kranke zum Beispiel, die „*reinen*" Symptome von den Gedanken an eben jene zu trennen. Das soll heißen, sich bewusst zu machen, was zum Beispiel tatsächlich an Schmerzen vorhanden ist, und die Schmerzen von den Gedanken daran zu trennen.

Das gelingt am besten, indem wir unsere Gedanken etwas umformulieren. Zum Beispiel:

*   „*Gerade kam mir der Gedanke, dass ich nicht wieder beschwerdefrei sein werde.*" anstelle von „*Ich werde nie wieder ohne Beschwerden sein!*"
*   „*Mir kommt der Gedanke in den Sinn, dass andere gesund sind, und das ist ungerecht!*" anstelle von „*Es ist so ungerecht, dass andere nicht so leiden müssen!*"
*   „*Grade muss ich daran denken, dass ich nicht mehr so leben kann wie früher!*" anstelle von „*Mein Leben ist vorbei!*"

Das dient dazu, dass wir lernen, unsere Gedanken als das wahrzunehmen, was sie sind: Gedanken. Nicht mehr und nicht weniger. Sie sind keine unumstößlichen Wahrheiten. Damit nehmen wir ihnen etwas ihre Macht und verringern ihren Einfluss auf unser Befinden.

Psyche, chronische Leiden und mehr Lebensqualität

Es mag seltsam sein, sich über den Zusammenhang zwischen chronischen Beschwerden und unserer Psyche bewusst zu werden. Eventuell sogar beängstigend. Es wäre auch durchaus möglich, dass einige sich nun fragen, inwieweit ihre Symptome eventuell psychischer Natur sein könnten oder inwieweit sie durch die Psyche verstärkt werden. Daher: kein Druck!

Wenn wir uns dessen bewusst sind, sind wir schon mal einen großen Schritt weiter in Richtung mehr Lebensqualität. Denn indem wir um diesen Umstand wissen, können wir ihn nun auch gezielt dafür nutzen, unser Leiden zu verringern und unsere Lebensqualität zu steigern. Wenn wir lernen, unsere Aufmerksamkeit und Gedanken nicht mehr nur noch um die Erkrankung, die Beschwerden und die Einschränkungen kreisen zu lassen, unsere Gedanken gezielt umzulenken, dann haben sie auch keinen so großen Einfluss mehr auf unser Beschwerdeempfinden.

Wir werden uns automatisch besser fühlen und wieder mehr Spaß an eventuellen Aktivitäten haben. Unser Glück werden wir mehr wahrnehmen und generell einen anderen Blickwinkel auf unser Leben bekommen.

Eine bessere, psychische Verfassung wirkt sich also positiv auf unsere körperliche Verfassung aus und hebt damit auch nachhaltig und langfristig unsere Lebensqualität wieder an.

Der Mental Load

Der Mental Load, oder auch die unsichtbare Last, ist die Belastung, die entsteht, wenn wir innerlich ständig planen und organisieren.

Als chronisch Kranke müssen wir natürlich vieles gut planen und organisieren. Wir alle haben eine To-do-Liste im Kopf. Alltagsaufgaben, die erledigt werden müssen. Dazu jede Menge zusätzliche Termine, wie zum Beispiel Arzttermine, verschiedene Therapien und Besorgungen. Wir sind vielleicht Eltern und haben auch da ständig irgendwelche Verpflichtungen, die wir erfüllen müssen. Hinzu kommt eventuell noch ein Job, der ebenso erfüllt werden möchte. Alles unter einen Hut zu bekommen, grade wenn der eigene Körper nicht mehr zu 100 % funktioniert, kann dann zur Überforderung werden. Zur regelrechten Belastung, die man dann Mental Load nennt.

Sie bleibt aber leider oft unbemerkt, von uns selbst und auch dem Umfeld, weil die Belastung eben unsichtbar ist, oft auch nicht wirklich greifbar. Aber wir können sie sichtbar machen und reduzieren.

Mental Load, wie definiert man ihn?

Der Mental Load ist die nicht sichtbare Planung und Koordination, die wir brauchen, um alles unter einen Hut zu bekommen. Dazu zählt Familienleben, Haushalt, Berufsleben, Privates und sämtliche Arzt-sowie Therapietermine.

Unser Kopf ist dabei unser Terminplaner. Er ist voll mit allen möglichen Dingen, an die wir denken und die wir tun müssen. Das betrifft oftmals nicht nur einen Tag, sondern wir planen und koordinieren eine ganze Woche oder mehrere. Ein Geburtstag steht an, wir haben Arzttermine, Elternabende, auf der Arbeit muss dies und das bis zu einem festgelegten Zeitpunkt fertig sein, die Wäsche muss gemacht werden, im Garten muss einiges getan werden. Das alles erfordert Planung, Koordination und natürlich auch jede Menge Arbeit. Arbeit, die man von außen nicht sehen kann. Sichtbar ist dabei nur das, was wir tun. Die Prozesse, die im Kopf ablaufen, sind unsichtbar.

Der Mental Load lässt sich auch gut mit einem Eisberg vergleichen. Die sichtbare Arbeit ist die Spitze des Eisberges. Das, was an Arbeit im Verborgenen abläuft, ist das, was unterhalb der Wasseroberfläche liegt: die ganze Planung und Koordination. Etwas, was uns selbst oftmals gar nicht bewusst ist. Worüber wir im Nachhinein gar nicht mehr nachdenken, denn sobald ein Tag, eine Woche geschafft ist, stehen schon die nächsten Aufgaben und Termine an.

Die unsichtbare Liste im Kopf

Um zu verdeutlichen, wie viel Planung hinter etwas steckt, nehmen wir ein Beispiel zur Hilfe:

Stellen wir uns vor, wir wollen samstags einen Familienausflug zum Zoo machen. Jetzt könnte man denken, man packt etwas Verpflegung ein, Wechselkleidung für die Kinder, fährt hin und hat einen tollen Tag. Tatsächlich ist es aber viel mehr als das. Im Kopf entsteht eine Liste voll von Dingen, an die wir denken müssen.

Bei mir zum Beispiel sind es folgende Dinge:

- Abklären, ob der Zoo wirklich barrierefrei ist. Das heißt: Kann ich, sollte es nötig sein, auch mit dem Rollstuhl rein?
- Welches Wetter ist vorhergesagt? Was brauche ich an Wechselkleidung für die Kinder?
- Habe ich noch genügend Notfallmedikamente für den Tag?

- Was nehme ich zu Essen mit und wie mache ich das mit Lebensmitteln, die gekühlt werden müssen?
- Was muss ich an Essen noch für den Tag besorgen für uns alle und wann mache ich das am besten?
- Sind meine Notfallpässe auf dem neuesten Stand?
- An eine Mund-Nasen-Maske, Sonnenbrille, Kopfbedeckung und genügend Wasser denken.

Ähnlich sieht es aber auch bei alltäglichen Aufgaben und Abläufen aus. Die Liste für jeden Tag kann mitunter unendlich lang sein. Vieles erfordert Planung und Arbeit im Vorfeld und wir nehmen das selbst oft überhaupt nicht wirklich wahr.

Wir schwächen den Mental Load ab!

Gedanklich sind wir ständig damit beschäftigt, Dinge zu planen und Termine zu koordinieren, während wir die lange To-do-Liste im Kopf abarbeiten. Wir sind überlastet und dennoch steht das Nächste an, was geplant und umgesetzt werden muss. Kein Wunder also, wenn uns manchmal alles zu viel wird.

Aber wir können eben auch nicht einfach alles hinschmeißen. Die gute Nachricht: Wir können den Mental Load abschwächen und uns selbst etwas von der unsichtbaren Last nehmen!

1. Wir machen sichtbar, was im Verborgenen liegt!

Das Wichtigste zuerst: sichtbar machen, was im Verborgenen liegt! Das ist notwendig, wenn wir uns etwas von dem Mental Load nehmen wollen. Wenn wir nur das beachten, was sichtbar ist, können wir nichts von der Last gerecht verteilen. Das soll heißen: auch etwas von der Planung und Koordination an andere abgeben.

Wir können zum Beispiel eine Liste erstellen, mit dem Partner/ der Partnerin und genau festlegen, wer welche Aufgaben inklusive der Planung und Koordination übernimmt. Besonders im Familienalltag haben Mütter oftmals den größeren Mental Load, da sie eben alles, was den Haushalt, das Familienleben und die Kinder betrifft, auf dem Schirm haben, planen und koordinieren. Manchmal ist das dem anderen auch nicht wirklich bewusst. Daher: miteinander darüber sprechen, eine Liste der tatsächlichen Aufgaben schreiben und dann gemeinsam die Aufgaben fair verteilen.

Dabei geht es auch nicht darum, wer das meiste zu tun hat, sondern darum, dass man sich die Last teilt und sich auch selbst einmal bewusst macht, was im Unsichtbaren eigentlich so alles abläuft.

Tipp: Für jene, die alleine leben, alleinerziehend sind usw. auch ihr solltet diese Liste schreiben! Es ist nämlich wichtig für den zweiten Schritt.

2. Wertschätzen, was wir tun!

Haben wir uns bewusst gemacht, was wir tatsächlich an Arbeit leisten, müssen wir diese auch als solche anerkennen. Bei uns selbst und auch unserem Partner.

Es geht dabei um Wertschätzung. Die geht nämlich viel zu oft im Alltag unter. Wir fokussieren uns nämlich in der Regel immer nur auf das, was nicht funktioniert hat, was uns nicht gelungen ist.

Was wir im Alltag gut hinbekommen haben, nehmen wir einfach als Selbstverständlichkeit hin. Schenken dem so gut wie keine wertschätzende Beachtung. Dabei können gerade die Bewusstmachung dessen, was man eigentlich leistet, und die Wertschätzung eine große Wirkung auf unser Selbstbewusstsein und unseren Selbstwert haben.

3. Aufgaben fair verteilen

Nachdem wir nun sichtbar gemacht haben und wertschätzen, was wir wirklich an Aufgaben zu bewältigen haben, ist der nächste Schritt, sie fair zu verteilen. Am besten gelingt das in kleinen Schritten.

Zuerst sollten wir überlegen, welche Aufgabenbereiche es alltäglich gibt, und diese dann aufteilen. Zum Beispiel Haushaltsaufgaben: Einer kümmert sich um die Wäsche, der andere ist für das dreckige Geschirr zuständig. Thema Kinder: Einer übernimmt die Morgenroutine, der andere die Abendroutine. Das lässt sich auf alle tatsächlichen Aufgaben anwenden.

Als Nächstes sollten wir uns anschauen, was an zusätzlichen Aufgaben für die Woche ansteht. Arzttermine, Elternabend, eine Geburtstagsfeier usw. Auch diese werden dann fair verteilt, inklusive der ganzen Planung. Ein Beispiel: Derjenige, der das Kind zu einem Arzttermin begleitet, übernimmt auch alles andere, was dazu gehört. Zum Beispiel die Wickeltasche packen, an Snacks und die Trinkflasche denken, an U-Heft und Impfpass usw.

Diese Aufteilung gelingt am besten, wenn man sich einen festen Tag in der Woche aussucht, an dem man die kommende Woche gemeinsam plant. Einen Planungstag sozusagen.

4. Reflektieren, was man an Aufgaben erledigt hat

Der Planungstag soll aber nicht nur dazu dienen, die anstehende Woche zu planen, sondern auch dazu, die vergangene zu reflektieren. Gemeinsam einfach mal darauf zurückschauen, wer was übernommen und wie es geklappt hat. Auch hier wieder mit Wertschätzung dem anderen und sich selbst gegenüber.

Vielleicht kann man sich ja sogar gegenseitig helfen, sich Tipps für Dinge geben, die nicht so geklappt haben, wie sie geplant waren. Sich auch darüber austauschen, wie stressig man etwas fand und wie es einem wirklich geht. Ist man mit etwas eventuell doch überfordert und möchte Aufgabenbereiche tauschen? Sind wir irgendwo an unsere Grenzen gestoßen? Wichtig hierbei ist aber, dass man dem anderen keine Vorwürfe macht! Es geht darum, dass man gemeinsam herausfindet, wie man alles fair verteilt, ohne sich gegenseitig zu überfordern. Und auch darum, herauszufinden, ob man irgendwo eventuell noch Hilfe von außen benötigt. Macht es eventuell Sinn, sich eine Haushaltshilfe zu holen? Können vielleicht die Großeltern bei der Kinderbetreuung helfen?

Natürlich braucht es Zeit und auch Durchhaltevermögen. Vielleicht auch mehrere Versuche, Umverteilungen der Aufgaben, bis man den Mental Load tatsächlich fair verteilt hat. Langfristig wird es uns den Alltag aber erheblich erleichtern und wieder mehr Raum für anderes schaffen.

Wenn der Mental Load zu Symptomen führt

Wenn der Mental Load zu groß wird, kann er unter Umständen zu körperlichen Beschwerden führen oder vorhandene bei chronischen Erkrankungen verstärken. Wir erinnern uns: Psychosomatik! Geistige Überlastung belastet auf Dauer unsere Psyche und diese wirkt sich, wie wir wissen, auch maßgeblich auf unsere körperliche Verfassung aus.

Symptome wie Antriebslosigkeit, Gereiztheit, totale Erschöpfung, Schlafprobleme usw. treten auf und/oder werden verstärkt. Im schlimmsten Fall kann daraus ein Burn-out, also eine Erschöpfungsdepression entstehen. Deswegen ist es wichtig, dass wir darauf achten, ob und wann ein Mental Load uns belastet und auch wie stark er das tut. Offen darüber sprechen und sich Hilfe holen, wenn man überfordert ist.

Nur so können wir der Überlastung auch wirklich vorbeugen und entgegenwirken.

Stressbewältigung

Wir alle kennen ihn: Stress! Und wir alle wissen, dauerhafter Stress kann uns krank machen. Mehr noch, bei chronisch Kranken kann er den Krankheitsverlauf beschleunigen sowie die Symptomatik verschlimmern.

Natürlich sind wir uns auch alle darüber bewusst, dass wir Stress genau deswegen reduzieren und wenn möglich sogar vermeiden sollten. Was aber, wenn das nicht geht? Wenn wir stressigen Situationen ausgesetzt sind, die wir nicht wirklich beeinflussen oder vermeiden können?

Stress an sich kann manchmal hilfreich sein, weil er uns aktiviert und innerlich anspornt. Langfristig sollten wir aber lernen, ihm effektiv entgegenzuwirken. Ihn also zu bewältigen, damit wir nicht in ihm untergehen. Damit wir seinen negativen Auswirkungen auf unsere Gesundheit vorbeugen.

Es gibt einige Strategien zur Stressbewältigung, die wir im Alltag, aber auch in herausfordernden und besonders stressigen Situationen anwenden können.

Gegen den Druck von innen

Wir alle empfinden Stress individuell. Während der eine sehr schnell inneren Druck verspürt, etwas zu erledigen, hat der andere mehr Gelassenheit.

Ein Beispiel:

Wir stehen mit dem Auto an einer roten Ampel und warten darauf, dass sie auf Grün springt. Die Ampel schaltet auf Gelb, wir machen uns bereit loszufahren. Vor uns steht aber ein anderes Auto, dessen Fahrer sich erst bei Grün bereit macht und dementsprechend etwas länger zum Losfahren braucht. Jetzt gibt zwei Möglichkeiten: gelassen bleiben oder gestresst sein. Manche bleiben gelassen und andere verspüren sofort den inneren Druck, schimpfen und hupen vielleicht.

Mit diesem Beispiel möchte ich vereinfacht sagen: Es gibt Menschen, die schneller gestresst sind als andere. Fragen wir uns also mal, zu welcher der beiden im Beispiel genannten Menschengruppen wir selbst gehören. Sind wir die Person, die schimpft und hupt, dann ist das nichts Verwerfliches, sondern eine wertvolle Erkenntnis. Eine, die wir zur Stressbewältigung brauchen und die wir einfach anerkennen sollten.

Sagen wir uns Folgendes: *„Ich gerate schneller unter Druck und bin schneller gestresst!"*

Genau das nutzen wir nun für uns und widmen uns den Strategien zur Stressbewältigung.

Stress und dessen Bewältigung beginnt im Kopf!

Widmen wir uns noch mal meinem Beispiel mit der Ampel: Wieso geraten wir schneller unter Druck als andere?

Antwort: Es sind unsere Gedanken!

Wir denken zum Beispiel, dass wir zu spät zur Arbeit oder irgendeinem Termin kommen. Sind also sofort gestresst. Diejenigen, die gelassen bleiben, denken sich eventuell, dass die paar Sekunden keinen Unterschied machen, oder sind zeitlich nicht gebunden. Wichtig ist hier, dass kein Gedanke besser oder schlechter ist. Wir sollten uns nur verdeutlichen, dass manche

Gedanken mehr Stress erzeugen als andere, und genau das benötigen wir, wenn wir Stress bewältigen wollen.

Dazu braucht es aber auch wieder etwas Selbstreflexion. Reflektieren wir mal über Alltagssituationen oder Situationen allgemein, in denen wir gestresst sind. Welche Gedanken hegen wir dann? Denken wir vielleicht, dass wir etwas müssen?

Zum Beispiel eine Nachricht beantworten. Wenn uns jemand eine Nachricht schickt, denken wir dann, dass wir diese sofort oder am selben Tag noch beantworten müssen? Und jetzt fragen wir uns mal, ob wir das wirklich müssen. Müssen wir oder denken wir lediglich, dass wir das müssen, weil der andere das erwartet? Das soll heißen: Wir müssen unsere Gedanken dazu hinterfragen.

Das Hinterfragen der eigenen Gedanken soll uns dabei helfen, den Druck, den wir uns selbst machen, wahrzunehmen. Das tun wir nämlich oft nicht. Wir verspüren ihn zwar und reagieren darauf, aber wirklich bewusst sind wir uns des inneren Drucks nicht.

Also heißt es nun: reflektieren und bewusst wahrnehmen. Und das am besten jedes Mal, wenn wir gestresst sind oder waren. Erkennen, welcher Gedanke zu diesem Druck geführt hat oder führt, sich beeilen zu müssen, etwas erledigen oder tun zu müssen, und dann schauen, ob wir wirklich müssen oder das nur denken. Das kann am Anfang schwierig sein, da vieles davon unbewusst abläuft oder Routine und Gewohnheit ist. Doch je mehr wir uns diesbezüglich im Reflektieren üben, desto einfacher wird es werden, gelassener auf die Dinge zu reagieren.

Nebenbei hilft uns das nicht nur bei der Stressbewältigung, sondern langfristig auch dabei, achtsamer zu sein, das Selbstwertgefühl anzuheben und wieder selbstbestimmter zu leben.

Stress entsteht durch die eigenen Erwartungen

Jeder von uns hat einen inneren Antrieb.

Wir haben oft die höchsten Erwartungen an uns selbst. Die To-do-Liste im Kopf, voll von Dingen und Aufgaben, die wir vermeintlich noch zu erledigen haben, und das am besten perfekt und sofort.

Es erzeugt nicht nur Stress, sondern auch Frustration und Verzweiflung, wenn wir diesen Erwartungen nicht gerecht werden. Dabei spielt es auch keine Rolle, ob diese Erwartungen durch andere entstanden sind/verstärkt wurden oder ob sie zum Beispiel in unseren Glaubenssätzen ihren Ursprung haben. Wichtig ist nur, dass wir uns darüber bewusst werden.

Ein Bewusstsein dafür entwickeln, dass wir uns mit den viel zu hohen Erwartungen selbst unter unnötigen Druck setzen. Den Druck, etwas leisten zu müssen, perfekt zu sein, keine Fehler zu machen. Das erzeugt in uns selbst jede Menge Unruhe und diese sorgt für den Stress, den wir dann erleben. Daher ist es auch hilfreich, wenn wir hinterfragen, wieso wir das tun. Und was geschehen würde, würden wir unsere Erwartungen an uns selbst runterschrauben.

Stress im Alltag bewältigen - ein paar Tipps

Stressbewältigung integrieren wir am besten in unseren Alltag, denn dort nehmen wir ihn meistens überhaupt nicht richtig wahr bzw. sind uns dessen nicht so wirklich bewusst.

Folgendes können wir tun:

1. Sobald wir gestresst sind, den inneren Druck bewusst wahrnehmen.
2. Reflektieren, woher der Druck kommt. Uns also fragen, welcher Gedanke steht dahinter?

3. Dann hinterfragen wir den Gedanken, der den inneren Druck ausgelöst hat.
4. Den Druck rausnehmen, indem wir uns von dem Gedanken lösen.

Es gibt Dinge, die müssen nicht sofort, nicht perfekt oder zwingend von uns selbst erledigt werden. Eine Nachricht zum Beispiel, die wir nicht sofort beantworten, ist nicht gleichbedeutend mit Unzuverlässigkeit. Wenn wir Aufgaben abgeben, uns helfen lassen, dann sind wir nicht schwach. Niemand kann alles alleine machen. Wir sind auch nicht egoistisch, wenn wir uns selbst und unsere Bedürfnisse ab und zu mal an erste Stelle setzen und anderes warten lassen. Etwas nicht sofort zu tun, bedeutet nicht, wir tun es gar nicht. Manches kann auch mal warten.

Alltagsstress

Alltagsstress – der Stress, der uns tagtäglich begleitet und den wir selten wahrnehmen, bis er uns überfordert.

Wir alle haben einen mehr oder weniger durchgeplanten Tagesablauf. Eine Routine. Eine lange To-do-Liste, die irgendwie nie endet. Denn neben dem, was täglich sowieso ansteht, stehen auch immer wieder Dinge auf dem Plan, die zusätzlich dazukommen. Die Kinder werden krank und müssen zum Arzt und außerdem zuhause betreut werden. Der Chef kommt plötzlich mit einem neuen Projekt um die Ecke oder wir selbst müssen ungeplant zu irgendeinem Arzttermin, weil unsere Erkrankung neue oder schlimmere Probleme macht als vorher. Dann entsteht er, der Alltagsstress, dessen wir uns kaum bewusst sind, bis er uns überfordert.

Alltagsstress macht aber auch etwas mit unserem Körper und deswegen ist es wichtig, sich seiner bewusst zu sein und etwas dagegen zu tun.

Was genau ist denn Alltagsstress?

Alltagsstress, das sagt der Name schon, ist der Stress, der durch unsere alltäglichen Aufgaben und Pflichten entsteht. Es geht hier also nicht um den Stress, den wir in bestimmten Situationen empfinden, sondern um jenen, der von vielen kleinen Alltagsaufgaben ausgelöst wird. Was wir dabei als stressig empfinden und was nicht, ist immer individuell. Während für den einen der Hausputz stressig sein kann, ist es für den anderen vielleicht das Abendessenkochen nach einem Arbeitstag. Den einen spornt ein herausforderndes Projekt auf der Arbeit an, den anderen stresst es eher.

Was wir also genau als Alltagsstress empfinden, müssen wir für uns selbst herausfinden. Wir müssen uns dazu fragen, was uns im Alltag stresst. Welche Aufgaben überfordern uns vielleicht und lösen Stress bei uns aus und wie fühlen wir uns dabei?

Alltagsstress wird in der Regel zwar nicht von einem einzigen sehr herausfordernden Faktor ausgelöst, ist deswegen aber nicht weniger belastend. Denn Alltagsstress tritt gehäufter und wiederkehrend auf und summiert sich über einen längeren Zeitraum. Das raubt uns stetig Energie und lässt uns auf Dauer glauben, dass wir dem Alltag nicht mehr gewachsen sind und ihn nicht mehr bewältigen können.

Alltagsstress hat Einfluss auf den Körper

Alltagsstress hat einen nicht zu unterschätzenden Einfluss auf unseren Körper, genauer gesagt auf unser Emotionszentrum im Gehirn. Dort befindet sich die Amygdala und diese wird immer dann aktiv, wenn wir etwas als Gefahr wahrnehmen.

Alltagsstress kann vom Gehirn als Gefahr wahrgenommen werden, als etwas Bedrohliches. Die Amygdala reagiert darauf mit der Ausschüttung der wichtigsten Stresshormone: Cortisol und Adrenalin. Diese wiederum führen zu körperlichen Reaktionen wie etwa einem steigenden Blutdruck, Muskelanspannung, und gesteigerter Atemfrequenz. Vereinfacht gesagt, bereitet sich unser Körper darauf vor, auf die Gefahr zu reagieren. Er unterscheidet hier auch nicht, ob wir uns tatsächlich in Gefahr befinden oder ob es sich lediglich um eine mögliche Gefahr handelt. Sobald wir bzw. unser Gehirn etwas als bedrohlich wahrnehmen, wird die Stressreaktion in Gang gesetzt. Deswegen empfinden wir es zum Beispiel auch als stressig, wenn wir nur annehmen, dass etwas auf unserer To-do-Liste zum Problem werden könnte, weil wir es zeitlich nicht schaffen, es zu erledigen. Auch dann, wenn es das nicht tut.

Wir sehen also, dass anhaltender Alltagsstress unseren Körper auf Dauer belasten und gesundheitlich zu ernsthaften Problemen führen kann. Bei einem bereits geschwächten und durch chronische Erkrankungen belasteten Körper ist diese Gefahr sogar noch höher als bei eigentlich gesunden Menschen. Die direkte körperliche Reaktion auf den Alltagsstress hat negative Auswirkungen auf den Verlauf einer Erkrankung sowie die Symptomatik selbst. Der Körper eines chronisch kranken Menschen befindet sich nämlich sowieso ständig oder zumindest wiederkehrend in diesem Gefahrenmodus und wird durch die einsetzende Stressreaktion noch mehr belastet. Deswegen ist es wichtig, dass wir lernen, unseren Alltagsstress möglichst zu reduzieren oder zu bewältigen.

Die Gründe für Alltagsstress

Die wenigsten von uns sagen bewusst Ja zum Alltagsstress. Vielmehr ist es so, dass wir uns dem viel zu oft hilflos ausgeliefert fühlen und nichts dagegen unternehmen können.

Aber beides ist so nicht ganz richtig. Für manche Faktoren, die Stress erzeugen, entscheiden wir uns nämlich doch ganz bewusst. Wie zum Beispiel bügeln. Die Wäsche ist gewaschen und getrocknet und muss noch gebügelt werden. Der Tag war lang und anstatt uns abends dann zu entspannen, erledigen wir diese eine Aufgabe auch noch. Wir entscheiden uns also ganz bewusst dazu, den einen Punkt auf unserer To-do-Liste noch abarbeiten zu müssen.

Das heißt, wir können aber auch etwas dagegen tun. Und das ist die gute Nachricht!

Dazu müssen wir uns aber zuerst ein paar Fragen stellen:

- Müssen wir wirklich immer und überall erreichbar sein oder können wir auch erst am Abend Nachrichten und Anrufe beantworten?

- Müssen wir wirklich jeden Tag einer sportlichen Aktivität nachgehen oder reicht auch dreimal in der Woche aus?
- Müssen wir wirklich immer alles selbst erledigen oder können wir zum Beispiel auf der Arbeit Aufgaben auch an andere delegieren?
- Müssen wir beispielsweise für den Kindergeburtstag in der Kita wirklich selbst backen oder ist es okay, einen gekauften Kuchen mitzugeben?
- Müssen wir zum Beispiel am Abend noch die Wäsche bügeln oder ist es auch ausreichend, das auf einen anderen Tag zu verlegen?

Alltagsstress entsteht meistens dann, wenn wir damit aufhören, unsere täglichen Aufgaben und deren tatsächliche Priorität zu hinterfragen. Wenn wir also stur unsere Aufgabenliste abarbeiten und uns nicht mehr fragen oder vielleicht sogar noch nie gefragt haben, ob diese eine Sache grade wirklich von Wichtigkeit ist.

Was wir gegen Alltagsstress tun können

Es gibt ein paar Dinge, die wir dem Alltagsstress entgegensetzen können. Hilfreiche Strategien sozusagen.

Wir sind ihm nämlich nicht so hilflos ausgeliefert, wie wir vielleicht annehmen. Langfristig wird das zu mehr Gelassenheit, mehr Resilienz, einer besseren Selbstwahrnehmung und mehr Selbstfürsorge führen. Das hat wiederum positive Auswirkungen auf unseren Körper und unsere Lebensqualität selbst.

1. Die Bestandsaufnahme

Zunächst sollten wir eine Bestandsaufnahme machen. Das heißt, wir ermitteln, wie ein üblicher Tagesablauf bei uns wirklich aussieht:

- Welche Aufgaben erledigen wir jeden Tag?
- Was empfinden wir dabei als besonders stressig und belastend?

Am besten schreiben wir das auch tatsächlich auf. Also wirklich jede alltägliche Aufgabe und wie wir diese selbst empfinden. Dabei müssen wir aber so genau wie nur möglich vorgehen, denn es gibt alltägliche Dinge, die wir eventuell nicht beachten, wie beispielsweise Mitteilungen auf dem Handy.

Als Nächstes tun wir dasselbe mit den Aufgaben, die wir nur wöchentlich oder gar monatlich haben. Beispielsweise die Kinder zu irgendwelchen Aktivitäten fahren. Auch hier müssen wir wieder genau sein, damit am Ende nichts in unserer Bestandsaufnahme fehlt.

Ist unsere Bestandsaufnahme fertig, haben wir einen tatsächlichen Überblick über alles, was wir im Alltag erledigen. Zusätzlich können wir nun auch ermitteln, was davon uns am meisten stresst. Nun können wir damit anfangen, jeden einzelnen Punkt zu hinterfragen. Zu überlegen, ob und was wir von dieser Liste eventuell streichen können. Wenn uns zum Beispiel tägliches Wäschewaschen stresst, könnten wir vielleicht nur alle zwei Tage waschen. Wenn uns der Haushalt überfordert, könnten wir darüber nachdenken, uns eine Haushaltshilfe zu nehmen. Stresst uns die tägliche Erreichbarkeit, könnten wir einfach jeden Tag handyfreie Zeiten einrichten.

Hier ist natürlich etwas Geduld gefragt und eventuell müssen wir auch immer wieder mal unseren Alltag neu strukturieren, wenn sich alte Gewohnheiten wieder einschleichen.

2. Das ändern, was wir ändern können

Natürlich können wir nicht alle Faktoren einfach streichen, die uns stressen. Es wird immer irgendwas geben, was wir trotzdem tun müssen. Als Eltern zum Beispiel oder auch auf der Arbeit.

Allerdings können wir auch hier etwas ändern: Wir können uns nämlich mal selbst fragen, ob uns jemand unterstützen könnte und wie. Zum Beispiel könnte man die Großeltern fragen, ob sie die Kinder ab und zu mal von der Kita/Schule abholen und diese den Nachmittag bei ihnen verbringen können. Ist eine Aufgabe auf der Arbeit nicht allein zu bewältigen, könnten wir Kollegen um Hilfe bitten, auch wenn es schwerfällt.

Manchmal ist es nicht leicht für uns, wichtige Aufgaben an andere zu delegieren oder generell um Hilfe zu bitten. Einerseits weil wir das Gefühl haben, dass wir unseren Verpflichtungen selbst nachkommen müssen. Andererseits aber auch, weil uns unser Stolz und Ehrgeiz im Weg steht.

Meiner Erfahrung nach lohnt es sich aber durchaus, es wenigstens zu versuchen und zu üben. Dazu können wir mit kleinen Dingen anfangen und einfach sehen, was passiert. Im besten Fall bekommen wir etwas Entlastung und etwas mehr Zeit für uns selbst und die schönen, entspannenden Dinge im Leben.

3. Einen Ausgleich schaffen

Ein weiteres und sehr effektives Mittel gegen Alltagsstress ist ein Ausgleich. Den haben wir nämlich meistens nicht, oder nicht genug davon. Unsere Aufgabenliste scheint manchmal geradezu endlos zu sein und in unserem Terminkalender ist kaum noch Platz für irgendwas. Und genau hier liegt das Problem: keine Zeit für uns selbst!

Das sollten wir aber ändern, indem wir uns bewusst Zeit für uns selbst nehmen. Zeit, um einen Ausgleich zum Alltagsstress zu schaffen. Das kann zum Beispiel ein kurzer Spaziergang in der Mittagspause sein. Bereits 30 Minuten an der frischen Luft sorgen dafür, dass unser Stresspegel erheblich sinkt.

Was aber für wen geeignet ist, ist sehr individuell. Daher heißt es ausprobieren! Den Ausgleich finden, der für uns am hilfreichsten ist. Für die einen wird es der bereits erwähnte Spaziergang in der Mittagspause sein. Für den anderen ist es eventuell Sport oder Yoga. Wieder jemand anderes wird ein gutes Buch, ein heißes Bad oder vielleicht eine gute Serie als stressreduzierend empfinden. Am Ende spielt es auch keine Rolle, was wir zum Ausgleich tun, sondern nur, dass wir etwas dafür tun.

Fassen wir also noch mal zusammen: Bestandsaufnahme, aktiv etwas an unserem Alltag ändern und für ausreichend Ausgleich sorgen. Das wird uns natürlich nicht alles sofort und blitzschnell gelingen. Aber es lohnt sich und unser Körper wird es uns danken.

Stressverstärker

Damit wir wie zuvor beschrieben unseren Stress senken können, müssen wir auch an die Stressverstärker denken. Denn sie haben einen enormen Einfluss darauf, wie gestresst wir sind und wie wir mit bestimmten Situationen umgehen.

Wir kennen sie alle, solche Tage, an denen gefühlt irgendwie alles schiefgeht und wo sich plötzlich alles überschlägt. Wir verschlafen, geraten auf dem Weg zur Arbeit in einen Stau und sind zu spät dran. Die E-Mails stapeln sich schon und plötzlich fällt uns ein, dass wir auch noch alles für den anstehenden Kindergeburtstag organisieren müssen. Zuhause stapelt sich die Wäsche und der Rasen ist auch noch nicht gemäht. Manchmal bleiben wir an solchen Tagen recht entspannt und an anderen befinden wir uns im Dauerstress.

Das liegt dann an unseren persönlichen Stressverstärkern. Wenn wir diese aber ermitteln, können wir auch ihnen etwas entgegensetzen und insgesamt besser mit Stress umgehen.

Unsere persönlichen Stressverstärker

Bei unseren persönlichen Stressverstärkern handelt es sich um unsere Einstellungen, Glaubenssätze und die Ansprüche, die wir an uns selbst haben.

Das bedeutet: Ob wir eine Aufgabe, Situation oder auch Belastung als stressig wahrnehmen, hängt davon ab, wie wir darüber denken. Auch hier greift wieder etwas die Macht der Gedanken. Wenn wir zum Beispiel denken, dass wir etwas nicht bewältigen können, empfinden wir auch automatisch mehr Stress dabei, als wenn wir uns eine Herausforderung zutrauen. Im Grunde hängt es also mit unserer eigenen Bewertung zusammen, ob etwas als stressig empfunden wird, oder nicht.

Ein paar Beispiele für Stressverstärker:

- Harmoniebedürfnis
- Angst vor Kontrollverlust
- Perfektionismus
- der Wunsch, es allen recht zu machen

Tendenzen diesbezüglich oder besser gesagt unsere Glaubenssätze machen sich durch für sie typische Gedanken deutlich. Wir denken zum Beispiel, dass wir keinen Fehler machen dürfen, andere nicht enttäuschen dürfen oder zu etwas nicht Nein sagen dürfen.

Die persönlichen Stressverstärker identifizieren

Das gelingt uns am besten über Selbstbeobachtung. Damit wir herausfinden können, was unser Stressempfinden verstärkt, sollten wir uns selbst über eine Woche hinweg beobachten.

Hilfreich kann es sein, in dieser Zeit ein Stresstagebuch zu führen, in dem wir möglichst genau alle Situationen aufschreiben, in denen wir gestresst waren. Aber auch Aufgaben, Ereignisse usw. Das können sowohl positive als auch negative Dinge sein, denn es gibt auch positiven Stress, wie etwa die Vorbereitung des Kindergeburtstages. Wichtig ist hier wirklich alles aufzuschreiben, inklusive unserer Gedanken.

Dabei werden wir feststellen, was uns eigentlich alles so stresst, und auch, welche Gedanken diesen Stress noch zusätzlich verstärken. Damit haben wir dann nämlich auch unsere persönlichen Stressverstärker auch schon ermittelt.

Ein Beispiel, wie das aussehen könnte:

- *Stressor: Geburtstag meiner Kinder*
- *Stressverstärker: „Der Geburtstag meiner Kinder muss unbedingt super werden!"*

An dem genannten Beispiel lässt sich schön erkennen, dass ein eigentlich schönes Ereignis, nämlich der Geburtstag des Kindes, zu Stress geführt hat. Der Verstärker in dem Fall wäre der Gedanke, der Drang, alles perfekt machen zu wollen.

Das Umfeld als Stressverstärker

Manchmal ist es aber auch das Umfeld, welches als Stressverstärker fungiert, zumindest indirekt. Oft stressen wir uns unnötigerweise, da wir uns zu oft fragen, was jemand anderes denken könnte.

Nehmen wir ein Beispiel dafür her:

Wir überqueren einen Zebrastreifen und es bildet sich eine lange Schlange an Autos. Gehen wir nun schnellen Schrittes oder ganz normal? Meistens gehen wir schnellen Schrittes, beeilen uns, damit die Autofahrer nicht zu lange warten müssen. Damit gehören wir auch zu jenen, die sich selbst stressen. Einfach aus dem Gedanken heraus, dass andere etwas Schlechtes über uns denken könnten. In dem Beispiel sogar, weil wir annehmen, die Autofahrer könnten sich gestresst fühlen, wenn sie zu lange warten müssen.

Die gute Nachricht: Wir müssen uns jetzt nicht dazu zwingen, gegen diese Tendenz anzukämpfen und wie im Beispiel langsam die Straße zu überqueren. Aber wir sollten uns dennoch ins Bewusstsein rufen, dass wir gar nicht wissen, was andere tatsächlich denken. Wir nehmen es einfach nur an und handeln danach. Dabei kann eben in genau dem etwas nicht Wissen eine großartige Möglichkeit zur Stressreduktion für uns selbst liegen.

Entschleunigung

Wir haben bereits über unseren Alltag gesprochen und wie stressig er sein kann. Nachdem wir nun wissen, wie wir mit Stress allgemein und dem Alltagsstress umgehen können, sollten wir auch mal über eine Entschleunigung nachdenken.

Oft ist unser Alltag hektisch. Das Leben selbst ist sehr schnelllebig geworden, nicht zuletzt auch dadurch, dass wir überall und jederzeit erreichbar sind, 24 Stunden am Tag und 7 Tage die Woche Einkäufe tätigen und Informationen jederzeit und überall online abrufen können.

Generell sind wir im Alltag fast immer abrufbereit. Arbeiten unsere To-do-Listen ab, überfluten uns mit Informationen und kümmern uns nebenher noch um viele Belange anderer Menschen. Das kann überfordernd sein und uns dazu bringen, noch schneller, noch besser zu werden und noch mehr zu tun, anstatt mal einen Gang runterzuschalten.

Genau hier kann Entschleunigung Abhilfe schaffen.

Entschleunigung - was ist das eigentlich genau?

Manchmal leben wir unser Leben wie eine rasante Fahrt auf der Autobahn. Wir fahren mit hoher Geschwindigkeit von einem zum nächsten Ziel, überholen andere, geben ständig Gas und ziehen an allem vorbei.

Bei der Entschleunigung geht es darum, unsere Fahrt zu verlangsamen. Runter vom Gas zu gehen und die rasante Fahrt durchs Leben zu beenden. Damit wir wieder mehr auf alles um uns herum achten können. Auf die Menschen um uns herum.

Schöne Momente, die uns umgeben. Es geht darum, das Leben wieder zu leben, zu genießen und nicht mehr schnellstmöglich eine Liste an Dingen abzuarbeiten.

Entschleunigung klingt einfach, ist sie aber nicht

Es mag einfach klingen zu sagen, ich nehme das Tempo raus. Allerdings kann das schwerer fallen als gedacht. Denn Entschleunigung stellt sich nicht einfach spontan ein und oft bemerken wir gar nicht, wie sehr wir durchs Leben hetzen.

Wenn wir unter Druck geraten und im Stress sind, neigen wir dazu, alles auszublenden, was uns von unserem Ziel oder dem, womit wir grade beschäftigt sind, ablenken könnte. Nicht selten sogar unser eigener Stresslevel. Die Folge: Wir hetzen einfach weiter und denken nicht mal im Ansatz daran, zu entschleunigen. Hinzu kommt, dass wir vielleicht sogar die Sorge haben, dass wir hinterher noch mehr zu tun haben, wenn wir Tempo rausnehmen. Also erst recht in Arbeit und Aufgaben versinken werden. Wir denken, wenn wir jetzt weniger machen, müssen wir hinterher noch mehr machen und es kommt gar kein Ende mehr.

Oft ist es aber auch so, dass wir schlichtweg nicht wissen, wie Entschleunigung geht. So ging es mir zum Beispiel. Ich wollte mein Leben gerne entschleunigen, wusste aber nicht, wie oder wo ich damit anfangen sollte.

Entschleunigung nachhaltig umsetzen

Wenn wir Entschleunigung wirklich umsetzen wollen, auch nachhaltig, dann müssen wir unsere individuellen Hindernisse überwinden. Keine Sorge, das ist möglich und wird uns sogar guttun.

1. Schritt 1: Innehalten

Im ersten Schritt müssen wir lernen, im Alltag und in belastenden Situationen immer wieder mal innezuhalten. Innehalten und dabei uns selbst reflektieren. Uns fragen, wie es uns grade wirklich geht und den Blick tatsächlich weg von dem, was wir grade tun, und auf uns selbst richten. Auf unsere Gedanken und Gefühle und vor allem auch darauf, wie es uns körperlich grade geht.

Natürlich ist das nicht immer so einfach. Aber wir können uns mit einem Fahrtenbuch für den Alltag dabei helfen.

In diesem Fahrtenbuch tragen wir jeden Abend ein, wie „schnell" wir an dem Tag unterwegs waren. Dafür können wir auch wieder eine Skala verwenden. Hier eignet sich eine Skala von 1 bis 5, wobei 1 bedeutet, dass wir ganz gemütlich unterwegs waren und 5 bedeutet, dass wir nur hin und her gerast sind. Damit verschaffen wir uns einen guten Überblick darüber, wie schnell wir in der Regel wirklich unterwegs sind.

Als Nächstes können wir uns ein Ziel setzen und sagen, dass wir an den meisten Tagen auf einen Wert von 2 oder maximal 3 kommen möchten. Dazu können wir immer wieder mal reflektieren und schauen, wo wir besonders viel Gas geben und wo wir das Tempo rausnehmen sollten. Dabei müssen wir natürlich vor allem darauf achten, wie es uns selbst geht.

2. Schritt 2: Grenzen einhalten

Um zu entschleunigen, müssen wir nun auch erkennen, wo unsere eigenen, individuellen Grenzen liegen. Im Alltag ist das nicht immer so leicht, allerdings sollten wir uns ganz klar formulierte Grenzen für uns selbst setzen. Diese müssen wir dann auch wirklich einhalten und natürlich auch anderen mitteilen. Wenn nötig auch vor dem Umfeld verteidigen.

Wir können uns beispielsweise vornehmen, dass wir zweimal die Woche an einem Abend um eine bestimmte Uhrzeit eine Me-Time einlegen. Eine Zeit, in der wir uns ausschließlich um uns kümmern und uns Gutes tun. In dieser Zeit ist das Handy aus, das heißt, wir sind mal nicht erreichbar. Kümmern uns mal nicht um irgendwelche Haushaltsaufgaben, die noch nicht erledigt wurden, und behalten das auch wirklich bei.

Genauso hilfreich kann es sein, dass wir jeden Abend eine feste Zeit haben, in der wir uns schlafen legen. Damit sorgen wir für einen guten Rhythmus und bestenfalls auch dafür, dass wir wirklich genügend Schlaf bekommen oder, wenn beispielsweise ständige Überstunden ein Problem sind, dass wir zukünftig mindestens 3-mal wöchentlich pünktlich Feierabend machen und uns keine Arbeit mehr mit nach Hause nehmen.

Nun überlegen wir uns nicht weniger als 3 Grenzen, die uns wirklich wichtig sind und die wir zukünftig einhalten möchten. Im Grunde kann es alles sein, so lange es dazu beiträgt, das Leben zu entschleunigen. Natürlich ist damit nicht gesagt, dass wir unsere Grenzen in Ausnahmesituationen und wenn es wirklich notwendig ist, auch mal übertreten, aber generell sollten diese eingehalten werden, da sie uns vor Hektik und durch den Alltag Hetzen schützen sollen.

3. Prioritäten setzen

Als Letztes und umso wichtiger: Prioritäten setzen! Schritt 1 und Schritt 2 können nämlich nur gelingen, wenn wir uns die Entschleunigung erlauben und daran glauben, dass wir diese auch wirklich umsetzen können. Das allerdings gestaltet sich bei unseren alltäglichen Verpflichtungen manchmal doch sehr schwierig. Wir sind es zum einen gewohnt, alles zu erledigen, und zum anderen haben wir eventuell Verpflichtungen, im Beruf oder auch im Privatleben, die unbedingt erfüllt werden müssen. Da kann es schwierig werden, alles so im Blick zu halten, wie wir sollten. **_Deswegen: Prioritäten setzen!_**

Auch dafür ist es wieder besonders sinnvoll, eine Liste zu erstellen. Wir schreiben alle Aufgaben und Verpflichtungen auf, die wir im Alltag haben. Nun bewerten wir alles nach *„Wichtig"* und *„Wesentlich"*. Fragen uns also, wie wichtig oder wesentlich die einzelnen Punkte wirklich sind. Die Idee dahinter ist, dass wir für uns rausfinden, was wichtig und was wesentlich in unserem Leben ist.

Klar ist, vieles ist uns wichtig. Aber das Wesentliche, das ist das, worauf es uns im Leben letztendlich wirklich ankommt. Natürlich sind hier auch unsere inneren Werte von großer Bedeutung. Für die meisten von uns ist es zum Beispiel wesentlich, dass es unseren Kindern gut geht, wir genügend Zeit mit der Familie verbringen können und alle gesund sind. Die Arbeit dagegen ist lediglich wichtig. Unsere wesentlichen Punkte können uns dabei helfen, uns wirklich auf das Entschleunigen einzulassen und uns zu beruhigen, wenn wir denken, wir würden zu wenig tun, zu vieles liegen lassen, wenn wir etwas Tempo rausnehmen. Denn indem wir uns um das Wesentliche kümmern, also unsere Gesundheit, die Familie, tun wir das, was für uns wirklich von Bedeutung im Leben ist. Dadurch kommt das Wichtige nicht zu kurz, aber wir nehmen etwas die Geschwindigkeit raus und tun uns gleichzeitig Gutes.

Prioritäten im Leben setzen

Wir alle haben Prioritäten im Leben. Für uns als Mütter zum Beispiel ist das Wohlergehen unserer Kinder eine unserer obersten Prioritäten und wir sind bereit, alles dafür zu tun.

Unsere Prioritäten sind entscheidend dafür, was wir als wesentlich erachten und wofür wir unsere Zeit und Energie aufwenden und wofür nicht. Oft ist es aber so, dass sich unsere Prioritäten zu unserem eigenen Nachteil verschieben, wir also einiges als wesentlich ansehen, was es nicht wirklich ist, und anderes, was wesentlich sein sollte, nicht beachten. Dabei ist es für jeden, aber besonders für Menschen mit chronischen Erkrankungen wichtig, dass Prioritäten „richtig" gesetzt werden.

Dass wir selbst eben nicht ganz hinten stehen und wir Dinge, Verpflichtungen und Aufgaben nicht als wesentlich ansehen, wenn sie uns langfristig schaden.

Prioritäten setzen, was bedeutet das eigentlich?

In unserem Alltag, dem Leben an sich, sind wir immer wieder mit einer Vielzahl an Aufgaben und Herausforderungen konfrontiert. Einiges davon können wir voraussehen, gut einplanen, anderes trifft uns völlig unerwartet und kann mitunter das ganze Leben auf den Kopf stellen.

Das bedeutet: so wie unser Leben im stetigen Wandel ist, so sollten es auch unsere Prioritäten sein!

Als ich krank wurde zum Beispiel, da hat sich mein Leben komplett gedreht. Mein Körper hatte plötzlich Grenzen, wo vorher keine waren. Was bei mir allerdings ohne Änderung blieb, waren meine Prioritäten. Die blieben zuerst dort, wo sie vorher auch waren. Und das war irgendwann ein Riesenproblem, denn ich konnte den Berg an Aufgaben und Verpflichtungen nicht mehr abarbeiten.

Unsere Prioritäten sollten wir also ab und zu oder bei einschneidenden Lebensveränderungen immer mal wieder neu bewerten. Uns fragen, was jetzt wirklich wichtig und wesentlich ist und was nicht. Das bedeutet nicht, anderes bleibt einfach liegen oder wird nicht mehr beachtet, sondern dass wir uns diesen Dingen zuwenden, wenn wir wieder mehr Zeit oder Energie dafür haben. Wir verschieben sie auf einen günstigeren Zeitpunkt und widmen uns dem, was jetzt grade von absoluter Wichtigkeit ist.

Prioritäten „richtig" setzen ist wichtig

Prioritäten setzen ist wichtig. Nicht nur im Alltag, sondern auch im Leben allgemein. Denn sie können uns dabei helfen, das wirklich Wichtige und Wesentliche nicht aus den Augen zu verlieren, wenn wir einfach *„zu viel"* zu tun haben. Sie helfen uns dabei, unsere Ressourcen nicht zu verschwenden und nicht im Alltagsstress unterzugehen.

Gleichzeitig unterstützen sie uns dabei zu erkennen, was uns wirklich wichtig ist und wie viel Energie uns tatsächlich an jedem Tag zur Verfügung steht. Diese ist nämlich besonders bei chronisch Kranken mitunter sehr begrenzt und braucht länger, um wieder aufzuladen, als das bei gesunden Menschen der Fall ist. Daher ist es auch sinnvoll, täglich neu zu priorisieren und unsere Aufgabenliste dem aktuellen Stand der eigenen körperlichen Verfassung anzupassen.

Ein Beispiel:

Ich habe heute einen Termin in einer etwas weiter entfernten Arztpraxis. Stehe vielleicht auf dem Weg dahin noch im Stau.

Der Termin ist voll von unangenehmen Untersuchungen und verlangt mir körperlich einfach sehr viel ab. Dann bin ich tags darauf erschöpft und kraftlos. Dann priorisiere ich neu, was ich tatsächlich erledigen muss und was warten kann oder ob jemand anderes etwas für mich übernehmen kann. Ich mache also Erholung für den Tag zu meiner obersten Priorität.

Das tägliche Priorisieren hilft uns also dabei, den Alltag besser zu bewältigen, ohne dass wir uns selbst dabei aus dem Blick verlieren. Natürlich müssen wir dazu auch immer wieder mal reflektieren und neu bewerten, aber langfristig können wir damit Ressourcen besser einsetzen. Zudem hilft es uns auch dabei, unsere Grenzen zu wahren und das auch ganz klar in unserem Umfeld zu kommunizieren.

Prioritäten „richtig" setzen lernen

Die Bedeutung, die richtig gesetzte Prioritäten haben, ist uns nun klar, allerdings wissen wir dennoch oft nicht, wie wir sie nun richtig setzen sollen. Wie das überhaupt funktionieren soll. Dabei stehen uns auch oft die eigene Überforderung und natürlich auch jede Menge Angst im Weg. Oft sorgen wir uns darum, ob wir wirklich alles richtig bewerten, Aufgaben wirklich mal verschoben werden können und ob wir am Ende eventuell als „faul" und „egoistisch" abgestempelt werden, wenn wir unsere Bedürfnisse an erste Stelle setzen.

Hierfür gibt es aber ein paar Strategien, die uns dabei helfen können, Prioritäten richtig zu setzen:

1. Unsere Aufgabenliste auf den neuesten Stand bringen

Am besten täglich. Es ist hilfreich, wenn wir morgens erst mal schauen, wie es uns wirklich geht. Wieviel Energie habe ich heute? Wie ist mein Schmerzlevel? Was machen die anderen Symp-

tome? Dann schauen wir uns an, was an Aufgaben auf unserer
To-do-Liste steht. Dabei können wir gleich etwas vorsortieren
und nur das wirklich Wichtige für den Tag beachten.

Auf meiner täglichen To-do-Liste steht zum Beispiel Folgendes:

- Kindern Frühstück machen
- Kitatasche packen
- Tiere versorgen
- Kinder in die Kita bringen und holen
- Haushalt
- Wäsche machen
- kochen
- Termine koordinieren
- Abendessen machen
- Kinder baden
- Kinder bettfertig machen

Diese Aufgaben bewerten wir nun nach ihrer tatsächlichen
Wichtigkeit. Fragen uns, was davon muss ich machen und was
kann ich eventuell morgen erledigen oder kann ich sogar jemanden um Hilfe bitten? Damit setzen wir also Prioritäten richtig.

Ein kleines oder auch großes Problem dabei könnte es sein,
wenn die von uns als nicht so wichtig deklarierten Aufgaben
nun aber weiterhin in unserem Kopf sind. Das kann dafür sorgen, dass wir unbewusst gestresst sind und uns insgeheim Vorwürfe deswegen machen.

2. Deshalb: uns über unsere Prioritäten bewusst werden

Wichtig ist, dass wir uns über unsere Prioritäten tatsächlich bewusst werden. Wir müssen uns also täglich fragen, wo unsere
heutigen Ziele liegen. Möchten oder sollten wir uns selbst an
erste Stelle stellen und uns erholen, weil unser Körper uns bereits die rote Karte zeigt? Oder ist genügend Energie vorhan-

den und auf der Arbeit steht eine wichtige Aufgabe an, die erledigt werden sollte? Steht eventuell ein besonderer Geburtstag an und dessen Vorbereitungen sind uns sehr wichtig?

Wenn wir also berücksichtigen, was für heute wirklich wichtig ist und auch unsere körperliche Verfassung mit einbeziehen, dann können wir auch richtig priorisieren. Haben wir viel Energie, dann können wir diese auch für mehrere Dinge aufwenden. Haben wir wenig Energie, ist es vollkommen okay, wenn wir uns erholen und unsere Akkus wieder aufladen.

3. Prioritätenliste neu sortieren

Wenn wir uns nun unserer Prioritäten für den heutigen Tag bewusst sind, können wir unsere Liste neu sortieren. Dazu sollten wir uns fragen, was wir auf jeden Fall erledigen möchten oder gar müssen. Denn es gibt natürlich immer wieder mal Dinge, die wir nicht aufschieben können.

Dann fragen wir uns, welche Aufgaben auch an einem anderen Tag erledigt werden können, und verschieben diese dann. Und eventuell fällt uns auch auf, dass manches bereits erledigt ist oder sich jemand anderes darum kümmern könnte. Damit beugen wir dem Gefühl vor, wichtige Dinge zu vernachlässigen oder nicht genug zu tun.

4. Auf das fokussieren, was jetzt und hier wichtig ist

Sobald wir unsere Liste auf das beschränkt haben, was heute wirklich zu erledigen ist, ist es wichtig, dass wir uns auch ausschließlich darauf fokussieren.

Das klingt zwar einfach, ist es aber nicht. Unser Kopf wird vielleicht immer wieder zu den Dingen abdriften, die wir verschoben haben. Dadurch kann ein negativer Gedankenkreislauf und letztendlich auch wieder der innere Druck entstehen, doch mehr zu machen. Sich doch den verschobenen Aufgaben zu widmen. Hilfreich ist es dann, wenn wir uns daran erinnern, dass wir uns nur auf das fokussieren sollten, was für heute auf unserer Liste steht. Auf die Aufgaben, auch Selbstfürsorge, die für uns heute Priorität haben.

Den Tag Revue passieren lassen

Wenn wir Prioritäten richtig setzen und das auch verinnerlichen wollen, sollten wir den Tag am Abend noch mal Revue passieren lassen. Dabei müssen wir unseren Fokus auf das legen, was wir getan haben und nicht auf das, was wir nicht getan haben.

Wir sollten uns alles anschauen, was wir geschafft haben. Dazu zählen aber nicht nur die Aufgaben, die eine vermeintliche Leistung darstellen, wie etwa Arbeit, Haushalt und solche Verpflichtungen. Natürlich gehören diese dazu und sollen wertgeschätzt werden. Worum es aber auch geht, ist die Arbeit, die wir in uns selbst investieren.

Das soll heißen, es zählen eben auch Dinge wie ein Spaziergang, Spielzeit mit den Kindern, Erholung, Yoga, Me-Time usw. Denn auch das sind wichtige Leistungen, die wir erbringen. Indem wir auf uns selbst achten, uns selbst auch mal zur Priorität machen, sorgen wir nämlich dafür, mehr gute Tage zu haben, an denen wir uns auf unsere Aufgaben konzentrieren können.

Es heißt also stolz auf uns selbst sein. Uns selbst ab und zu mal auf die Schulter klopfen und anerkennen und wertschätzen, was wir tatsächlich getan haben, egal in welcher Form.

Grenzen setzen

Überall im Leben, in unserem Alltag sind wir mit Regeln und Grenzen konfrontiert. Es gibt Öffnungszeiten, Geschwindigkeitsbegrenzungen, Gesetze. Wir haben Wände und Zäune, die uns von den Wohnräumen und Gärten von unseren Nachbarn trennen. Wir vermitteln unseren Kindern Regeln und Grenzen, weil nur so ein gesellschaftliches Miteinander, ein Sozialleben möglich ist. Ohne Regeln und Grenzen wäre alles chaotisch.

Aber wie sieht es eigentlich mit den Grenzen aus, die wir selbst setzen? Jene, die in unserem Leben für innere und auch äußere Ordnung sorgen sollen? Oder jenen, die uns vor körperlichen und vor allem mentalen Schaden bewahren sollen? Da wird es schon etwas schwieriger.

Denn an persönlichen Grenzen sind immer mindestens 2 Personen beteiligt: Einmal die Person, die ihre Grenzen setzt, und dann jene, die sie respektieren soll. Und hier wird es problematisch, denn oft sind wir entweder nicht in der Lage dazu, unsere Grenzen wirklich zu setzen, oder sie werden nicht respektiert.

Das muss aber nicht so sein. Grenzen setzen und sie auch wahren kann jeder lernen.

Die Schwierigkeit Grenzen zu setzen

Jeder Mensch hat das Grundbedürfnis nach zwischenmenschlichen Beziehungen. Nach Bindungen und danach, einer Gemeinschaft anzugehören. Daraus resultiert auch der Wunsch, von unseren Mitmenschen gemocht zu werden.

Genau das macht es uns aber auch oft schwierig, unsere Grenzen zu setzen. Unser Verstand geht nämlich auch hier wieder in den Katastrophenplan und so haben wir Angst davor, andere womöglich zu enttäuschen. Ihnen auf die Füße zu treten und damit die Beziehung zu ihnen zu gefährden. Dabei übersehen wir jedoch, dass sich ohne Grenzen auch keine dauerhaften gesunden und ausgeglichenen Beziehungen aufrechterhalten lassen. Egal ob nun in einer Freundschaft, in der Partnerschaft, in der Familie oder im Arbeitsumfeld, Grenzen sind wichtig.

Tatsächlich sind sie sogar unumgänglich und auch notwendig, wenn wir langfristig glücklich und zufrieden sein und respektiert werden wollen.

Welche Grenzen sollten wir setzen?

Nun, das lässt sich nicht wirklich pauschalisieren, da wir alle doch sehr individuell sind. Wenn wir also herausfinden möchten, welche Grenzen wir persönlich setzen sollten, müssen wir uns erst mal fragen, was wir denn brauchen, damit es uns in zwischenmenschlichen Beziehungen gut geht.

Abhängig von unseren inneren Werten, können die Antworten hier ganz verschieden ausfallen. Ein paar Beispiele könnten sein:

- *Ich muss dem anderen vertrauen können.*
- *Ich muss mich auf den anderen verlassen können.*
- *Ich möchte respektiert werden.*
- *Ich möchte gegenseitige Akzeptanz und auf Augenhöhe mit dem anderen sein.*

Nun fragen wir uns, was wir generell brauchen, damit es uns gut geht. Mental wie auch körperlich. Hier könnten die Antworten zum Beispiel sein:

- *Ich brauche ausreichend Schlaf.*
- *Ich brauche regelmäßige Me-Time.*
- *Ich brauche tägliche Meditation.*
- *Ich brauche 3 feste und ausgewogene Mahlzeiten täglich.*
- *Ich brauche regelmäßig Yoga.*
- *Ich brauche einen täglichen Spaziergang.*
- *Ich brauche abends etwas Zeit für mich.*

Hier geht es nicht darum, alles zu pauschalisieren oder auch darum, unflexibel zu sein. So wie sich unser Leben im ständigen Wandel befindet und Umstände sich ändern können, können sich auch unsere Bedürfnisse oder gar Wertvorstellungen ändern. Es geht hier nur darum, dass wir in uns hinein hören und vor allem uns selbst auch gut zuhören.

Es geht darum, dass wir erkennen, welche Grenzen wir setzen möchten und auch sollten. Indem wir uns selbst fragen *„Was brauche ich, damit es mir gut geht?"*, richten wir den Fokus weg von anderen und hin zu uns selbst. Damit ist ein erster Schritt zum Setzen von Grenzen getan.

Wissen wir nun, was wir brauchen, sollten wir uns fragen, was oder vielleicht auch wer dem entgegensteht. Was uns vielleicht sogar zu viel ist, uns überfordert oder eventuell gar nicht zu unseren Werten passt. Es spricht überhaupt nichts dagegen, wenn wir uns das fragen, wenn wir das Gefühl haben, dass etwas grade ganz und gar nicht passt, uns ganz und gar gegen den Strich geht. Das kann sowohl Situationen und Aktivitäten als auch zwischenmenschliche Beziehungen selbst betreffen. Dabei zeigt dieses *„Das geht mir gegen den Strich!"* auch ganz deutlich die eigene Grenze auf.

Er ist der innere Impuls, ein innerer Wert, der uns eigentlich sagen möchte: *„Bis hierhin und nicht weiter!"*

Unsere Grenzen klar kommunizieren

Haben wir nun herausgefunden, wo unsere Grenzen liegen und wo wir sie setzen, heißt es, diese auch klar nach außen kommunizieren.

Das ist aber leider oft gar nicht so leicht für uns. Wir befinden uns in einem Zwiespalt: Einerseits möchten wir den anderen nicht vor den Kopf stoßen und harsch wirken, andererseits wollen wir aber auch dafür sorgen, dass diesbezüglich keine Missverständnisse entstehen. Daher sollten wir beim Setzen von Grenzen immer bei uns selbst bleiben. Klar kommunizieren, was wir uns wünschen. Die Gründe dafür benennen und auch klar sagen, dass uns das wichtig ist.

Ein Beispiel:

Ein Freund möchte sich mit uns treffen. Wir sind aber sehr ausgelaugt und brauchen einfach einen Tag Ruhe. Anstatt einfach nur zu sagen: *„Heute geht es nicht!"*, sagen wir: *„Heute geht es nicht, denn ich brauche Erholung von den letzten Tagen, damit mein Körper nicht komplett streikt."*

Damit setzen wir eine Grenze, erklären die Gründe und sind nicht harsch. Das bedeutet natürlich nicht, dass wir uns rechtfertigen sollten, das ist nämlich nicht notwendig. Je nach Kontext braucht es aber manchmal eine kleine Erklärung, manchmal aber eben auch keine. Wenn wir darauf vertrauen können, dass unsere Mitmenschen Verständnis für uns haben, fällt es uns leichter, Grenzen zu setzen. Befürchten wir aber, dass das zu Problemen führen könnte, kann eine kleine Erklärung uns dabei helfen, unsere Grenzen dennoch zu setzen und auch zu wahren.

Wichtig ist, dass wir ruhig und bei unseren Bedürfnissen bleiben. Denn genau deswegen setzen wir ja Grenzen.

Die Grenzen von anderen ebenfalls wahren und nicht persönlich nehmen

Aber nicht nur wir selbst setzen Grenzen, die wir gewahrt haben möchten. Auch unsere Mitmenschen setzen ihre persönlichen Grenzen, die es zu wahren gilt.

Am besten machen wir uns mal bewusst, dass die Grenzen eines anderen kein persönlicher Angriff auf uns sind. Genauso wie unsere Grenzen kein Angriff auf unsere Mitmenschen sind. Wenn wir zum Beispiel eine Verabredung absagen, weil es uns nicht gut geht, wir jetzt grade einfach Erholung brauchen, dann ja nicht, weil wir was gegen den Menschen haben, sondern weil es aus diversen Gründen nicht geht.

Genauso verhält es sich, wenn wir oder andere Nein sagen. Auch ohne um die Gründe zu wissen, nehmen die meisten von uns das unseren Freunden nicht übel. Genauso wenig nehmen sie uns das übel. Und sollte es doch einmal so sein, dann ist es unsere Aufgabe oder eben die des Gegenübers, mit dem Gefühl der Ablehnung zurecht zu kommen. Das gelingt uns oft besser, als wir denken und ist auch wieder etwas, an dem wir wachsen und reifen können.

Letztendlich geht es darum, dass wir Grenzen setzen und auch wahren. Für zwischenmenschliche Beziehungen, die auf Augenhöhe und tiefgreifend sind, ist das der Schlüssel. Denn wenn es uns und unserem Gegenüber gut geht, profitieren wir alle davon.

Den Energietank wieder auffüllen

Wir alle haben einen Energietank, der manchmal ganz schön leer ist. Der Alltag, Haushalt, Arbeit, Kinder, zu viel Stress und zu viel zu tun. Da kommen Entspannung und Abschalten oft zu kurz.

Das ist für keinen auf Dauer gesund. Für chronisch kranke Menschen kann das aber extreme Folgen haben. Unsere Akkus laden nicht so schnell wieder auf und oft ist unsere Energie bedingt durch die Erkrankung sowieso eher niedrig. Wir müssen mehr mit ihr haushalten, denn sobald unser Energietank leer ist, ist es meistens nicht damit getan, einfach mal ein paar Stunden zu schlafen. Wir brauchen längere Erholungsphasen und gut durchdachte Strategien, um wieder aufzutanken.

Wir müssen und sollten mehr darauf achten, vorhandene Energie nicht gleich zu verbrauchen und unserem Körper das zu geben, was er braucht: zur Ruhe zu kommen.

Sich bewusst Zeit nehmen für sich selbst

Wenn unsere Energie schwindet, die Akkus leer sind und der Körper nach Erholung schreit, dann hilft nur eins: *Wir müssen uns bewusst die Zeit nehmen, um zur Ruhe zu kommen!*

Das ist im Alltag aber gar nicht so leicht getan wie gesagt. Kaum denken wir auch nur daran, uns auszuruhen, kommt irgendwas dazwischen. Irgendeine Verpflichtung, derer wir uns annehmen oder meinen uns annehmen zu müssen. Und schon klappt es wieder nicht damit, sich zu erholen.

Und genau hier tut sich das erste Problem auch schon auf: Wir warten zu lange damit. Warten, bis der Körper schreit, uns manchmal sogar zur Ruhe zwingt, weil er einfach streikt und die eigene Reißleine zieht. Aber so weit muss es gar nicht erst kommen. Wir sollten uns jeden Tag, und damit ist wirklich täglich gemeint, eine Ruhephase gönnen. Uns also bewusst die Zeit nehmen, eine oder sogar mehrere Pausen einzulegen. Spätestens aber dann, wenn unser Körper signalisiert, dass sein Energietank gleich in die Reserve geht. Anzeichen können zum Beispiel eine schnelle Ermüdung, innere Anspannung, eine Verstärkung unserer Symptome, Schmerzen usw. sein. Hier ist es also nötig, dass wir auch darauf hören und die Frühwarnzeichen wahrnehmen.

Das funktioniert am besten, wenn wir uns ein bestimmtes Zeitfenster dafür einplanen. Zum Beispiel jeden Abend, nachmittags oder immer nach einer anstrengenden Tätigkeit. Die Länge der Pause kann dabei variieren und sollte auf die eigenen Bedürfnisse und natürlich die körperliche Verfassung angepasst werden. Je genauer wir das einplanen, vielleicht sogar mit einer Erinnerungsfunktion am Handy, desto besser wird es sich auch umsetzen und in unseren Alltag integrieren lassen.

Den Körper zur Ruhe kommen lassen

Sich bewusst Zeit und Erholungszeiten nehmen, also aktiv für Ruhezeiten sorgen, das alleine reicht aber nicht aus. Wir müssen diese Zeiten dann auch wirklich dafür nutzen, den Körper zur Ruhe kommen zu lassen.

Das bedeutet, nicht mal eben schnell noch den Geschirrspüler ausräumen, sondern tatsächlich ausruhen. Den Stresslevel unseres Körpers runterfahren, das vegetative Nervensystem beruhigen und uns Gutes tun. Pauschal sagen, was für einen Körper das Richtige ist, kann man an dieser Stelle natürlich nicht.

Dennoch gibt es einige Techniken, die uns dabei helfen können, den Körper zur Ruhe kommen zu lassen:

Atemübungen

Indem wir ganz bewusst, regelmäßig, ruhig und langsam atmen, beruhigen wir unser Nervensystem. Das kann man zum
Beispiel gut zwischendurch anwenden, mit einer 2-minütigen
Achtsamkeitsatmung. Hierbei atmet man 2 Minuten lang ganz
bewusst 12-mal ein und wieder aus. Dabei sollten wir je 4 Sekunden lang einatmen und 6 Sekunden lang wieder ausatmen.

Bewegung

Es mag ein wenig paradox klingen, wenn im Zusammenhang damit,
den Körper zur Ruhe zu bringen, das Wort Bewegung fällt. Aber
möchten wir den Körper zur Ruhe bringen, kann das eben auch
bedeuten, sich einer leichten körperlichen Aktivität zuzuwenden.
Ein kurzer Spaziergang, eine kleine Yoga-Einheit oder etwas Pilates können enorm dazu beitragen, dass der Körper sich entspannt.

Oftmals haben wir nämlich zahlreiche Verspannungen im Körper, die ihrerseits den Stresslevel erhöhen. Durch Bewegung können diese gelöst werden und unser Stresserleben reduziert sich.
Unser Körper entspannt sich und kommt zur Ruhe.

PME - die progressive Muskelentspannung

Bei der progressiven Muskelentspannung handelt es sich um
eine Entspannungstechnik, bei der man seine Muskeln an- und
wieder entspannt. Dabei nutzt man die natürlichen Entspan-
nungsmechanismen des Körpers selbst und kann besonders gut
zur Ruhe kommen.

Ziel verschiedener Übungen ist es, die Muskeln in einen völlig
entspannten Zustand zu bringen. Davon profitiert nicht nur
der Körper alleine, sondern auch unsere Psyche.
Über einzelne Nervenbahnen wird die Entspannung der Muskeln auch an unser Gehirn weitergeleitet und auf unser Unter-

bewusstsein übertragen. Wir profitieren hier von einem besseren Körpergefühl, Stressabbau, einem besseren Schlaf und wir können einem hohen Blutdruck vorbeugen.

Die Gedanken zur Ruhe kommen lassen

Den Körper zur Ruhe zu bringen, reicht alleine allerdings nicht aus. Denn selbst wenn unser Körper ruhig ist, kann es sein, dass unsere Gedanken sich weiterhin in einem Kreislauf befinden, der uns nicht guttut. Uns also weiterhin innerlich stresst. Unseren Energietank weiterhin leert und unsere Ressourcen aufbraucht.

Gedanken einfach mal abzuschalten, ist nicht so leicht. Das Stoppen von Gedanken geht oft nicht so, wie wir uns das wünschen. Dennoch gibt es auch hilfreiche Möglichkeiten, Ruhe in unsere Gedankenwelt zu bringen, damit wir uns erholen können.

1. Die eigenen Gedanken niederschreiben

Der einfachste und dabei noch ein sehr effektiver Weg quälende Gedanken loszuwerden, ist sie aufzuschreiben. Indem wir unsere Gedanken niederschreiben, geben wir ihnen die Möglichkeit, unseren Verstand zu verlassen. Einfach ein Blatt Papier, ein Notizblock oder Ähnliches nehmen und drauflosschreiben. Egal wie sinnig oder auch unsinnig die Gedanken zu sein scheinen, schreiben wir alles auf, was uns grade beschäftigt. Damit schaffen wir sozusagen einen festen „Gedankenraum", in dem unsere Gedanken Platz haben, und unser Kopf bekommt eine Pause vom Denken, kommt zur Ruhe.

2. Meditation

Als sehr effektiv hat sich die Meditation erwiesen, wenn es darum geht, die Gedanken zur Ruhe zu bringen. Allerdings braucht man Geduld und Übung, denn meditieren ist nicht so einfach, wie es klingen mag. Dennoch kann man ganz klein damit anfangen.

Am besten gelingt das abends, wenn der Tag bereits hinter uns liegt und wir nicht mehr so viel auf unserer To-do-Liste haben. Wichtig bei den ersten Versuchen ist es, die äußeren Reize so weit wie möglich zu minimieren, damit wir auch tatsächlich ganz bei uns selbst sein können. Ein ruhiger Ort also, an dem wir uns wohl fühlen. Man kann sowohl sitzend als auch liegend meditieren, wenn die körperliche Verfassung ein Sitzen nicht ermöglichen sollte. Nun schließen wir die Augen und atmen bewusst in uns hinein, ganz ruhig und langsam. Hilfreich können hier einige sogenannte Mantras sein. Das sind kleine Sätze, die man gedanklich wiederholt, um sich besser auf sein Ziel konzentrieren zu können.

Beispiel:

Soll Gelassenheit das Ziel der Meditation sein, kann man das Mantra: *„Ich atme Gelassenheit ein und atme den Stress aus!"* nutzen.
   Zum einen unterstützt es einen gleichmäßigen und ruhigen Atem, zum anderen hilft es uns dabei, den Fokus bei uns selbst zu lassen, ohne dass die Gedanken zu anderen Dingen abschweifen.

Wie bereits erwähnt braucht es etwas Geduld und auch Übung, bis sich Erfolge zeigen. Sobald wir aber etwas geübter darin sind zu meditieren, können wir das auch immer wieder in stressige Alltagssituationen einbauen und uns so immer wieder zur Ruhe bringen und kurz mal Energie tanken.

3. Die Fantasie nutzen

Unsere eigene Fantasie kann so wunderbar sein. Wir erträumen uns Dinge, malen uns schöne Momente aus und können sogar ganze Geschichten erfinden. Und genau das können wir nutzen. Unsere Fantasie ermöglicht es uns nämlich, dass wir uns an unseren eigenen kleinen gedanklichen Ruheort zurückziehen.

Tauchen wir also mal ein, in wunderschöne Erinnerungen aus der Kindheit zum Beispiel. Oder begeben uns gedanklich an einen Ort, der uns Ruhe und Sicherheit vermittelt oder vielleicht in unserer Vorstellung vermitteln würde. Wichtig ist nur, dass wir uns an diesem Ort sicher fühlen, er uns einfach die Möglichkeit gibt, in uns selbst zu ruhen.

Dabei gehen wir nun so genau wie möglich vor. Wie sieht es dort aus? Wie riecht es?
Welche Geräusche hören wir? Spüren wir eventuell etwas auf unserer Haut? Wie fühlt es sich an, dort zu sein?

Wenn wir an diesen Ort denken, uns gedanklich dorthin begeben, welches Gefühl entsteht in uns? Welche Emotionen werden ausgelöst? Was spürt unser Körper? Vielleicht Ruhe, Wärme, Geborgenheit?

Mit dieser Taktik können wir, wann immer wir es brauchen, dem Alltag kurz entfliehen, uns eine kurze Pause verschaffen und die Macht unserer Gedanken und unsere Fantasie nutzen. Auch wenn es ein wenig seltsam klingen mag, hat das eine enorme Wirkung auf unseren Stresspegel und gibt uns zumindest kurzzeitig etwas mehr Ruhe.

Den Energietank wirklich im Blick behalten

Bei allen Techniken, die es gibt, den Energietank wieder aufzufüllen, ist es aber genauso wichtig, ihn auch gut im Blick zu behalten. Das bedeutet, wir müssen auf die Signale achten, die uns Körper und Geist senden.

Im Alltag und bei all den Aufgaben und Verpflichtungen, die wir haben, kann das schwierig sein. Aber besonders wir chronisch Kranke müssen darauf achten und sollten diese Signale möglichst nicht ignorieren. Es ist sinnvoller, sich gleich bei den ersten Anzeichen von Erschöpfung eine Pause zu gönnen. Zögern wir das zu weit hinaus und warten, bis der Körper wirklich streikt, dauert es umso länger, den Energietank wirklich wieder zu füllen. Wir müssen also lernen, den Körper wieder bewusst wahrzunehmen. Seine Bedürfnisse zu erkennen und dann auch danach zu handeln. Natürlich können immer wieder mal Situationen entstehen, in denen das nicht möglich ist. Allerdings sollten wir nach Möglichkeit auch dann zumindest kleine Pausen und Ruhezeiten einlegen.

Ein kranker Körper steht nämlich ohnehin unter einer ständigen Belastung und arbeitet oftmals auf Hochtouren, ohne dass wir das bemerken. Deshalb ist es umso wichtiger, dass wir sorgsam, bewusst und achtsam mit ihm umgehen. Dasselbe gilt für unsere Psyche. Ihre Belastung lassen wir viel zu oft außer Acht. Vergessen das Zusammenspiel aus Körper und Geist.

Wichtig ist also nicht nur dem Körper, sondern auch dem Geist Ruhepausen und Auszeiten zu gönnen. Denn sowohl die körperliche, als auch die psychische Belastung rauben uns wertvolle Energie.

Ressourcen aktivieren

Im Leben begegnen uns immer wieder Phasen, die wir als besonders herausfordernd empfinden. Dabei kann es sich um große Lebensveränderungen, Verlust und Trauer oder auch Krisen handeln. Manchmal ist es aber auch einfach nur ein stressiger Alltag, der uns alles abverlangt und der uns gedanklich uns selbst fragen lässt, wie wir das nur alles bewältigen sollen.

Dabei vergessen wir, dass ein jeder von uns über Ressourcen verfügt, die es in eben solchen Situationen zu aktivieren gilt. Unsere Ressourcen sind nämlich das, was unser Vertrauen in uns selbst und unsere tatsächliche Kraft stärkt.

Es gibt innere und auch äußere Ressourcen, die wir dazu nutzen können, belastende und herausfordernde Situationen besser zu meistern. Wir sind meistens nämlich besser gewappnet und ausgestattet als wir denken. Deswegen ist es wichtig, dass wir lernen, unsere Ressourcen gezielt zu aktivieren und bestmöglich für uns zu nutzen.

Zuerst: rausfinden, was uns grade fordert!

Bevor wir unsere Ressourcen effektiv aktivieren können, müssen wir erst mal wissen, was uns grade die Kraft raubt. Sind es unsere alltäglichen Verpflichtungen, die uns überfordern? Ist es ein bestimmtes Ereignis, welches uns aus der Bahn geworfen hat oder belastet? Ist es vielleicht die Negativspirale, die uns ihren Katastrophenplan um die Ohren haut und uns in Sorgen um die Zukunft versinken lässt? Oder steht in naher Zukunft eventuell eine Herausforderung an und wir fragen uns, wie wir diese meistern sollen?

Also hören wir als erstes bewusst in uns hinein. Versuchen herauszufinden, was uns dazu bewegt, unsere Ressourcen aktivieren zu wollen. Wir sollten versuchen, uns ganz bewusst darauf zu konzentrieren, was wir wirklich brauchen. Brauchen wir Kraft? Oder doch eher Ruhe? Benötigen wir innere Stärke oder vielleicht sogar irgendeine Form der Unterstützung? Sind wir verloren im Gedankenkreislauf und auf der Suche nach Rat? Oder sind wir vielleicht viel zu gereizt und weinen ständig?

Erst wenn wir wissen, wieso wir unsere Ressourcen brauchen, können wir auch gezielt auf sie zurückgreifen und effektiv für uns nutzen.

Innere und äußere Ressourcen

Wenn wir nun wissen, wieso wir unsere Ressourcen aktivieren sollten oder wollen, können wir überlegen, welche wir nutzen sollten. Wir haben sowohl innere als auch äußere Ressourcen. Ist unser Wunsch zum Beispiel Unterstützung, so können wir diese im Außen, aber auch im Inneren finden. Im Außen kann es sich dabei um Menschen handeln, die uns helfen. Auch hier hat Unterstützung selbst wieder vielfältige Gesichter. Brauchen wir Unterstützung, indem uns jemand zum Beispiel dabei hilft, die Alltagsaufgaben zu bewältigen? Oder brauchen wir eher emotionale Unterstützung? Ein offenes Ohr? Einen Ratschlag?

Innere Ressourcen finden wir dagegen in uns selbst. Das sind unsere Gedanken und Gefühle, die uns von innen heraus stärken. Das können zum Beispiel Erinnerungen sein, die uns zeigen, wie mutig wir eigentlich sind. Oder auch Gedanken an vergangene und bereits gemeisterte Herausforderungen. Sie zeigen uns oft, wie stark wir wirklich sind und was wir alles schaffen können. Manchmal zeigen sie uns sogar Lösungen für ein bestehendes Problem auf und lassen uns wissen, dass es doch nicht so schlimm ist, wie wir zuvor angenommen hatten.

Ressourcen aktivieren

Nun heißt es, auf unsere Intuition vertrauen. Denn intuitiv wissen wir bereits, welche Ressourcen uns zur Verfügung stehen, und auch, wo wir diese finden. In belastenden und herausfordernden Situationen sehen wir das aber oftmals nicht wirklich. Besonders dann nicht, wenn die Negativspirale sich dreht und wir in ihr gefangen sind.

Deswegen kann es sinnvoll sein, sich eine „*Ressourcen-Liste*" zu erstellen, auf die man dann zurückgreifen kann.

Dazu schreiben wir zunächst alle äußeren Ressourcen auf, die wir haben. Die Namen von den Menschen in unserem Umfeld, an die wir uns wenden können, wenn wir Unterstützung brauchen. Orte und Aktivitäten, die uns Kraft spenden. Filme, Serien und Bücher, die wir lieben. Oder vielleicht kommen uns auch ganz neue Ideen.

Dann widmen wir uns den inneren Ressourcen. Wir notieren alle Gedanken, die uns zuversichtlich stimmen und uns Energie geben. Erinnerungen, die uns mit positiven Gefühlen versorgen. Schreiben bisher gemeisterte Herausforderungen auf als Erinnerung an das, was wir bereits geschafft haben. Dabei sollten wir auch unsere Stärken nicht vergessen. Denn wenn wir unseren Fokus auf unsere Stärken richten, gibt uns das jede Menge Selbstvertrauen.

Ressourcen mittels alltäglicher Kraftgeber aktivieren

Ressourcen-Kraftgeber. Das sind alltägliche Dinge, die uns mit Kraft und Positivität versorgen, die wir am besten in unseren Alltag integrieren sollten. In der Regel greifen wir nur dann auf unsere Ressourcen zurück, wenn wir in einer Notlage oder Akutsituation sind. Allerdings verfügen wir über zusätzliche, kleine

Ressourcen, die uns im Alltag enorm unterstützen können. Manchmal ist es nämlich besser, wenn wir einer drohenden Überforderung vorbeugen und gar nicht erst in eine Akutsituation geraten.

Ressourcen-Kraftgeber sind Aktivitäten, die unser tägliches Wohlbefinden steigern. Uns mit Energie versorgen oder uns auf irgendeine Weise stärken. Das können ganz banale Dinge sein, wie zum Beispiel ein paar Minuten barfuß durchs Gras zu laufen oder etwas Sonne zu tanken. Das kann ein Gespräch mit einem guten Freund sein, Spielzeit mit den Kindern, kuscheln mit dem Haustier usw. Eben all das, was uns guttut und uns irgendwas Positives gibt.

Wichtig ist, dass sie in unseren Alltag passen und damit tatsächlich nahezu täglich getan werden können.

Wissen, wie es sich anfühlt, wenn wir in unserer Kraft baden!

Es ist nicht nur wichtig zu wissen, wo wir unsere Ressourcen finden und wie wir sie aktivieren können. Genauso wichtig ist es zu wissen, wie es sich anfühlt, in unserer Kraft aus ihnen zu baden. Wie sich also Stärke, Wohlbefinden und Energie in uns bemerkbar machen.

So individuell wie wir selbst ist auch das, was wir fühlen, wenn wir uns stärken. Energie zum Beispiel kann den ganz Körper durchströmen und sich wie ein Kribbeln in jedem Muskel anfühlen. Wenn Anspannungen sich lösen, kann Bewegungsdrang entstehen. Wohlbefinden kann sich warm anfühlen oder dazu führen, dass wir sehr viel und oft lächeln. Vielleicht fühlen sich unsere Gedanken leichter an, wir sind plötzlich innerlich viel ruhiger und ausgeglichener.

Hier heißt es auch wieder, dass wir uns selbst, was wir spüren, bewusst wahrnehmen. In uns hineinhören. Denn nur so können wir auch erkennen, wann wir genügend Ressourcen aktiviert und von ihnen profitiert haben.

Das Aktivieren unserer Ressourcen gleicht nämlich einer Reise. Als erstes verspüren wir eine Art „*Fernweh*", also das Bedürfnis nach Unterstützung. Mithilfe einer „*Checkliste*", unserer Ressourcen-Liste, planen wir nun unsere Route zu unserem Ziel. Indem wir unsere Ressourcen dann aktivieren, begeben wir uns auf die eigentliche Reise und am „*Ziel*" angekommen, werden wir uns letztendlich wieder besser, ausgeglichener und ruhiger fühlen. Stark genug, die anstehende Herausforderung zu meistern.

Gelassenheit im Leben mit chronischen Erkrankungen

Essenziell, aber leider oft zu wenig beachtet, ist die Gelassenheit im Leben mit chronischen Erkrankungen. Wir suchen verbissen nach Besserung. Jagen von Therapie zu Therapie und haben das Gefühl, nie zum Ziel zu kommen.

Innere Unruhe, Stresszustände und eine ständige Unzufriedenheit mit uns selbst und dem Leben sind die Folge. Wir fühlen uns unwohl, verlieren uns in der Negativspirale und verhalten uns dann auch nicht so, wie wir eigentlich möchten. Das führt nicht selten zu noch mehr Überforderung und damit auch zu noch mehr negativen Gedanken. Ein Teufelskreis entsteht, aus dem wir nur schwer wieder rausfinden.

Ich war selbst in einem solchen gefangen und das tat weder mir noch meinen Erkrankungen gut. Ich musste einen Weg zu mehr Gelassenheit, besonders in Bezug auf meine Erkrankungen und den Beeinträchtigungen finden. Der Weg war lang und hat viel Durchhaltevermögen erfordert, hat sich aber gelohnt.

Denn heute lebe ich gelassener und freier mit meinen Erkrankungen.

Was genau bedeutet Gelassenheit?

Nun, schon das Wort selbst, Gelassenheit gibt Aufschluss darüber: Gelassenheit bedeutet, etwas zu lassen.

Genauer gesagt, wir lassen unsere Gefühle genauso, wie sie sind. Wer jetzt aber annimmt, das bedeutet, uns in ihnen zu verlieren, zum Beispiel auch in der Hoffnungslosigkeit, der irrt. Gefühle so zu lassen, wie sie sind, bedeutet nämlich nicht, dass wir uns ihnen zur Gänze hingeben oder ihnen einfach nachgeben. Es bedeutet vielmehr sie wahrzunehmen, anzunehmen und zu akzeptieren. Sie also zuzulassen und nicht mehr gegen sie anzukämpfen. Wenn wir ständig gegen unsere Gefühle ankämpfen, verschwenden wir wertvolle Energie, die wir dafür nutzen können, bewusster Entscheidungen zu treffen.

Die Entscheidungen, die eben unsere Reaktion auf die Gefühle betreffen. Nehmen wir mal als Beispiel die Wut. Wir sind natürlich oft wütend. Wütend, weil wir nicht gesund sind. Wütend, weil unser Körper mal wieder streikt oder wir manches einfach nicht mehr machen können. Kämpfen wir nun gegen diese Wut an, unterdrücken sie vielleicht sogar, kommt es irgendwann unweigerlich zum Wutausbruch. Und genau hier setzt die Gelassenheit an. Statt gegen unsere Wut anzukämpfen, nehmen wir sie an. Nehmen sie wahr und lassen sie sein, wie sie ist. Dann entscheiden wir ganz bewusst, ob wir ihr Ausdruck verleihen wollen oder nicht und wenn ja, wie. Es geht also darum, das automatische Reagieren auf unsere Gefühle zu durchbrechen.

Das bedeutet nicht, dass wir fortan Gleichgültigkeit praktizieren sollen. Es bedeutet auch nicht, dass es uns an genügend Willen, Motivation oder Emotionalität fehlt. Es geht darum, gelassener und bewusster zu reagieren und unsere Energie für das einzusetzen, was uns wirklich wichtig ist.

Um Gelassenheit zu lernen, braucht es Vertrauen und Mut

Wir haben sicherlich alles schon mal gehört, oder gar selbst gesagt: *„Bleib doch mal gelassen!"*. Was in der Theorie so einfach klingt, ist manchmal ganz schön schwer umzusetzen. Der Grund, wieso wir so oft eben nicht einfach mal gelassen sind, ist einer unserer Glaubenssätze.

Viele von uns folgen dem Glaubenssatz, dass wir unangenehme Gefühle wie Wut, Enttäuschung, gar Verzweiflung kontrollieren müssten, damit wir gelassen sind. Das hat aber zur Folge, dass wir auch denken, dass wir zum Beispiel gar nicht erst wütend sein dürfen, denn sonst gehen wir ja nicht gelassen mit der Situation um, die Wut in uns hervorgerufen hat. Tatsächlich ist aber genau das Gegenteil der Fall. Wir können nur gelassener werden, indem wir unsere Gefühle da sein lassen.

Indem wir sie nicht mehr unterdrücken und wirklich leben, lernen wir auch sie auszuhalten und mit ihnen umzugehen. Daran wachsen wir letztendlich auch und werden uns unserer Selbst richtig bewusst. Gewinnen mehr innere Stärke. Steigern unser Selbstvertrauen und können so natürlich auch wirklich gelassener mit Situationen umgehen.

Was das Ganze aber so schwierig macht: *Es erfordert jede Menge Mut. Mut und natürlich auch Vertrauen!*

Oftmals ist es nämlich so, dass wir Angst davor haben, unsere Gefühle wirklich zuzulassen. Wir drücken sie weg und machen dadurch auch eher selten die bewusste Erfahrung, dass insbesondere unangenehme Gefühle weitaus weniger Macht über uns haben, als wir befürchten. Typisch für ein *„Wegdrücken"* ist es zum Beispiel, wenn wir Trauer nicht wirklich zulassen, weil wir Angst haben, dass wir dann nicht mehr aufhören können zu weinen. Das Gefühl verrückt zu werden, wenn wir unsere Ängste zulassen, oder auch dass wir unseren Frust und Ärger maskieren, damit andere nichts fehlinterpretieren. Oder die Angst vor dem Kontrollverlust, wenn wir unsere Wut zulassen.

Gelassenheit entwickelt sich aber erst, wenn wir die Erfahrung machen, dass wir durchaus alles fühlen können, ohne dass unsere Ängste sich bewahrheiten. Dass unangenehme Gefühle zum Mensch-Sein dazugehören, sie uns aber nichts anhaben können. Dadurch lernen wir nämlich erst, mit unseren Gefühlen umgehen zu können. Und erst wenn wir das können, können wir auch Gelassenheit lernen und letztendlich umsetzen.

Gefühle zulassen

Gefühle zulassen erfordert, wie bereits erwähnt, Mut. Doch zunächst müssen wir uns auch bewusst dazu entscheiden, es auch wirklich zu wollen. Lang unterdrückte Gefühle führen nicht selten beim Zulassen dazu, dass sie uns überrollen und richtig mitreißen.

Bei mir selbst was das genauso. In dem Moment, als ich tatsächlich losließ, all meine unterdrückten Gefühle zuließ, wurde ich von ihnen mitgerissen. Das war ehrlicherweise keine so schöne Erfahrung und daher würde ich es heute auch anders angehen und mir Unterstützung dabei suchen. Unterstützung können wir in Form einer Psychotherapie bekommen und diese ist besonders dann sinnvoll, wenn wir bereits sehr unter unseren Gefühlen leiden. Aber natürlich gibt es auch andere Wege, uns unseren Gefühlen zu stellen.

Das Erste, was wir brauchen, ist ein Anker. Etwas, worauf wir uns fokussieren können, wenn Gefühle drohen uns mitzureißen. Das kann beispielsweise unser Atem sein. Auf diesen konzentrieren wir uns, während wir unsere Gefühle zulassen und wahrnehmen. Immer dann, wenn eine Welle an Emotionen über uns hereinbricht und zu stark wird, fokussieren wir uns für ein paar Atemzüge nur darauf, zu atmen.

Wichtig: Schritt für Schritt! Wir müssen nicht nach dem „All-or-nothing"-Prinzip vorgehen und gleich jedes oder alle Gefühle auf einmal zulassen.

Wir wollen schließlich lernen, mit ihnen umzugehen, und nicht die Erfahrung machen, von ihnen überwältigt zu werden. Das würde unsere Ängste nämlich nur bestätigen. Wir wollen lernen, unangenehme Gefühle zuzulassen, sie zu leben und mit ihnen umzugehen. Dazu brauchen wir Geduld mit uns selbst. Geduld und Übung.

Gelassen reagieren

Zunächst ist es wichtig zu wissen, dass Gelassenheit selbst aus zwei Aspekten besteht:

1. sich gelassen fühlen
2. gelassen reagieren

Oftmals wirken wir zwar gelassen, weil wir Ruhe bewahren, doch sind wir innerlich aufgewühlt, gestresst und unterdrücken unsere Gefühle lediglich. Wir reagieren also nach außen hin gelassen, sind es aber nicht wirklich.

Um wirklich gelassen reagieren zu können, müssen wir lernen, unsere Gefühle möglichst neutral zu beobachten. Das heißt, wir nehmen sie wahr und nutzen unseren Atem als Anker. Das bedeutet nicht, dass wir nicht automatisch den Drang verspüren, entsprechend unseren Gefühlen zu reagieren. Und das dürfen wir sogar. Allerdings haben wir die Möglichkeit zu entscheiden, wie wir das tun.

Dazu sollten wir uns immer fragen, ob wir uns wie der Mensch verhalten, der wir sein wollen. Zum Beispiel wenn wir wütend sind. Wie wollen wir unserer Wut Ausdruck verleihen? Wie gehen wir damit um?

Gefühle wahrnehmen, sie annehmen und auch wirklich fühlen bedeutet nämlich nicht zwangsläufig, dass wir uns in einer ärgerlichen Situation auch aufregen und laut werden müssen. Wir können kurz innehalten, hinterfragen was uns wütend macht, und darüber sprechen. Wenn wir traurig sind, können wir weinen, ohne dabei die Kontrolle über unsere Tränen zu verlieren. Wir können uns bei anderen anlehnen, ohne dass sie uns zurückweisen.

Gelassen sein bedeutet, dass wir entscheiden, wie wir auf unsere Gefühle reagieren. Bewusstes Wahrnehmen, Annehmen und Zulassen. Das ist natürlich ein Prozess, an dem wir aber gleichermaßen wachsen und zu dem Menschen werden dürfen, der wir sein wollen.

Innere Ruhe

Wir alle brauchen sie, die innere Ruhe. Denn wer kennt es nicht? Die Gefühle überschlagen sich, stürzen uns in ein emotionales Chaos. Die Gedanken fangen an zu rasen und der Körper ist ständig angespannt – innere Unruhe entsteht.

Dann neigen wir auch nicht selten dazu, alles genau analysieren zu wollen. Die Gründe für die Angespanntheit und die innere Unruhe herauszufinden. Das Problem hierbei ist aber, dass das nicht selten dazu führt, dass wir uns noch mehr in Gedankenspiralen verstricken und noch aufgewühlter sind als zuvor. Wir verstärken die innere Unruhe also.

Aber es gibt Wege raus aus dieser Spirale. Möglichkeiten, mit denen wir uns selbst beruhigen und die innere Ruhe wieder herstellen können. Das ist insbesondere für chronisch erkrankte Menschen wichtig. Denn sind wir der inneren Unruhe hilflos ausgeliefert, wirkt sich das auch auf unser Befinden und die Symptomatik sowie den Krankheitsverlauf aus.

Der Kampf im Inneren

Wichtig zu wissen ist, dass innere Unruhe meistens dann entsteht, wenn wir einen Kampf im Inneren führen. Wenn wir also innerlich mit etwas oder gar mit uns selbst kämpfen. Wenn wir versuchen, gegen Gefühle, Geschehnisse oder manchmal auch gegen uns selbst anzukämpfen. Machen wir uns diesen Umstand bewusst, können wir die aufreibende Suche nach dem Warum vermeiden.

Die inneren Kämpfe können Ereignisse sein, die uns gedanklich sehr beschäftigen. Gefühle, die wir unterdrücken oder wegschieben wollen und die uns doch immer wieder überrollen. Es kann sogar die innere Anspannung selbst sein, die wir mit aller Macht zu bekämpfen versuchen. Ganz egal. Egal gegen was wir ankämpfen, wir schenken dem viel Aufmerksamkeit und dadurch steigert sich die innere Unruhe und wir rauben uns immer mehr Energie.

Dass wir keine Erfahrungen machen möchten, die uns belasten und vor immense Herausforderungen stellen, ist ein völlig gesunder und auch normaler Wunsch. Problematisch wird es aber, wenn eben dieser Wunsch dazu führt, dass wir unser Erleben, Empfinden und auch Verhalten vollkommen nach ihm ausrichten. Dann handelt es sich nämlich um die sogenannte Erfahrungsvermeidung.

Erfahrungsvermeidung ist das, was uns letztendlich die innere Ruhe raubt.

In 3 Schritten zurück zur inneren Ruhe

Jetzt, wo wir wissen, wo unsere innere Unruhe ihren Ursprung hat, können wir uns darauf konzentrieren, wieder zurück zur inneren Ruhe zu finden.

1. Achtsam sein und Bemerken

Solange wir unseren Gedanken nachjagen, bleiben unsere Gefühle unbeobachtet. Deshalb überschlagen sie sich und überfordern uns. In diesem Zustand ist es schwierig, aus der inneren Unruhe herauszukommen.

Daher ist es notwendig, dass wir uns selbst im Inneren beobachten. Wir müssen wahrnehmen, dass wir innerlich unruhig sind. Hilfreich kann es hier sein, wenn wir uns immer mal wieder ein paar Fragen stellen:

- Rasen meine Gedanken grade?
- Herrscht in mir ein unangenehmes Wechselbad meiner Gefühle?
- Steht mein Körper unter Anspannung?

Dieser erste Schritt mag uns überflüssig vorkommen, denn schließlich wissen wir ja bereits, dass wir grade keine innere Ruhe verspüren. Allerdings ist er dennoch sehr wichtig.

Stellen wir uns mal vor, wir stünden unter einem Wasserfall. Dann prasselt jede Menge Wasser auf uns herab. Doch was passiert, wenn wir dann einen kleinen Schritt zurück machen? Wir geraten in die Position, das Ganze zu beobachten. Das ganze Bild zu erfassen, ohne dass uns die Massen an Wasser – sinnbildlich für unsere innere Unruhe – überfluten.

2. Den inneren Kampfschalter umlegen

Jetzt könnte man natürlich sagen, dass wir eine dauerhafte innere Ruhe erreichen könnten, wenn wir innerlich immer einfach alles akzeptieren würden. Das ist aber einfach nicht möglich und zudem auch gar nicht wirklich wünschenswert. Es ist nur natürlich, dass wir Gefühle und Gedanken, die uns belasten, loswerden möchten und uns darum auch sehr bemühen.

Passiert es aber, dass genau das überhandnimmt, uns die innere Ruhe raubt und wir das letztendlich bemerken, können wir auch ganz bewusst unseren inneren Kampfschalter umlegen. Hierbei handelt es sich um eine Technik, welche man auch in der Akzeptanz- und Commitment-Therapie anwendet.

Dazu stellen wir uns einfach mal vor, wir hätten im Inneren einen Schalter, welcher auf Kämpfen eingestellt ist. Nun nutzen wir die Kraft unserer Gedanken, um den Schalter umzulegen. Damit setzen wir einen Impuls und erklären unseren inneren Kampf für beendet. Statt gegen alles, was uns im Inneren belastet, anzukämpfen, lassen wir es zu. Alle Gedanken. Jedes noch so belastende Gefühl. Jedes Bild, das wir im Inneren kreieren. Denn so unangenehm und belastend das alles auch ist, es kann uns nicht wirklich etwas anhaben. Wir nehmen es wahr und akzeptieren es ganz so, als hätten wir uns das ganz genauso ausgesucht.

3. Allem einen Raum geben

Alles wahrnehmen und akzeptieren bedeutet nicht, dass wir uns von Gedanken, Gefühlen und Bildern überfluten lassen sollen. Es geht nun vielmehr darum, dass *wir* allem seinen Platz, seine Daseinsberechtigung geben und Ordnung in uns schaffen.

Stellen wir uns dazu einmal vor, unser Inneres ist ein großes Haus mit sehr vielen Zimmern. Jedes Zimmer bietet dabei Platz für Gefühle, Gedanken und Bilder. Jedes Gefühl, gleich ob es sich nun um ein schönes oder belastendes handelt, bekommt einen eigenen Raum. Ein Raum für Trauer, ein anderer für Angst, einer für Wut, einer für Wohlbefinden, einer für Glück usw. Dasselbe tun wir auch mit unseren Gedanken. Ein Raum für belastende Gedanken, einer für die Gedanken, die uns aufmuntern. Ein Raum für Vorstellungen, die uns guttun, und einer für Vorstellungen, die uns bedrücken und ängstigen.

Jetzt geben wir jedem Gefühl, jedem Gedanken, jedem Bild eine Form und lassen unserer Fantasie dabei völlig freien Lauf. Dann räumen wir alles in den dafür vorgesehenen Raum und an seinen Platz. Wir schaffen Ordnung und damit natürlich auch gleichzeitig wieder genügend Raum für die innere Ruhe.

Geduld mit uns selbst haben

Natürlich erfordert das Ganze Übung. Zu bemerken, dass wir innerlich unruhig sind, den Kampfschalter umzulegen und Ordnung ins uns zu schaffen, bedarf Geduld. So heilsam dieser Weg auch ist, so kann er uns natürlich große Angst machen, da wir von Natur aus eher dazu neigen, allem, was uns belastet, ob nun innerlich oder äußerlich, aus dem Weg zu gehen. Wir folgen dabei dem Gedanken, dass wir uns durch Akzeptanz das für uns Unangenehme erst recht bewusst machen und es dadurch verstärken.

Dieser Angst können wir aber mit Neugierde und Akzeptanz begegnen. Dazu können wir uns folgende Fragen stellen:

- Verstärken wir die unangenehmen Gefühle und Gedanken tatsächlich, wenn wir uns diese bewusst machen?
- Verstärkt es unser Unwohlsein tatsächlich, wie lange hält es an?
- Welche Veränderung tritt langfristig in unserem Inneren ein?

Der Weg zurück zur inneren Ruhe ist nicht einfach. Er erfordert allem voran Mut. Mut, sich mit allem auseinanderzusetzen. Allem mit Offenheit und Akzeptanz zu begegnen. Das kann uns ängstigen und natürlich kann es für uns auch sehr schmerzhaft sein. Deshalb braucht das Ganze eben so viel Übung und Geduld.

Festhalten lässt sich aber, dass sich dieser Weg langfristig lohnt. Innere Unruhe wirkt sich negativ auf uns und auch unsere Gesundheit aus. Und genau das verstärkt die innere Anspannung erheblich. Haben wir aber den Weg zurück zur inneren Ruhe gefunden, geht es uns besser und die Anspannung lässt von alleine nach.

Leicht ist es wirklich nicht, aber mehr als lohnenswert.

In stressigen Momenten bewusst reagieren - Ruhe bewahren

Wir kennen ihn alle, diesen einen Satz: „Im Notfall bitte Ruhe bewahren." – er begegnet uns schließlich ständig. In öffentlichen Verkehrsmitteln, in Fahrstühlen, eben überall dort, wo Notfälle passieren könnten.

Aber, seien wir realistisch, es gelingt uns eher selten, die Ruhe zu bewahren, wenn eine Situation besonders stressig ist. Unter anderem liegt das natürlich daran, dass unser Körper in solchen Situationen Stresshormone ausschüttet und wir somit in Alarmbereitschaft versetzt werden. Dadurch fällt es uns dann auch so schwer, ruhig zu handeln, überlegte Worte zu sprechen und gute sowie wohlüberlegte Entscheidungen zu treffen.

Die gute Nachricht ist aber, wir können die Biologie sozusagen überlisten und lernen, Ruhe zu bewahren. Auch in besonders stressigen Situationen.

Wieso sollten wir eigentlich Ruhe bewahren?

Die erste Frage, die sich uns hier stellen mag, ist, ob es nicht auch sinnvoll ist, wenn wir gestresst und angespannt sind. Schließlich schüttet unser Körper ja nicht grundlos Stresshormone aus. Und natürlich gibt es gute Gründe dafür! Anspannung und Unruhe sollen uns nämlich dabei helfen, belastende Situationen bestmöglich zu überstehen und uns, wenn nötig zu verteidigen.

Sind wir zum Beispiel gestresst, weil wir beruflich etwas zu einem bestimmten Zeitpunkt erledigen müssen, strengen wir uns etwas mehr an. Üben uns nahestehende Menschen Kritik an uns aus, fühlen wir uns manchmal angegriffen und verteidigen uns selbst. Werden wir in stressigen Situationen ungeduldig, so liegt dem fast immer einer Überforderung zugrunde. Hier ist gestresst sein nicht selten das Zeichen dafür, sich Unterstützung zu holen oder eine Pause einzulegen.

Wir sehen also, Stress und Unruhe sind wichtige Warnsignale unseres Körpers. Aber, das bedeutet nicht, dass es auch immer förderlich oder gar angemessen ist. Die Frage ist nämlich, schaffen wir es, unsere Reaktionen auf die Anspannung und den Stress bewusst auszuwählen oder nicht.

Ich kann eben nicht anders!

Die Schwierigkeit ist: Sind wir gestresst, innerlich unruhig und angespannt, reagieren wir ganz automatisch. Nahezu schon impulsiv und haben nicht selten das Gefühl, dass wir gar nicht anders können. Stellen wir uns das so vor, als wäre in unserem Inneren ein Zufallsgenerator und der wählt eine impulsive Reaktion aus. In den meisten Fällen ist es nur so, dass uns diese automatischen Reaktionen selten weiterbringen. Im Gegenteil. Oft fühlen wir uns danach schuldig und sind ausgelaugt oder frustriert.

Ich habe allerdings gelernt, dass ich immer eine Wahl habe. Egal was unsere Unruhe, unseren Stress oder unsere Angespanntheit auch verursacht, wir können immer wählen, wie wir uns verhalten möchten.

Sind wir beruflich gestresst, weil wir etwas bis zu einem gewissen Zeitpunkt erledigt haben müssen, können wir uns zum Beispiel einen Zeitplan erstellen. Das nimmt uns zum einen die Unruhe und ist zum anderen wesentlich effektiver, als einfach hektisch und in Panik draufloszuarbeiten. Fühlen wir uns durch geäußerte Kritik angegriffen, können wir das zum Beispiel offen und ruhig kommunizieren. Sind wir überfordert, können wir auch das mitteilen und jemanden um Unterstützung bitten.

Das soll bedeuten: statt uns von unseren Emotionen zu impulsiven Reaktionen verleiten zu lassen, können wir uns so verhalten, wie wir es möchten.

In 3 Schritten zu mehr Ruhe bewahren

Wenn wir uns bewusst darüber sind, wieso es so wichtig, aber gleichzeitig auch so schwierig für uns ist, in stressigen Situationen die Ruhe zu bewahren, können wir uns auch daran machen, genau das für uns zu nutzen. In 3 Schritten dazu gelangen, mehr Ruhe zu bewahren und wirklich bewusst zu entscheiden, wie wir reagieren wollen.

1. Bewusst wahrnehmen

Der erste Schritt besteht darin, dass wir wahrnehmen, wenn wir dabei sind, unsere innere Ruhe zu verlieren. Das gelingt am besten, wenn wir auf unseren Körper hören. Dieser sendet schließlich eindeutige Signale. Unser Herz schlägt schneller, die Atmung flacht ab, eventuell bekommen wir sogar Schweißausbrüche, uns wird kalt, wir zittern oder uns wird übel.

Manchmal schießen uns auch sehr viele Gedanken durch den Kopf oder unsere Gefühle fahren Achterbahn. Wir sind überfordert und wissen eigentlich nicht mal selbst, was wir grade fühlen. Dann heißt es alles wahrnehmen und zulassen. Jedoch ohne darauf zu reagieren.

2. Atmen

Wenn wir unser Erleben wie im ersten Schritt zulassen und wahrnehmen, können wir auch ganz genau wahrnehmen, wie wir nun am liebsten reagieren würden. Würden wir jetzt beispielsweise weinen oder schreien, an die Decke gehen und etwas kaputt werfen, flüchten und uns der Situation entziehen oder uns gar selbst einfach zurückziehen?

Anstatt diesem ersten Impuls nun zu folgen, atmen wir ganz bewusst erst mal ein und aus. Das beruhigt zum einen das vegetative Nervensystem, zum anderen verschafft es uns etwas Abstand zu unseren Impulsen. Jetzt schauen wir uns das noch einmal an. Ist meine impulsive Reaktion wirklich genau die Reaktion, die ich auf die Situation haben möchte? Natürlich kann dann hier auch klar sein, weinen ist grade genau das, was richtig für mich ist. Wichtig ist hier immer, dass wir beachten, ob wir das jetzt wirklich so wollen und inwieweit uns das weiter bringt.

Ein Beispiel:

Streit mit dem Partner. Bringt es uns jetzt wirklich weiter, wenn ich meiner Wut und dem Impuls folge, an die Decke zu gehen und unbedacht vielleicht sogar Verletzendes zu sagen? Oder wäre es nicht konstruktiver, wenn ich meinem Partner sage, dass mich sein Verhalten oder seine Worte verletzt oder wütend gemacht haben, und was ich mir von ihm stattdessen wünsche?

3. Nun: bewusst reagieren

Durch bewusstes Reagieren Ruhe bewahren heißt nichts anderes, als dass wir zum Beispiel nicht schreien, sondern ruhig und bedacht mit unserem Gegenüber kommunizieren. Dass wir geduldig sind und abwägen und dann eine Entscheidung treffen, die uns wirklich weiterbringt. Die zu unserer Beruhigung, aber auch der des anderen beiträgt.

In stressigen Situationen, oder auch wenn wir unter enormer Anspannung stehen, gelingt uns das nicht so leicht. Es braucht Übung und Geduld und wahrscheinlich auch mehrere Anläufe. Besonders, weil wir hier aus langjährigen Verhaltensmustern herausmöchten und oft eigentlich gar nicht wissen, wie wir denn eigentlich genau reagieren möchten.

Deswegen: uns selbst die Zeit und den Raum einräumen, darüber nachzudenken. Wir können beispielsweise sagen, dass wir grade sehr aufgewühlt sind und etwas Zeit benötigen. Wichtig ist nur, dass wir klar benennen, was grade in uns vor geht.

Ist Ruhe bewahren gleichbedeutend mit sich verstellen?

Jeder von uns hat wahrscheinlich den Wunsch, Ruhe bewahren zu können. Schließlich tut es uns eher selten gut, wenn wir sie verlieren. Gleichzeitig haben wir aber auch die Angst, dass wir uns dazu verstellen und unsere Authentizität aufgeben müssen. Dass wir unsere Gefühle unterdrücken sollen. Dem ist aber nicht so!

Indem wir bewusst wahrnehmen, dass wir grade unsere innere Ruhe verlieren und alle Gefühle zulassen, geben wir auch gleichzeitig den Kampf gegen sie auf. Statt sie zu verbergen, können wir sie klar benennen und zum Beispiel sagen, dass wir uns grade enorm gestresst fühlen, anstatt genau diesen Stress dadurch an anderen auszulassen, dass wir laut werden. Das hat also nichts mit verstellen zu tun, sondern ist im Gegenteil die Fähigkeit, die eigenen Gefühle wahrzunehmen, anzunehmen und letztendlich auch mit ihnen umzugehen. Etwas, was wir lernen können zu tun.

Innerer Frieden

„Innerer Frieden"

- dieser Ausdruck begegnet uns sehr oft und klingt, zugegeben, in den meisten Fällen eher religiös und spirituell. Jetzt mögen viele sich sagen, damit habe ich nichts am Hut.

Doch auch wenn wir weder religiös noch spirituell sind, sehnen wir uns dennoch alle nach Ruhe und Frieden. Das ist ein Grundbedürfnis eines jeden Menschen, ganz gleich, ob er an Religion oder Spiritualität glaubt.

Ruhe und Frieden finden wir aber eher selten woanders, wenn wir beides nicht auch in uns selbst finden. Es geht hierbei darum, Frieden in sich selbst zu erleben und friedvoll mit sich selbst, seinen Gedanken und Gefühlen umzugehen.

Innerer Frieden - was das ist und wie er sich anfühlt

Wenn wir von innerem Frieden sprechen, dann von einem Zustand, den jeder von uns selbst empfinden muss. Jedenfalls dann, wenn wir ihn wirklich verstehen wollen.

Wir können uns das so vorstellen:

Wir können, als Beispiel, einem anderen einen Apfel beschreiben. Wie er aussieht. Wie er riecht und sich anfühlt. Können etwas über seine Konsistenz erzählen und auch, wie er schmeckt.

Dennoch ist es dann unser ganz eigenes Erleben, wenn wir einen Apfel sehen, riechen und schmecken. Der andere wird somit zwar eine Ahnung davon bekommen, was ein Apfel ist, wirklich wissen wird er es aber erst dann, wenn er selbst einen Apfel in der Hand gehalten, an ihm gerochen und ihn gegessen hat.

Um aber eine kleine Ahnung davon zu bekommen, was mit dem inneren Frieden gemeint ist, können wir einen sehr schönen Vergleich aus dem tibetischen Buddhismus nutzen, und das sogar zu einer uns sehr vertrauten Alltagserfahrung.

Nämlich den *„Couch-Moment"*

Stellen wir uns einmal vor, wir kommen abends nach Hause. Wir haben einen ereignisreichen und anstrengenden Arbeitstag hinter uns. Haben die Kinder aus der Kita abgeholt, Essen gekocht und vielleicht sogar noch die Wäsche gemacht und die Küche geputzt. Unsere Aufgabenliste an diesem Tag war lang, aber wir haben alles erledigt und wenn die Kinder im Bett sind, können wir uns endlich aufs Sofa legen. Füße hoch und nichts mehr tun.

Wir spüren, wie sich der Körper langsam, aber sicher entspannt. Die Gedanken haben freien Lauf und wir fühlen was? Genau! Frieden und Ruhe. Das ist der sogenannte Couch-Moment und genau der Moment, in dem wir auf ganz natürliche Weise inneren Frieden erleben.

Doch nun zu der Frage, wie wir diese Erfahrung des inneren Friedens auch machen können, ohne dafür einen hektischen und anstrengenden Tag zu erleben. Und auch dazu, wie wir es schaffen, dieses Gefühl nachhaltig und langfristig erleben zu können.

In uns selbst ist innerer Frieden

Der Begriff ist bereits selbsterklärend: Innerer Frieden bedeutet Frieden im eigenen Inneren. Wenn wir uns das bewusst machen, kann das eine enorme Hilfe sein. Denn nicht selten denken wir doch, dass wir das Außen verändern müssen, also die äußeren Umstände, um Frieden im Inneren zu fühlen. Doch das ist nicht wirklich der Fall.

Wie beim Couch-Moment, müssen wir nicht in einer ruhigen Atmosphäre sein, alle Aufgaben und Pflichten erledigt haben oder auch einfach ungestört sein. Das ist keine Grundvoraussetzung, um Frieden im Inneren zu erleben. Inneren Frieden können wir immer und überall empfinden.

Wir benötigen dazu lediglich die Absicht, friedvoll mit uns selbst umzugehen und natürlich auch etwas Übung darin, nicht mehr impulsiv und in gewohnter Weise auf unser Denken und Fühlen zu reagieren.

Ein friedvoller Umgang mit Gedanken und Gefühlen

Wichtig zu wissen ist, es hängt immer von unserem Umgang mit unseren Gedanken ab, ob wir uns nun innerlich unruhig, unzufrieden oder friedvoll fühlen. Das soll heißen, wie wir auf sie reagieren. Es bedeutet nicht, positiv zu denken. Es ist schließlich ganz natürlich, auch negative Gedanken zu haben. Es geht vielmehr darum, nicht zu sehr auf sie einzugehen, um unseren inneren Frieden zu wahren.

Nicht oder nicht zu sehr auf negative Gedanken einzugehen bedeutet, dass wir sie erstens nicht zwangsläufig für die Wahrheit halten und sie zweitens nicht endlos weiterführen. Wir nehmen diese Gedanken also wahr, erkennen sie an und lassen sie da sein. Akzeptanz statt gegen sie ankämpfen. Wir verfolgen dabei aber nur die Gedanken, die wir auch wirklich verfolgen möchten.

Merken wir nun, dass wir uns in negativen Gedanken verstricken, steigen wir einfach aus unserer Gedankengeschichte aus.

Das kann gelingen, wenn wir uns beispielsweise mal für einen Augenblick auf unseren Körper, unsere Atmung fokussieren und diese wahrnehmen. Das braucht zweifelsohne Übung. Übung und wie immer auch Geduld. Einen friedvollen Umgang mit unserem Inneren zu lernen ist mitunter schwierig, aber absolut lohnenswert.

Wieso wir so oft keinen inneren Frieden empfinden

Zugegeben, es klingt etwas seltsam, wenn man sagt, dass der innere Frieden davon abhängt, wie man mit seinen Gedanken umgeht. Doch sind wir hier einmal ganz schonungslos ehrlich mit uns selbst, ist es doch in vielen und alltäglichen Situationen so, dass Wille und Wunsch nach innerem Frieden nicht ausreichen, damit wir diesen auch erleben. Oder auch dem Vorhaben, uns friedlich zu fühlen, tatsächlich nachgehen.

Das liegt nicht zuletzt daran, dass wir unsere Gefühle zur Kommunikation einsetzen. Das soll bedeuten: In vielen Situationen werden wir zum Beispiel wütend, weil wir unseren Willen einfach durchsetzen wollen. Sind wir gestresst, reagieren wir gereizt und wollen damit anderen signalisieren, dass wir grade überfordert mit einer Situation sind und Unterstützung benötigen. Erleben wir Enttäuschung, Trauer oder Eifersucht, sehnen wir uns nach Zuwendung anderer.

Das soll verdeutlichen: Gefühle und unsere Reaktion darauf sind unsere Kommunikation.

Friedvoll mit anderen kommunizieren

Häufig haben wir, sind wir ehrlich, die Befürchtung, dass wir unseren sogenannten Drive verlieren, wenn wir uns ausgeglichen fühlen. Dass wir einfach keinen Antrieb mehr haben, Dinge zu ändern, zu verbessern und Ziele zu erreichen. Eventuell denken wir sogar, dass wir dann weniger Durchsetzungsvermögen haben, die Zuneigung unserer Liebsten verlieren bis hin dazu, dass wir weniger Aufmerksamkeit bekommen.

Allerdings ist genau das Gegenteil der Fall:

Sind wir im Inneren friedvoll mit uns selbst, dann handeln wir auch automatisch wesentlich mehr im Einklang mit unseren Bedürfnissen. Erleben wir inneren Frieden, können wir weniger emotionsgeladen kommunizieren und unserem Gegenüber auch besser vermitteln, wie wir uns fühlen.

Damit wir das können, ist es zunächst einmal wichtig, dass wir wahrnehmen, wann beispielsweise Ärger und Wut in uns aufsteigen und wir normalerweise auch ärgerlich reagieren würden. Hier geht es, genauso wie bei der inneren Ruhe nicht darum, das Gefühl zu unterdrücken, sondern es zuzulassen. Doch anstatt nun ungefiltert dem Ärger freien Lauf zu lassen, überlegen wir, was wir jetzt grade eigentlich möchten. Dann kommunizieren wir unseren Wunsch oder unsere Bitte dem Gegenüber, ohne dabei emotionsgeladen zu sein.

Natürlich kann es passieren, dass wir damit auch beim Gegenüber nicht automatisch das erreichen, was wir erreichen möchten, allerdings würde uns das auch nicht gelingen, wenn wir voller Wut an die Decke gingen.

Dennoch gibt es einen einzigen, aber wesentlichen Unterschied: Wir haben uns damit den inneren Frieden bewahrt und das wird sich langfristig für uns wesentlich angenehmer anfühlen, als jeder Emotion impulsiv zu folgen.

Innerer Frieden - ist er langfristig möglich?

Üben wir uns darin, inneren Frieden zu erleben, stellen wir fest, er kommt und geht. Ist eben nicht immer da. Doch weil er sich angenehm anfühlt, wollen wir ihn immer wieder erleben und am liebsten gar nicht mehr loslassen.

Hier liegt aber auch das Problem:

Dadurch begeben wir uns auch automatisch auf die Suche nach innerem Frieden. Und genau diese Suche hält uns dann wiederum davon ab, wirklich loszulassen, entspannt zu sein und friedvoll mit uns selbst umzugehen. Wenn wir uns um jeden Preis innerlich friedlich fühlen wollen, verkrampfen wir uns. Finden wir den inneren Frieden dann nicht, kommt Frustration auf, eben das genaue Gegenteil von sich friedvoll fühlen.

Wir können uns den inneren Frieden wie einen scheuen Fisch vorstellen. Halten wir eine Hand ganz ruhig ins Wasser, wird er von ganz alleine den Weg zu uns finden. Fangen wir aber an, ihn greifen und fangen zu wollen, ergreift er die Flucht und verschwindet ganz schnell wieder.

Das soll heißen, es geht eben weniger darum, den inneren Frieden durch irgendetwas in uns zu erzeugen. Vielmehr geht es darum, ihn in uns selbst zu entdecken. Ganz so, als wäre er immer verfügbar. So, als wäre er lediglich von Gefühlen und Gedanken überdeckt. Mit etwas Übung, Geduld und Gelassenheit ist es aber möglich, ihn nachhaltig zu erleben und immer wieder zu entdecken.

Mit sich selbst im Reinen sein

Wir kennen alle die sehr beliebte Redewendung, dass wir „mit uns selbst im Reinen" sind. Das sagen wir, wenn wir ausdrücken wollen, dass wir uns mit uns selbst im Ganzen wohl fühlen.

Jede Entscheidung, die wir getroffen haben, jeder Weg, den wir gegangen sind, der Mensch, der wir letztendlich sind, alles ist so, wie es sein soll, und wir fühlen uns damit einfach wohl.

Und jetzt mal ganz ehrlich: Wollen wir das nicht alle von uns behaupten können? Und wer von uns kann das wirklich von sich sagen? Wer sagt zweifelsfrei, „Ich bin im Reinen mit mir selbst!"? Das Problem ist nämlich, dass wir fast immer denken, dass sich noch irgendeine Sache verändern müsste, oder wir uns sogar selbst in irgendeiner Form noch verändern müssten, um uns wirklich wohl mit uns selbst zu fühlen. Gedanken wie etwa „noch 3 Kilo abnehmen" oder „jetzt noch einen anderen Job" usw. halten uns leicht davon ab, im Reinen mit uns selbst zu sein.

Doch es geht auch ganz ohne Wenn und Aber. Vorausgesetzt, man möchte wirklich mit sich selbst ins Reine kommen.

Wieso neigen wir dazu, im Unreinen mit uns selbst zu sein?

Hand aufs Herz: Haben wir nicht alle mehr oder weniger das Gefühl, im Unreinen mit uns selbst zu sein? Schließlich ist es besonders im Hinblick auf ein Leben mit chronischen Erkrankungen und den damit verbundenen Einschränkungen nicht so leicht, sich wirklich wohlzufühlen.

Die Ursachen sind dabei natürlich sehr vielfältig. Nicht selten stecken Leistungsdruck und Perfektionismus dahinter, wenn wir im Unreinen mit uns selbst sind. Das vermeintliche Wohlfühlen erlangen wir oft nämlich erst dann, wenn wir eine Leistung erbracht haben, genug getan und bestenfalls alles perfekt gemeistert haben. Gelingt uns das nicht, sind wir unzufrieden mit uns selbst. Also weit davon entfernt, im Reinen mit uns selbst zu sein. Einfach, weil wir dieses Gefühl an festgelegte Bestimmungen knüpfen.

Im Grunde nichts Verwerfliches, wäre da nicht ein Problem: Wir haben oft viel zu hohe Erwartungen an uns selbst. Erwartungen, die wir selten und erst gar nicht dauerhaft erfüllen können. So verweilen wir also in einem Zustand der Unzufriedenheit und des Haderns mit uns selbst, anstatt im Reinen mit uns selbst zu sein.

Ein Umdenken muss stattfinden, um mit sich selbst im Reinen sein zu können

Wichtig ist, dass es keine religiöse oder gar philosophische Frage nach Reinheit oder Unreinheit eines Menschen ist, die einer Antwort bedürfe. Es ist auch keine Frage dessen, ob wir unseren eigenen oder gar fremden Vorstellungen entsprechen. Um mit sich selbst im Reinen zu sein, ist das völlig unwichtig.

Es geht nämlich nicht darum, wie wir sind, sondern es geht darum, wie wir uns selbst sehen. Unsere Sichtweise auf uns selbst.

Anstatt perfektionistisch alles zu unserer eigenen Zufriedenheit oder der anderer zu tun und am Ende frustriert und unzufrieden mit uns selbst zu sein, müssen wir unsere Sichtweise auf uns selbst ändern. Dabei entdecken wir oft eine noch nicht eingenommene Perspektive. Eine, die es uns tatsächlich ermöglicht, im Reinen mit uns selbst zu sein.

Ein Beispiel:

Angenommen, wir haben einen uns nahestehenden Menschen im Streit verletzt. Vielleicht emotionsgeladen etwas Verletzendes oder gar Beleidigendes gesagt. Dann sind wir hinterher im Unreinen mit uns selbst. Wir leiden an Schuldgefühlen, sind aufgewühlt und sogar wütend auf uns selbst. Darauf, dass es überhaupt zu einem Streit kam, und auf die Situation, wie sie jetzt ist.

Normalerweise bleiben wir eine Zeit lang in diesen Gefühlen und Gedanken stecken, selbst wenn der Streit längst beendet, die Dinge geklärt und verziehen wurden. Um nun mit uns selbst im Reinen sein zu können, selbst wenn wir einen großen und doch sehr offensichtlichen Fehler gemacht haben, müssen wir unsere Sichtweise verändern.

Anstatt uns selbst niederzumachen, können wir uns sagen, dass wir Menschen sind und somit auch nicht an derartigen menschlichen Erfahrungen herumkommen.

Das Beobachten unseres Menschseins

Wir sind Menschen. Zum Menschsein gehört es auch, dass wir Fehler machen, uns unfair verhalten, nicht immer alles schaffen. Eben Dinge tun, auf die wir im Nachhinein alles andere als stolz sind. Das bedeutet nicht, dass diese Dinge dann auch zwangsläufig „falsch" gewesen sind. Es bedeutet nur, dass wir etwas hinterher bereuen und uns wünschen, dass wir uns anders verhalten hätten. Auch dass wir mit uns selbst hadern, gehört zum Menschsein dazu. Genauso wie die Tatsache, dass wir uns schwer damit tun, uns selbst zu verzeihen.

Hier wird es nun spannend: Es gibt nämlich unseren inneren und neutralen Beobachter, den wir nur allzu oft vergessen.

Wir Menschen, jeder von uns, sind in der Lage wahrzunehmen, wenn wir etwas falsch bewerten oder mit etwas hadern und mit uns selbst unzufrieden sind. Und das sogar ganz ohne Bewertung. Wenn wir diesen Beobachter nutzen, können wir unser Menschsein neutral beobachten. Das heißt, wir bewerten es nicht. Haben keine bestimmten Gedanken dazu. Man könnte auch sagen, wir nutzen eine völlig reine Sichtweise auf uns selbst. Identifizieren wir uns nun mit dieser Sichtweise, fühlen wir uns auch im Reinen mit uns selbst.

Im Reinen mit sich selbst sein, bedeutet nicht Selbstgefälligkeit

Möglicherweise denken einige nun, mit sich im Reinen sein bedeutet, man könne tun und lassen, was man möchte, solange man es schafft, es auch neutral wahrzunehmen.

Menschen, die mit sich im Reinen sind, sind weder selbstgefällig noch rücksichtslos oder gar gleichgültig. Es ist natürlich wichtig, weiterhin aus allem zu lernen, besonders im Hinblick darauf, wie man sich zukünftig verhalten möchte. Deswegen kommen auch beim Mit-sich-im-Reinen-Sein Selbstreflexion und die eigenen, inneren Werte sowie die Glaubenssätze zum Einsatz. Denn eine Weiterentwicklung, Rücksichtnahme und Selbstreflexion sind nur dann möglich, wenn man auch mit sich selbst ins Gericht geht.

Im Alltag mit sich selbst im Reinen sein

Am besten gelingt das, wenn wir versuchen, so oft wie möglich die neutrale Beobachterperspektive einzunehmen.

Nützlich kann es hier sein, wenn wir uns Erinnerungen schaffen. Das können zum Beispiel Situationen sein, in denen wir mit unangenehmen Gefühlen konfrontiert waren. Wenn wir nun bemerken, dass wir uns nicht gut fühlen, sagen wir uns selbst, dass wir jetzt gedanklich darauf eingehen und dieses

Gefühl vertiefen. Wir lassen es einfach da sein, beobachten es, bewerten es aber nicht.

Anstatt zu denken „Wieso habe ich nicht dies oder dass getan/gesagt?", nehmen wir das Gefühl des Bedauerns einfach nur wahr. Auf diese Weise kommen wir zu mehr Ruhe, sind wesentlich entspannter und können im Reinen mit uns selbst sein.

Das Leben genießen

„Jeder ist seines Glückes Schmied.“

„Das Leben ist das, was man daraus macht.“

Diese Sätze haben wir alle sicherlich schon oft gehört, gelesen und mindestens genauso oft selbst gesagt. Zugegeben, sie klingen platt und für Menschen, die grade eine schwere Zeit durchmachen, auch nicht hilfreich. Aber an ihnen ist auch etwas, um nicht zu sagen sehr viel Wahres dran.

Ich habe mich, besonders wenn meine Symptome sehr heftig waren, oft selbst gefragt, wie ich mein Leben jetzt noch genießen soll. Schließlich hindern mich meine Einschränkungen öfter mal daran, das zu tun, was ich tun möchte. Geben mir das Gefühl, mein Leben nicht mehr selbstbestimmt leben zu können, es also nicht mehr wirklich in der Hand zu haben.

Dennoch ist es möglich. Es gibt vieles, was wir selbst beeinflussen können, damit wir das Leben genießen. Natürlich gilt es auch hier, einige Stolpersteine dabei aus dem Weg zu räumen.

Was bedeutet es, das Leben zu genießen?

Wagen wir doch mal ein kleines Experiment:

Wir versuchen jetzt mal, eine bestimmte Emotion zu erzeugen. Nehmen wir hier mal als Beispiel Wut. Wie machen wir das? Wir stellen uns wahrscheinlich bildlich etwas vor, was uns vor Wut an die Decke gehen lassen würde. Oder wir erinnern uns an etwas, was uns besonders wütend hat werden lassen. Natürlich laufen wir nun nicht wutentbrannt durch die Gegend. Dennoch lösen unsere Gedanken nun auch die dazugehörigen Emotionen aus, nicht wahr?

Genuss ist zwar streng genommen keine Emotion, dennoch empfinden wir Genuss ähnlich wie Gefühle. Er kann ebenso wie Wut, Liebe, Glück und Trauer unsere Erfahrungen begleiten. Und auch das geschieht über unsere Gedanken. Haben wir zum Beispiel einen schönen Nachmittag mit einer Freundin verbracht, haben viel gelacht und uns amüsiert, dann haben wir auch das Gefühl, den Nachmittag genossen zu haben.

Amüsant hierbei ist, auch während eines ausgelassenen Nachmittags in guter Gesellschaft können wir beispielsweise wütend werden. Wenn wir nämlich ärgerliche Gedanken in einem Gespräch haben, oder vielleicht hat uns jemand zugeparkt, ganz egal. Der Nachmittag, das Lachen und die gute Gesellschaft bleiben dieselben.

Wie können wir also nicht nur den Nachmittag, sondern das Leben selbst jetzt mehr genießen?

Der Schlüssel: präsent sein!

Vermutlich denken wir vor einem schönen Nachmittag mit Freunden nicht, dass wir das jetzt nicht genießen und uns stattdessen ärgern werden. Das geschieht ganz automatisch. Es passiert irgendetwas, was uns nicht gefällt und es entstehen ärgerliche Gedanken. Diese bringen Emotionen und weitere Gedanken mit sich, wie zum Beispiel „Erst gestern hat mich jemand an der Kita zugeparkt!"

Kommt es ganz extrem, neigen wir sogar dazu, Rückschlüsse auf uns selbst oder die anderen zu ziehen. Wir fällen Urteile wie etwa „Die sind alle zu blöd richtig zu parken!". So kann man das Leben nicht genießen.

Das lässt sich im Übrigen auch auf uns chronisch Kranke anwenden. Nehmen wir wieder das Beispiel mit dem Nachmittag mit Freunden. Wir haben Schmerzen, fühlen uns vielleicht kurz unwohl und schon ziehen wir den Rückschluss, dass wir ja sowieso wieder nur leiden oder den anderen etwas vermiesen, weil unser Körper wieder nicht mitspielt.

Jetzt geht es also darum, was wir aktiv tun können, damit wir statt des Ärgers den Genuss wählen. Ganz einfach: Wir können präsent sein!

Präsent sein bedeutet, dass wir uns im Hier und Jetzt bewusst darüber sind, was um uns herum und auch in uns selbst geschieht. Dass wir es wahrnehmen, bevor sich unsere negativen Gedanken komplett verselbstständigen.

Ein Beispiel:

„Oha, jetzt wurde ich schon wieder zugeparkt und stelle mir vor, wie ich meine Autotür in seine ramme!"

Wir nehmen unsere negativen Gefühle in dieser Situation wahr, gehen aber nicht weiter auf sie ein. Wir nehmen sie einfach an, lassen sie da sein und atmen ganz bewusst und ruhig. Es ist in Ordnung.

Unsere Gedanken, ebenso wie unsere Gefühle haben eine bemerkenswerte Eigenschaft: Sie können sich verändern! Und das gelingt umso schneller und besser, wenn wir sie annehmen, anstatt zu versuchen, gegen sie anzukämpfen.

Das tun, was einem gefällt

Es fällt uns automatisch leichter, das Leben zu genießen, wenn wir etwas tun, was uns besonders gut gefällt und uns Spaß macht.

Zugegeben, mit chronischen Erkrankungen und Beeinträchtigungen ist das nicht immer so leicht. Hobbies, Beruf, Alltag und Freizeit sind nicht mehr so einfach zu gestalten. Aber auch hier ist es nicht unmöglich.

Wenn wir Dinge tun, die wir mögen, genießen wir sie auch. Mit Präsenz können wir die guten Gedanken, die guten Gefühle dabei auch wahrnehmen. Denn erst dadurch entsteht der eigentliche Genuss.

Wir können jeden positiven Gedanken, jedes positive Gefühl nämlich genauso verstärken, wie die negativen auch. Das gelingt, in dem wir bewusst auf sie eingehen und sie weiterspinnen. Ganz genauso, wie wir es mit den negativen Gedanken ganz automatisch machen. Also anstatt der Negativspirale zu folgen, nehmen wir sie zwar wahr, gehen aber auf die positiven Gedanken ein und formen uns eine Positivspirale.

Natürlich bedarf auch das vieler Übung. Denn was bei der Negativspirale ganz von alleine geschieht, müssen wir in einer Positivspirale bewusst herbeiführen. Denn das Leben als Ganzes zu genießen, bedeutet nicht alles und immer zu genießen.

Es bedeutet, dass wir viele, kleine Genussmomente schaffen und erleben, die sich aneinanderreihen. Dazu ist es notwendig, Dinge zu tun, die uns Spaß machen, uns gute Gedanken und Gefühle geben, die wir anschließend bewusst nutzen können.

Ein Gedankenradio

Auch wenn wir das nicht immer bemerken: Unsere Gedanken entstehen in einem ständigen Fluss. Stellen wir uns mal vor, sie würden dabei aus einem Radio schallen. Dabei kommen mal schöne Themen, mal ärgerliche, mal traurige und mal lustige über die Lautsprecher zu uns. Wir können das Radio nicht ausschalten, es kommt dauernd die Stimme des Moderators, der ununterbrochen über irgendetwas berichtet. Was sollen wir also tun?

Das Radio lauter oder leiser stellen! Wir drehen es lauter, wenn grade unser absoluter Lieblingssong läuft, der uns tanzen lässt. Und wir drehen es leiser, wenn der Moderator wieder irgendetwas von sich gibt, das wir nicht hören wollen.

Bildlich gesprochen bedeutet das, wir können unser Gedankenradio immer dann lauter machen, wenn wir positive Gedanken haben, die uns guttun. Wir drehen es leiser, wenn unsere Gedanken uns schaden, und lassen es einfach ganz entspannt nebenher laufen, wenn unsere Gedanken uns zwar nicht helfen, aber auch nicht schaden.

Was hält uns also davon ab, das Leben einfach zu genießen?

Zugegeben, so hört es sich natürlich sehr leicht an, das Leben zu genießen. Allerdings gestaltet es sich schwieriger, als man eventuell jetzt denken mag.

Das hat damit zu tun, dass wir dazu unsere Gewohnheiten in Bezug auf unsere Gedanken ändern müssen. Dazu gehört es auch, das Leben tatsächlich genießen zu wollen. Sich also ganz bewusst dazu zu entscheiden. Um das tun zu können, müssen wir wiederum unsere Glaubenssätze in Frage stellen und wenn nötig ändern.

Ein Beispiel:

Mit einem Glaubenssatz wie etwa „Ich muss erst etwas leisten und darf erst dann das Leben genießen!" gestaltet es sich schwierig, das Leben auch tatsächlich einfach zu genießen.

Genauso wie wenn man sich fragt, ob man glücklich sein darf, wenn es anderen doch grade so schlecht geht. Oder auch bei dem

Gedanken, man müsse immer für alles kämpfen. Nicht weniger hinderlich ist auch die Lebenseinstellung selbst. Dann nämlich, wenn wir denken, dass wir mit Erkrankungen, Symptomen und Einschränkungen das Leben sowieso nicht genießen können. Eben alle Einwände, die wir im Kopf haben.

Sie sind da und das ist okay. Aber anstatt gegen sie anzukämpfen, müssen wir ihnen mit Akzeptanz begegnen. Nur so können wir letztendlich, und das am besten an jedem Tag aufs Neue, die bewusste Entscheidung treffen, das Leben zu genießen.

Wir nehmen unsere Gedanken wahr. Vertiefen die positiven und spinnen sie weiter, in vielen kleinen Genussmomenten.

Dankbarkeit im Alltag

Geben wir es zu: Ab und zu haben wir alle das Gefühl, als würde in unserem Leben nur noch Schlimmes passieren. Ganz so, als jage ein Unglück das nächste und wir nur noch Leid ausgesetzt seien.

Dadurch entsteht nicht selten ein Kreislauf aus Gedanken, wie belastend und leidvoll das Leben grade ist. Wir befinden uns sozusagen in der Warteschlange für gute Erlebnisse, oder dafür, dass sich endlich etwas ändert, wenn wir die Umstände selbst schon nicht verändern können. Denn wir wollen uns ja schließlich endlich wieder gut fühlen.

Oftmals können wir eben das Außen nicht ändern, oder Ereignisse ungeschehen machen. Auch kann uns niemand garantieren, wie wir uns letztendlich durch sie fühlen werden. Allerdings gibt es einen Weg, wie wir ein angenehmes Gefühl selbst erzeugen können: die Dankbarkeit!

Doch wie soll Dankbarkeit uns hier helfen?

Dankbarkeit lernen

Wir sagen mehrmals am Tag Danke, ganz automatisch. Tut uns jemand einen Gefallen, bedanken wir uns. Wir sagen der Kassiererin im Supermarkt Danke, der Person, die uns eine Tür offengehalten hat, sagen Danke, wenn wir ein Geschenk bekommen. Das läuft ganz automatisch ab, denn bei den meisten von uns ist es ein Teil der Erziehung. Es wurde uns beigebracht, dass wir uns bedanken.

Doch wie oft empfinden wir dabei auch eine tatsächliche und echte Dankbarkeit? Sagen also nicht nur aus Gewohnheit jemandem Danke, weil es sich so gehört, sondern weil wir wirkliche, echte Dankbarkeit spüren?

Machen wir uns das einmal bewusst, können wir unseren Fokus von dem, was schlecht ist, auf das lenken, was gut ist. Was uns im Hier und Jetzt gute Gefühle gibt.

· **Eine Übung in Dankbarkeit**

In den nächsten 24 Stunden achten wir mal bewusst darauf, wann wir Danke sagen. In diesen Momenten versuchen wir dann, die Dankbarkeit für einen Augenblick auch tatsächlich zu spüren. Zugegeben, das klingt albern. Aber stellen wir uns einfach mal vor, wir gehen einkaufen und die Kassiererin im Supermarkt lächelt uns freundlich an, hat vielleicht noch ein paar liebe Worte für uns und wünscht uns einen schönen Abend, dann können wir wahre Dankbarkeit empfinden. Dankbarkeit für ein aufrichtiges Lächeln, einen netten Wunsch und überhaupt die Freundlichkeit, die uns jetzt, in diesem kurzen Moment entgegengebracht wird.

Dankbarkeit kann sich hier für jeden von uns individuell anfühlen. Deswegen achten wir nun darauf, wie es sich für uns selbst anfühlt. Ist es noch etwas ungewohnt? Ist es ein wohliges oder gar freudiges Gefühl? Wo genau in unserem Körper spüren wir nun eine Veränderung? Zaubert es uns eventuell ein Lächeln auf die Lippen? Hat es uns positive Gedanken geschenkt, an denen wir festhalten können? Und wie lange dauern das Gefühl der Dankbarkeit und die damit verbundenen Gefühle und Gedanken an?

Dankbarkeit kann schwerfallen

Betrachten wir Dankbarkeit besonders im Alltag auf diese Weise, kann das für manche von uns ein völlig neuer und auch unbekannter Weg sein. Nicht selten werden einige dabei einen inneren Widerstand spüren. Wieder andere werden sich fragen, wem oder was gegenüber man eigentlich dankbar sein soll. Besonders dann, wenn es nicht um solche Situationen wie im beschriebenen Beispiel geht, sondern um so etwas wie einen Spaziergang am Meer. Oder einfach irgendwelche glücklichen Umstände im Alltag.

Zudem verbinden wir nicht selten auch eine gewisse Skepsis mit Dankbarkeit. Suggerieren uns selbst, dass wir damit auch automatisch in der Schuld bei jemanden stehen. Das resultiert oft daraus, dass das negative Denken eine Gewohnheit bei uns geworden ist. Wir Dinge also schneller und öfter negativ sehen als positiv. Plötzlich bewusst Dankbarkeit zu spüren erscheint dagegen sehr schwierig, denn es ist ungewohnt. Und Ungewohntes boykottieren wir gerne, da Veränderungen uns Angst machen.

Hilfreich kann es hier sein, wenn wir mit der Dankbarkeit auch die Bereitschaft aufbringen, wirklich glücklich zu sein. Dazu ist es notwendig, dass wir Gefühle wie Verbitterung, Trauer und Unzufriedenheit loslassen. Natürlich ist das ein Prozess, der aber nicht zwangsläufig kompliziert sein muss. Wir können ganz einfach wahrnehmen, wenn wir uns selbst gegen die Dankbarkeit auflehnen, und uns selbst sagen, dass es in Ordnung ist, Angst vor der beginnenden Veränderung zu haben, wir uns aber dennoch weiter im Spüren von echter Dankbarkeit üben können.

- *Eine weitere Übung in Dankbarkeit*

In der ersten Übung ging es darum, dass wir Dankbarkeit im Alltag üben. Nun geht es darum, dass wir jeden Tag, ganz konkret 3 Dinge benennen und für uns in einer Art Tagebuch notieren, für die wir wirklich dankbar sind.

Das kann beispielsweise ein schöner Moment sein, den wir erlebt haben. Oder aber der strahlende und warme Sonnenschein, der unser Gesicht berührt hat. Es kann etwas ganz Banales und Selbstverständliches sein, wie eine Umarmung des Partners oder des Kindes.

Oder sogar der Umstand, dass wir ein warmes Zuhause mit fließendem Wasser haben. Ganz egal, solange es 3 Dinge sind, für die wir heute echte Dankbarkeit empfinden. Wir können unsere Dankbarkeit nämlich ganz konkret auf Menschen oder sogar Lebensbereiche richten, die uns grade Probleme bereiten.

Ein Beispiel:

Wir hatten grade Streit mit einem Freund, dem Partner oder einem Familienmitglied. Statt den negativen Gedanken zu folgen, können wir uns ganz bewusst überlegen, wofür wir im Zusammenhang mit der Beziehung zu dieser Person oder gar der Person selbst dankbar sind.

Das schafft zum einen eine bessere Wertschätzung, zum anderen auch mehr Wohlwollen dem anderen und uns selbst gegenüber. Gleichzeitig bringt es uns bessere Voraussetzungen für eine Konfliktlösung. Natürlich ist auch hier die Bereitschaft, die Beziehung oder Situation zu verbessern, unabdingbar. Bleiben wir in unseren alten, gewohnten Mustern, können wir nichts positiv verändern.

Gute Gewohnheiten

Nur zu wissen, wie man Dankbarkeit übt, reicht alleine nicht aus. Wir müssen daraus eine Gewohnheit werden lassen. Zumindest dann, wenn wir ihre ganze Wirkung für uns erleben und leben wollen.

Um das zu erreichen, können wir das aufschreiben von den 3 Dingen, für die wir dankbar sind, an andere Gewohnheiten knüpfen, die wir bereits haben. Das kann beispielsweise das morgendliche lesen der E-Mails sein. Oder der Nachmittagskaffee oder der Abendtee.

Wichtig ist nicht, wann und wo, sondern dass wir dazu ganz klare Regeln aufstellen. Zum Beispiel, dass wir jeden Abend, wenn wir in Ruhe unsere Tasse Tee trinken, die 3 Dinge notieren, für die wir dankbar sind. Zum einen erleichtert es uns die neue Routine, zum anderen wird die echte Dankbarkeit so zu einem festen Bestandteil unseres Alltages und unser selbst.

Die Lebensfreude wiederfinden

In herausfordernden, sehr belastenden und stressigen Situationen verlieren wir manchmal unsere Lebensfreude. Es fällt uns schwer, im Alltag noch echte Freude über das Leben zu empfinden oder uns an den kleinen Dingen des Lebens zu erfreuen.

Schauen wir uns einmal kleine Kinder an, so stellen wir fest, wie einfach sie echte Lebensfreude empfinden. Sie erfreuen sich fast schon maßlos an den bunten Streuseln auf einem Kuchen. Singen und Tanzen begeistert mit, wenn sie ein Lied hören, oder beobachten voller Freude den kleinen Schmetterling, der an ihnen vorüber fliegt. All das und so vieles mehr ist Lebensfreude.

Uns Erwachsenen fällt das nicht mehr so leicht. Der Alltag ist oftmals überfordernd. Kommen dann noch schwierige Lebensphasen oder wie in meinem Fall chronische Erkrankungen hinzu, kann die Lebensfreude im schlimmsten Fall ganz abhandenkommen.

Die gute Nachricht: Wir können sie wiederfinden!

Wieso empfinden wir so selten Lebensfreude?

Freude am Leben haben – klingt ja eigentlich erst mal gar nicht so schwer. Schließlich gibt es doch so vieles, worüber wir uns freuen können. Allerdings ist Freude an sich eben eine Emotion, genauso wie Wut, Trauer, Enttäuschung, Liebe und jedes andere Gefühl, welches wir empfinden.

Die wenigsten, um nicht zu sagen keines der Gefühle, lassen sich willentlich und bewusst erzeugen. Zwar hängen unsere Gefühle oft mit unseren Gedanken zusammen und lassen sich daher auch beeinflussen, aber das Außen, die Lebensumstände und Ereignisse haben ebenso großen Einfluss darauf, wie wir uns fühlen.

Das Leben selbst besteht nicht nur aus freudigen Ereignissen. Es hält viele Hürden und Herausforderungen bereit, denen wir nicht einfach entfliehen können. Möchten wir nun wieder mehr Lebensfreude empfinden, müssen wir uns auch mit dem Leben als Ganzes anfreunden. Bei tollen, schönen und erfreulichen Dingen fällt uns das sehr leicht. Bei herausfordernden Situationen sieht das anders aus. Hier fliegt uns Lebensfreude nicht mal eben einfach so zu.

Sich am Leben als Ganzes zu erfreuen, braucht daher Übung und vor allem eine persönliche Weiterentwicklung, welche aber durchaus zur Quelle unserer Lebensfreude werden kann.

Den Anfängergeist nutzen

Wie eingangs bereits erwähnt, empfinden kleine Kinder ganz leicht Lebensfreude. Das liegt daran, dass ihre Blätter noch relativ unbeschrieben sind. Bei uns Erwachsenen sieht das anders aus. Auf unseren Blättern stehen viele Geschichten, die über unsere Erfahrungen und Erlebnisse berichten. Sie erzählen von Höhen und Tiefen, guten und schlechten Gefühlen. Und sie haben uns geformt, unsere Denkmuster erschaffen und auch, wie wir die Welt um uns herum wahrnehmen.

Ein kleines Beispiel:

Wir gehen spazieren. Unser Denken befindet sich in seiner vertrauten Routine und wir laufen wie im Modus des Autopiloten unsere Runde. Dabei bemerken wir aber nicht, dass wir atmen. Nehmen nicht wahr, wie unsere Füße einen Schritt vor den anderen machen oder wie es sich anfühlt, wenn sie den Boden berühren. Wir registrieren das freundliche Lächeln eines anderen nicht.

Und genau hier brauchen wir den Anfängergeist. Den, den Kinder noch haben, da ihnen die Erfahrungen fehlen, die wir bereits gemacht und die uns geformt haben.

Was wir dazu brauchen, ist Achtsamkeit. Bewusst wahrnehmen, was wir grade tun, fühlen und auch denken. Bewusst wahrnehmen, was in uns und auch um uns herum geschieht, mit Neugierde. Ganz so, als würden wir es zum ersten Mal erleben und sehen. So, als wären wir unerfahren. Auf diese Weise können wir uns selbst und das Leben neu erforschen. Dabei spielt es auch keine Rolle, ob es sich dabei um Schönes, Unangenehmes oder Neutrales handelt. Mit dem Anfängergeist können wir uns neu entdecken.

· *Eine Übung*

Nehmen wir mal das Atmen. Atmen wir einmal ganz bewusst. Ganz so, als würden wir es zum ersten Mal tun. Wie fühlt es sich eigentlich an, wenn die Luft in unsere Lungen strömt? Was passiert da in unserem Körper? Was fühlen wir?

Dasselbe können wir auch mit unseren Gefühlen tun. Gleich welche Emotion wir grade erleben, wir können die Chance nutzen, sie ganz genau zu fühlen. Wie fühlt sich Wut, Liebe, Freude, Trauer oder Verzweiflung eigentlich an? Was löst es in uns aus? Was geschieht dabei in unserem Körper?

Um unseren Anfängergeist wiederzubeleben, können wir täglich ein paar Erfahrungen neu erforschen. Dazu ist es notwendig, dies mit Offenheit und Neugierde zu tun. Wie schmeckt zum Beispiel die Schokolade? Wie fühlt sich der Regen auf unserem Gesicht an? Welche Farben zaubert die Sonne auf das Wasser? Wie riecht der Wald? Wie fühlen wir uns, wenn wir umarmt werden?

Durch Dankbarkeit zurück zu mehr Lebensfreude

Wie bereits erwähnt, ist niemand von uns ein unbeschriebenes Blatt. Unsere Erfahrungen haben uns, unser Fühlen, Denken und Handeln geformt. Wir spüren daher auch oft weniger Lebensfreude, da wir dazu tendieren, das Negative in den Fokus zu stellen oder es gar überzubewerten. Wir verlieren ganz einfach den Blick für das Positive.

Wir verzerren also selbst unsere Wahrnehmung und die Sicht auf unser Leben. Denken, es wäre nur wenig lebenswert. Dabei gibt es tatsächlich viel Positives in unserem Leben. Angefangen bei den Selbstverständlichkeiten wie beispielsweise fließendem und sauberem Trinkwasser aus der Leitung. Es geht weiter mit der fremden Person, die uns ein Lächeln schenkt, oder einem Gespräch mit einem guten Freund. Dem Lachen unserer Kinder. Bis hin zu sehr vielen, kleinen wunderschönen Alltagssituationen. Das Problem hier ist: Wir nehmen das oftmals gar nicht richtig wahr, sind uns dessen einfach nicht bewusst.

Dankbarkeit ist hier der richtige Weg zu mehr Bewusstsein für diese Dinge. Dankbarkeit im Alltag nutzen und sich wieder an dem erfreuen, was positiv in unserem Leben ist.

Wir erlauben uns, die Freude am Leben wieder zu spüren

Es gibt Ereignisse im Leben, wie beispielsweise der Verlust eines geliebten Menschen, die uns unsere Lebensfreude nehmen. Auch andere Erlebnisse, wie zum Beispiel der Verlust der Arbeitsstelle, traumatische Erlebnisse und auch Erkrankungen können uns die Lebensfreude nehmen. Das muss uns nicht mal direkt selbst betreffen, sondern kann auch ein Ereignis im Leben eines uns nahestehenden Menschen sein. Wir zeigen uns solidarisch und leiden mit jenen mit, die wir lieben. Auch das kann unsere Lebensfreude erheblich trüben oder uns denken lassen, dass wir uns jetzt auch nicht mehr am Leben erfreuen dürfen.

Deswegen: Es ist wichtig und richtig, dass wir uns das bewusst machen. Dass wir uns ganz bewusst erlauben, Lebensfreude zu haben. Es ist in Ordnung, wenn wir lachen, uns über etwas freuen und das Leben genießen. Wenn nach der großen Trauer der erste Moment der Lebensfreude wiederkommt, ist das nicht verwerflich, ganz im Gegenteil. Wenn wir trotz Erkrankungen und Beeinträchtigungen Spaß am Leben haben, ist das kein Zeichen von *„So schlimm kann es nicht sein!"*, sondern davon, dass wir mit den Erkrankungen das Beste aus unserem Leben herausholen. Wenn uns nahestehende Menschen leiden, sind wir nicht unsolidarisch oder gar egoistisch, wenn wir uns dennoch am Leben erfreuen. Es ist in Ordnung.

Übung macht den Freudemeister

Wir tendieren dazu zu glauben, dass Lebensfreude das direkte Ergebnis von äußeren Umständen ist. Geknüpft an zum Beispiel die Arbeitsstelle, Geld, andere materielle Dinge. An Gesundheit, Partnerschaft oder andere glückliche Gegebenheiten. Manche glauben auch, es sei eine angeborene Fähigkeit. Etwas, was einem in die Wiege gelegt wurde und was manche Menschen haben, andere eben nicht.

Beides ist hier aber nicht zutreffend. Wir alle, jeder von uns hat die Möglichkeit, echte Freude am Leben zu empfinden. Jeder von uns auf seine ganz eigene Weise natürlich. Lebensfreude, haben wir sie verloren, braucht zweifelsohne Übung. Denn wir müssen erst wieder lernen, achtsam und bewusst zu leben. Bewusst die schönen, bunten und guten Dinge in unserem Leben, im Alltag und in den vielen kleinen Selbstverständlichkeiten zu sehen. Vor allem aber auch, die Freude darüber wieder zuzulassen und uns nicht mehr schuldig zu fühlen, weil es anderen vielleicht nicht gut geht oder wir die Freude über etwas in manchen Situationen für unangebracht halten.

Lebensfreude ist nämlich das, was das Leben lebenswert für uns macht.

Schlusswort

Das Leben an sich kann herausfordernd sein.

Das Leben mit chronischen Erkrankungen positiv leben bedeutet nicht, dass es einfach wäre. Immer rosig und schön. Im Gegenteil. Denn das Leben verläuft niemals gradlinig. Es besteht aus Höhen und Tiefen. Es ist nie nur schwarz oder nur weiß. Es besteht nie nur aus Dunkelheit oder Licht.

Das Leben ist aufwühlend, mal einfach und mal schwierig. Es besteht aus einer Million Farben, aus Schatten und Licht. Kann warm und wohlig, doch auch kalt und beängstigend sein. Das Leben dennoch positiv zu leben, bedeutet es als Ganzes anzunehmen. Es wirklich wahrzunehmen und bewusst zu leben, mit allem, was dazu gehört.

Das bedeutet auch nicht, dass wir nicht fallen. Nicht verzweifeln. Nicht an uns selbst zweifeln. Das ist Menschsein. Menschsein und Leben mit allen Facetten. Es bedeutet nur, dass wir uns selbst und das Leben so wie es ist annehmen. Wir dürfen traurig darüber sein. Wütend und verzweifelt. Gleichzeitig dürfen wir uns selbst aber auch genauso annehmen mit den ganzen Gefühlen und dürfen uns dennoch auf das Positive im Leben konzentrieren.

Das Leben genießen und uns daran erfreuen.

Die Autorin

Jennifer Karin Schausten wurde 1984 geboren und hatte bereits in der Kindheit eine Affinität zum Schreiben. Dieses Hobby machte sie schließlich zum Beruf und fing an, freiberuflich als Texterin zu arbeiten.

Sie ist verheiratet und seit 2017 Mutter von Zwillingen. Zur selben Zeit brach ihre chronische Erkrankung aus. War sie gerade noch in der Blüte ihres Lebens gestanden, schien ihr Leben durch die unheilbare Krankheit und die damit einhergehenden Beeinträchtigungen plötzlich zu Ende zu sein.

Schließlich begann sie, sich mit alternativen Therapien auseinanderzusetzen. Das Schreiben half ihr dabei, an sich selbst zu arbeiten und ihre Situation zu akzeptieren. Anfang 2023 begann Jennifer Karin Schausten, ihre Aufzeichnungen zu einem Buch zusammenzustellen. Das Ergebnis ist ein Buch zur Selbsthilfe, das anderen Betroffenen Mut machen und ihnen einen Weg zeigen soll, ihr Leben wieder als lebenswert zu empfinden.

novum VERLAG FÜR NEUAUTOREN

Der Verlag

*Wer aufhört
besser zu werden,
hat aufgehört
gut zu sein!*

Basierend auf diesem Motto ist es dem novum Verlag
ein Anliegen, neue Manuskripte aufzuspüren, zu ver-
öffentlichen und deren Autoren langfristig zu fördern.
Mittlerweile gilt der 1997 gegründete und mehrfach
prämierte Verlag als Spezialist für Neuautoren in
Deutschland, Österreich und der Schweiz.

**Für jedes neue Manuskript wird innerhalb we-
niger Wochen eine kostenfreie, unverbindliche
Lektorats-Prüfung erstellt.**

Weitere Informationen zum Verlag und
seinen Büchern finden Sie im Internet unter:

www.novumverlag.com